ARD-Ratgeber Recht

Herausgeber
Matthias-Josef Zimmermann

dtv
nomos

Eine Produktion des Westdeutschen Rundfunks Köln
und des Südwestrundfunks

Wer sich gedanklich mit der Adoption eines Kindes auseinandersetzt, hat in der Regel nur wenige aussagekräftige Informationen, um den Entschluß auch in die Tat umzusetzen. Zudem erschweren viele Begriffe und Fachausdrücke aus dem Adoptionsrecht das Verständnis in diesem Sachgebiet.
Der Ratgeber informiert unter Einbeziehung fachlicher Sichtweisen der beteiligten Stellen über die Rechtsfragen, die im Zusammenhang mit der Annahme eines Kindes bzw. Volljährigen auftreten, erläutert fachbezogene Rechtsbegriffe und setzt sich z.B. mit folgenden Fragen auseinander:

- Voraussetzungen der Annahme eines Minderjährigen
- erforderliche Einwilligungen und deren Ersetzungsmöglichkeiten
- Tätigkeit und Rolle der beteiligten Behörden, insbesondere der Adoptionsvermittlungsstelle
- Verfahrensgang und Entscheidungsform
- Rechtsfolgen der Adoption
- Auslandsadoption (einschließlich vom Gesetzgeber aktuell beabsichtigter zukünftiger Neuregelungen)
- Volljährigenadoption.

Auf die psycho-sozialen Aspekte einer Annahme kann im Rahmen dieses Ratgebers naturgemäß nicht im einzelnen eingegangen werden.

Dr. Walter Röchling ist Familien- und Vormundschaftsrichter, darüberhinaus Lehrbeauftragter an der Fachhochschule Niederrhein/Mönchengladbach für Familienrecht/Jugendhilferecht, Mitautor des im Nomos-Verlag erschienenen Lehr- und Praxiskommentars Kinder- und Jugendhilfe (SGB VIII) und Autor verschiedener Fachpublikationen. In seiner Doktorarbeit befaßte er sich ebenfalls mit vormundschaftsrechtlichen/familienrechtlichen bzw. jugendhilferechtlichen Fragen.

Walter Röchling

Adoption

Das Buch zur Fernsehserie
ARD-Ratgeber Recht

Deutscher Taschenbuch Verlag

Originalausgabe

Deutscher Taschenbuch Verlag GmbH & Co. KG
Friedrichstraße 1a, 80801 München

Druck und Bindung: C. H. Beck'sche Buchdruckerei, Nördlingen
Satz: PDB Stöllger, Seelze; PJ, Halle
Umschlagkonzept: Balk & Brumshagen
Titelbild: © Bavaria

ISBN 3-423-58006-2

Liebe Leserin, lieber Leser,
liebe Zuschauerin und lieber Zuschauer des Ratgeber Recht,

täglich erreichen uns in der Redaktion viele Briefe von Menschen, die uns um Rechtsrat bitten und um Hilfe nachsuchen. Leider ist es uns nicht möglich, auf individuelle rechtliche Probleme unserer Zuschauer einzugehen. Unsere Aufgabe sehen wir vor allem darin, für unsere Zuschauer Rechtsprobleme, juristische Fragen und Antworten allgemeinverständlich aufzuarbeiten. Um Ihre ganz persönlichen Rechtsprobleme juristisch zu lösen, haben wir weder die nötige Kompetenz, noch sind wir dazu berechtigt.

Aus diesem Dilemma hilft uns nunmehr die vorliegende Buchreihe heraus, die unter Verantwortung der Fernsehredaktion von dtv und dem Nomos Verlag herausgegeben wird. Ein allgemeinverständlich geschriebenes, dazu erschwingliches Buch zu den jurstischen Problemen, die in unseren Sendungen immer wieder thematisiert werden, scheint uns eine gute Alternative zu unseren manchmal halbherzigen Ratschlägen oder gar Formbriefen, die wir bisher an unsere Zuschauer verschicken mußten.

Mit Hilfe der von namhaften Juristen geschriebenen ARD-Ratgeber-Bücher kann sich der Ratsuchende nun selbst orientieren und Probleme, samt deren Lösungen, die in unseren Sendungen oft nur angerissen werden können, weiter vertiefen. Besonderen Wert haben wir darauf gelegt, daß die Reihe nicht allein für fachsimpelnde Juristen taugt, sondern dem juristischen Laien – und das sind unsere Zuschauer ja in der Mehrzahl – als Handwerkszeug dienen kann. Der problembezogene Aufbau der Bücher gewährleistet einen sicheren Zugriff auf die jeweilige Rechtsfrage und die entscheidenden Hintergrundinformationen. Musterbriefe von Experten geben wertvolle Hilfestellung. Tips und Ratschläge helfen dem Leser, sich eine günstige Rechtsstellung zu verschaffen.

Wir hoffen, daß Sie in diesem Buch wie auch in allen weiteren Ausgaben der ARD-Ratgeber Recht-Reihe die Ihnen durch unsere Sendung vertraute Verständlichkeit finden, daß diese Bücher Ihnen somit helfen, Ihre ganz persönlichen rechtlichen Probleme zu lösen.

Matthias-Josef Zimmermann
Redaktion ARD-Ratgeber Recht

Vorwort

Das Thema Adoption genießt seit vielen Jahren ein hohes gesellschaftliches Interesse. Nicht immer werden allerdings die Fakten, Voraussetzungen und Hintergründe sachlich und emotionsfrei – aus welchem Blickwinkel auch immer – diskutiert. Häufig führen sogar unvertretbare Vorurteile zu gravierenden Fehleinschätzungen, die sich konsequenterweise in einer kritischen oder ablehnenden Einstellung zur Adoption auswirken. Ungeachtet dessen übersteigt die Zahl der adoptionswilligen Ehepaare und Einzelpersonen bei weitem die im Inland zur Adoption vorgemerkten Kinder: So standen im Jahre 1998 1.123 Kinder und Jugendliche 15.930 Adoptionsbewerbern gegenüber (teilweise Doppelzählungen bei letzteren möglich). Es ist mein Anliegen, mit diesem Ratgeber zur umfassenden und konkreten Information rund um die Adoption und damit zur Versachlichung dieser Thematik, insbesondere aber auch zu einer kindeswohlorientierten Haltung zur Adoption beizutragen.

Ich danke an dieser Stelle meiner Frau für ihr Interesse und Verständnis, dass sie meinen – ab und an zeitaufwendigen, u. a. mit diesem Buch zum Ausdruck kommenden – persönlichen und inhaltlichen Anliegen entgegenbringt.

Für fachliche Anregungen einschließlich Korrekturlesung danke ich Frau Rinkens von der Adoptionsvermittlungsstelle des Stadtjugendamtes Mönchengladbach.

Die schreibtechnische Umsetzung meiner Ausführungen durch Herrn Czypull bedarf ebenso des Dankes.

Dr. Walter Röchling, Viersen

Inhalt

Anhang

Abkürzungen

Abs.	Absatz
AdÜbkAG	Adoptionsübereinkommens-Ausführungsgesetz
AdVermiG	Adoptionsvermittlungsgesetz
AdWirkG	Adoptionswirkungsgesetz
a. F.	alte Fassung
AFG-ÄndG	Arbeitsförderungsänderungsgesetz
AG	Amtsgericht
Art.	Artikel
AuslG	Ausländergesetz
AZ	Aktenzeichen
BayObLG	Bayerisches Oberstes Landesgericht
BErzGG	Bundeserziehungsgeldgesetz
Beschl.	Beschluß
BeurkG	Beurkundungsgesetz
BGB	Bürgerliches Gesetzbuch
BSHG	Bundessozialhilfegesetz
BZRG	Bundeszentralregistergesetz
bzw.	beziehungsweise
ca.	cirka
d. h.	das heißt
EuropÜbereink	Europäisches Übereinkommen über die Adoption von Kindern
FamRZ	Zeitschrift für das gesamte Familienrecht
ff.	fortfolgende
FGG	Gesetz über die Angelegenheiten der freiwilligen Gerichtsbarkeit
gem.	gemäß
GG	Grundgesetz
ggf.	gegebenenfalls
i. d. R.	in der Regel
i. Ü.	im Übrigen
i. V. m.	in Verbindung mit
KJHG	Kinder- und Jugendhilfegesetz
LG	Landgericht
NJW	Neue Juristische Wochenschrift
Nr.	Nummer
o. ä.	oder ähnliches
OLG	Oberlandesgericht
PStG	Personenstandsgesetz
RPflG	Rechtspflegergesetz
s.	siehe
S.	Seite
SGB	Sozialgesetzbuch
StGB	Strafgesetzbuch
s. o.	siehe oben
sog.	sogenannte
u. a.	unter anderem
Urt.	Urteil
usw.	und so weiter
u. U.	unter Umständen
vgl.	vergleiche
z. B.	zum Beispiel

Einleitung

Das deutsche Adoptionsrecht hat im Laufe dieses Jahrhunderts eine Reihe tiefgreifender Veränderungen erfahren.

Geschichtliche Entwicklung seit 1900

Dabei hat sich nicht nur die gesellschaftliche Bedeutung der Adoption seit dem Inkrafttreten des BGB im Jahre 1900 gewandelt: Standen früher die Interessen der Annehmenden im Vordergrund - Sicherung von Namen und Vermögen - und war die Berücksichtigung des Kindeswohls ein lediglich ungeschriebener Grundsatz für die Annahme als Kind, so ist heute das Wohl des Kindes ausdrücklich genannte und hervorgehobene Grundvoraussetzung und das eigentlich angestrebte Ziel der Minderjährigenadoption.

Auch das Adoptionsverfahren selbst - früher Vertragssystem und heute Dekretsystem -, fachspezifische Begriffe wie - vormals - »Annahme an Kindes Statt«, - nunmehr - »Annahme als Kind«, sowie bestimmte inhaltlich-sachliche Voraussetzungen für eine Annahme - z. B. früher Kinderlosigkeit und Altersgrenzen von zunächst 50 und später 35 Jahren für Annehmende - sind gravierend verändert und einer neuen Sichtweise angepaßt worden.

Geltendes Adotionsrecht

Das gegenwärtige Adoptionsrecht geht im wesentlichen auf das Adoptionsgesetz vom 02.07.1976 zurück, mit dem die maßgeblichen Adoptionsbestimmungen völlig neu gefaßt wurden. Dabei kam dem Europäischen Übereinkommen über die Adoption von Kindern (EuropÜbereink) vom 24.04.1967, durch die Bundesrepublik Deutschland allerdings erst im Jahre 1980 ratifiziert und sodann in Kraft getreten, eine gewisse Vorbildfunktion zu.

Durch die Vorgaben dieses Abkommens, das die Rechtsangleichung auf dem Gebiet des materiellen Adoptionsrechts zum Ziel hatte, sollte für die Vertragsstaaten eine gewisse Vereinheitlichung bzw. Harmonisierung bestimmter Grundsätze und Verfahrensvorschriften zum Wohl des

Kindes erreicht werden. Zwar enthält dieses Übereinkommen für die Mitgliedstaaten kein unmittelbar geltendes Recht; es verpflichtet sie aber, wesentliche Bestimmungen des Übereinkommens in ihre Rechtsordnung (Adoptionsgesetze) zu übernehmen.

§§

Das Adoptionsgesetz 1976 wurde später durch das Adoptionsrechtsänderungsgesetz vom 04.12.1992 in mehreren Bereichen geändert, zugleich aber hervorgehoben, daß sich das im Jahre 1976 grundlegend reformierte Adoptionsrecht prinzipiell bewährt habe. Durch das Adoptionsanpassungsgesetz vom 24.06.1995 wurden weitere, allerdings wohl weniger bedeutsame Veränderungen vorgenommen. Schließlich brachte die zum 01.07.1998 in Kraft getretene Kindschaftsrechtsreform einige, wiederum wichtige Neuerungen mit sich. Die gesamten materiell-rechtlichen Adoptionsbestimmungen sind Teil des Bürgerlichen Gesetzbuches (BGB) und damit nicht etwa – wegen der gesonderten Bezeichnung als »Adoptionsgesetz«, Teil eines eigenständigen oder selbständigen Gesetzeswerkes.

Qualität der Adoptionsvermittlung

Zeitgleich mit dem Adoptionsgesetz 1976 war das Adoptionsvermittlungsgesetz (AdVermiG) vom 02.07.1976 geschaffen worden, mit dem das frühere Gesetz über die Vermittlung von Annahme an Kindes Statt vom 29.03.1951 ersetzte wurde. Das Adoptionsvermittlungsgesetz, das durch das Adoptionsvermittlungsänderungsgesetz vom 27.11.1989 inhaltlich erweitert bzw. zuletzt durch die Kindschaftsrechtsreform 98 aktualisiert wurde, verfolgte – i. Ü. wiederum mit Blick auf das bereits genannte Europäische Übereinkommen über die Adoption von Kindern – u. a. sowohl das Ziel, die Qualität der Adoptionsvermittlung als solche dadurch zu steigern, daß die Vermittlung Fachkräften zugewiesen wurde, die aufgrund ihrer Ausbildung und ihrer beruflichen Erfahrung hierzu besonders geeignet sind; darüberhinaus verfolgt das Adoptionsvermittlungsgesetz andererseits aber insbesondere auch das Anliegen, die Adoptionsrate für Heimkinder und milieugeschädigte Kinder maßgeblich zu erhöhen.

I. Literaturquellen

Rückgriff auf Gesetezesbegründung

Aus Gründen der Übersichtlichkeit wurde bewußt auf konkrete Nachweise der ausgewerteten Literatur und der herangezogenen Gerichtsentscheidungen verzichtet. Lediglich die Beispielsfälle, die im wesentlichen auf Urteile zurückgehen, sind als solche gekennzeichnet und zitiert.

Intention des Gesetzgebers entscheidend

Aktuelle Spezialliteratur zum Adoptionsrecht findet sich i. Ü. kaum. Eine wesentliche Hilfe zum Verständnis dieses Rechtsgebietes stellen daher – nach wie vor – insbesondere die Überlegungen des Gesetzgebers zu den jeweiligen Gesetzeswerken an sich, aber auch zu den einzelnen Bestimmungen dar. Um die Intentionen des Gesetzgebers in allen Bereichen möglichst authentisch und präzise wiederzugeben, wurden die jeweiligen Gesetzesbegründungen zum Adoptionsgesetz sowie zum Adoptionsvermittlungsgesetz – mitsamt ihren Änderungsgesetzen bis einschließlich zur Kindschaftsrechtsreform 1998 – ausgewertet. Im einzelnen handelt es sich dabei um die Drucksachen 7/3061, 7/5087, 10/1746, 10/3216, 7/3421, 7/5089, 11/4154, 11/5283, 13/4899.

II. Grundsätzliche Gedanken des Bundesverfassungsgerichts zur Adoption

Bereits im Jahre 1968 – also weit vor Schaffung des heute geltenden Adoptionsgesetzes – befaßte sich das Bundesverfassungsgericht aus Anlaß einer vormals bestehenden Adoptionsvorschrift (§ 1747 Abs. 3 BGB a.F.) mit grundlegenden Überlegungen zu Voraussetzungen und Ziel einer Adoption.

Die insoweit unverändert aktuellen Gedanken sollen an dieser Stelle – gleichsam in die allgemeine Thematik einführend – auszugsweise wiedergegeben werden:

»Die Eltern haben das Recht, die Pflege und Erziehung ihrer Kinder nach ihren eigenen Vorstellungen frei zu gestalten,

Blickpunkt des Kindes

und genießen insoweit, vorbehaltlich des Art. 7 GG, Vorrang vor anderen Erziehungsträgern. Dieser Grundrechtsschutz darf aber nur für ein Handeln in Anspruch genommen werden, das bei weitester Anerkennung der Selbstverantwortlichkeit der Eltern noch als Pflege und Erziehung gewertet werden kann, nicht aber für das Gegenteil: Die Vernachlässigung des Kindes. (...) Wenn die staatliche Gemeinschaft eingreifen muß, um an Stelle der versagenden Eltern die Voraussetzungen für eine gesunde körperliche und seelische Entwicklung des Kindes und für seine rechte Einordnung in die Gesellschaft zu schaffen, so steht der Staat hierbei vor der Wahl, (...), das Kind in einem Heim unterzubringen oder es in Pflege zu geben oder schließlich eine Adoption zu vermitteln. Vom Blickpunkt des Kindes werden in dieser Situation die letzten beiden Möglichkeiten regelmäßig den Vorzug verdienen. Die überlieferte Überzeugung, daß für eine normale Entwicklung des Kindes das Erlebnis einer harmonischen und lebenstüchtigen Familiengemeinschaft schlechthin unersetzlich ist, wird durch die Erfahrungen der Jugendbehörden (...) sowie die Erkenntnisse der modernen Psychologie, Psychiatrie und Kinderheilkunde bestätigt. (...) Eine Heimerziehung kann auch unter günstigen Verhältnissen die Geborgenheit des Kindes in der Familie und die dort gegebenen Voraussetzungen für die Entwicklung der persönlichen Fähigkeiten und sozialen Kontakte des Kindes nicht ersetzen, zumal es in zahlreichen Heimen an ausreichendem oder ausreichend geschultem Personal, an geeigneten Räumlichkeiten und besonders an finanziellen Mitteln fehlt. Auch bei einwandfreier äußerer Pflege und Versorgung kann der Mangel an personaler Zuwendung, an äußeren Entwicklungsreizen, der häufige Wechsel der Beziehungspersonen, später auch die Unsicherheit über die eigene Herkunft und über die Zukunft zu Entwicklungsschäden führen, die mit der Dauer des Heimaufenthaltes zunehmen und in schweren Fällen das Bild einer Krankheit annehmen.

Heimerziehung kann einem Kind nicht die Familie ersetzen

Schon daraus folgt, daß der Staat bei dauerndem Versagen der Eltern sowohl im Interesse des Kindes wie der Allge-

Suche nach geeigneten Eltern

meinheit in erster Linie bestrebt sein muß, das Kind in einer anderen Familie unterzubringen, die freiwillig die Funktion des natürlichen Verbandes übernimmt. Die beiden Möglichkeiten hierfür bilden die Unterbringung in einer Pflegefamilie und die Adoption. Nach den Erfahrungen der Praxis ist es verhältnismäßig nicht schwer, geeignete Eltern zu finden, die ein Kind in Pflege nehmen, um es zu adoptieren. Dagegen ist es sehr schwierig, gute Pflegeeltern zu finden, wenn von vornherein eine Adoption nicht in Betracht kommt. Beim Angebot an Pflegestellen steht nicht selten das Motiv des Gelderwerbs oder der Wunsch nach einer Arbeitskraft an erster Stelle; Schädigungen der Kinder durch eigensüchtige, lieblose oder gar kriminelle Pflegeeltern werden infolge mangels an Aufsichtspersonal oft zu spät entdeckt. Die Entwicklung harmonischer Beziehungen zwischen dem Kind und den Pflegeeltern mag auch durch das Verhalten von Eltern gestört werden, die das Kind aus finanziellen oder anderen eigennützigen Motiven zurückverlangen, ohne selbst zur Pflege und Erziehung bereit und fähig zu sein.

Ziele der Adoption

Demgegenüber erhält das Kind durch die Adoption normalerweise die Voraussetzungen für eine gesunde körperliche und seelische Entwicklung, vor allem das für die Entwicklung der sozialen Beziehungen entscheidende Erlebnis der Geborgenheit, der dauernden ungestörten Zugehörigkeit zu seiner Familie.« (Beschl. des Bundesverfassungsgerichts vom 29.07.1968, AZ 1 BvL 20/63, 31/66 u. 5/67, NJW 1968, S. 2233-2238).

A. Die Annahme Minderjähriger

I. Allgemeine (inhaltliche) Voraussetzungen einer Adoption

1. Grundsätze

Die Annahme eines Kindes ist grundsätzlich nur dann zulässig, wenn sie dem Kindeswohl dient und zugleich zu erwarten ist, daß zwischen dem Kind und dem Annehmenden ein sog. Eltern-Kind-Verhältnis entsteht (§ 1741 Abs. 1 S. 1 BGB). Diese beiden Erfordernisse sind die maßgeblichen Anknüpfungspunkte für die Annahmeempfehlung der Adoptionsvermittlungsstelle sowie für die Entscheidung des Vormundschaftsgerichts, ob eine Annahme als Kind ausgesprochen wird oder nicht.

Zur Sprache des Gesetzes

Im Text des Adoptionsgesetzes wird der Begriff »Adoption« bewußt und konsequent vermieden. Der Gesetzgeber wählte für die Gesetzessprache absichtlich den bildhaften und dem Lebensvorgang entsprechenden Ausdruck »Annahme als Kind«, weil er der Meinung war, daß mit der – früheren – Bezeichnung »Annahme an Kindes Statt« das »Künstliche des Vorgangs« hervorgehoben würde: Die Formulierung »Annahme an Kindes Statt« deute nämlich sehr stark an, daß das angenommene Kind lediglich ersatzweise an die Stelle eines eigenen Kindes trete und damit das Verlangen des Annehmenden nach Ersatz für das ihm selbst versagte eigene Kind erfülle. Demgegenüber solle das Kind jedoch mit allen sich daraus ergebenden Konsequenzen als Kind angenommen werden.

Das Gesetz befaßt sich nur in wenigen Regelungen (§§ 1741 Abs. 2, 1742, 1756 BGB) und ohne weitere inhaltliche Präzisierungen mit der Frage, welche Kinder adoptiert werden können. Möglich ist die Annahme fremder – ehelicher oder nichtehelicher – Kinder, Stiefkinder, sowie – unter gewissen Voraussetzungen – bereits angenommener Kinder, ebenso aber auch verwandter Kinder, so z. B. die Annahme des eigenen Enkels als Kind durch die Großeltern.

a) Kindeswohl

§§

Hierbei handelt es sich um einen sog. unbestimmten Rechtsbegriff, dessen Gehalt von einer Vielzahl von Faktoren bestimmt ist. Der Begriff »Kindeswohl« wird in den unterschiedlichsten gesetzlichen Bestimmungen erwähnt und gibt dabei in allen Entscheidungsprozessen, die ein Kind betreffen, die oberste Handlungs- und Entscheidungsmaxime wieder. Die Beachtung des Kindeswohls stellt mithin ein Grundprinzip für behördliches Handeln, insbesondere also auch für die Adoptionsvermittlungsstelle, sowie für gerichtliche Entscheidungen dar (§ 1697 a BGB).

Die Bedeutung des Kindeswohls

Der Blickwinkel, unter dem der Begriff des Kindeswohls seine Bedeutung erlangt und auszulegen bzw. zu verstehen ist, ergibt sich aus dem jeweiligen konkreten gesetzlichen Zusammenhang. Für das Gebiet des Adoptionsrechts und im Rahmen der gesetzlichen Voraussetzungen für die Annahme eines Minderjährigen als Kind bedeutet er, daß sich durch die Annahme des Kindes zwangsläufig auch dessen persönliche Situation in allen ihren maßgeblichen Facetten zumindest verbessern muß. Anderenfalls dürfte sich kaum eine kindeswohldienliche Annahme begründen lassen. Liebe, Fürsorge und Geborgenheit für das Kind werden zu Recht als von den Eltern zu vermittelnde Grundlage des Kindeswohls angesehen und sind folglich auch als Ergebnis einer Annahme für das Kind zu fordern.

Neue Lebensbedingungen

Darüberhinaus müssen – gleichsam als Folge einer kindeswohldienlichen Annahme – die neuen Lebensbedingungen definitiv geeignet sein, dem Kind ein Zuhause, und zwar möglichst ein dauerhaftes Zuhause, zu geben, das eine positive Persönlichkeitsentwicklung ermöglicht. Die hier erörterte Feststellung des Kindeswohls gilt für alle Formen der Minderjährigenadoption, also z. B. auch bei der Annahme des Kindes durch den Stiefelternteil.

b) Eltern-Kind-Verhältnis

aa) Entstehung einer Eltern-Kind-Beziehung

§§ **Soziale Elternschaft**

Die begründete Erwartung, daß zwischen dem Annehmenden und dem Kind ein »Eltern-Kind-Verhältnis« entsteht, ist eine weitere Bedingung für die Annahme. Gemeint ist hier das wirkliche Entstehen einer sozialen Elternschaft, die in ihren Bindungen zwischen Annehmendem und Kind und in ihren Auswirkungen (Bereitschaft zur Betreuung, Fürsorge und Erziehung des Kindes) der leiblichen Eltern-Kind-Beziehung entspricht. Nur wenn die Herstellung solcher Familienbande ernsthaft und konkret erwartet werden kann bzw. gegeben ist, kommt eine Adoption nach dem Gesetz in Betracht.

§§ **Eltern-Kind-Verhältnis**

Die an sich unpräzise gesetzliche Formulierung (§ 1741 Abs. 1 S. 1 BGB), daß zwischen dem (also einem) Annehmenden und dem (also einem) Kind ein »Eltern«-Kind-Verhältnis zu erwarten sein muß, wobei das Wort »Eltern«(-Kind-Verhältnis) begrifflich zwei Personen voraussetzt, ist allein mit der Entstehung des Gesetzes im Rahmen der parlamentarischen Beratungen zu erklären: In deren Verlauf entschied sich der Gesetzgeber letztlich dazu, die beiden entscheidenden Voraussetzungen (Wohl des Kindes und Eltern-Kind-Verhältnis) an den Anfang der Adoptionsvorschriften zu setzen, um diese beiden Erfordernisse für eine Annahme als Kind klarer herauszustellen. Dabei kam es zu Veränderungen der entsprechenden Vorschrift des Regierungsentwurfs, die noch von dem Annahmetatbestand Ehepaar/Kind ausgegangen war und folgerichtig auch den Begriff »Eltern-Kind-Verhältnis« verwandte. Ungeachtet dessen ging der Gesetzgeber weiterhin vom Regelfall der Annahme durch ein Ehepaar aus, auch wenn in einer Reihe weiterer Adoptionsvorschriften von »dem« Annehmenden die Rede ist, wenn es um die Erfüllung bestimmter Voraussetzungen geht (§§ 1743, 1744 BGB u.s.w.).

Wegen der anzustellenden Prognose, ob die Herstellung des Eltern-Kind-Verhältnisses unter den gegebenen Um-

Adoptionspflege

ständen gelingt, soll die Annahme in der Regel erst ausgesprochen werden, wenn der Annehmende das Kind eine angemessene Zeit in Pflege gehabt hat, sog. Adoptionspflege oder auch Familienpflege genannt (§ 1744 BGB). Das Gesetz schaltet damit der Annahme für den Regelfall – jedoch nicht grundsätzlich – eine Pflegezeit (mißverständlich der häufig verwandte Begriff »Probezeit«) vor, durch die – unter Einsatz praktischer Erfahrungen – die Beurteilung, ob ein Eltern-Kind-Verhältnis entstehen wird, zuverlässiger ist. Nur eine möglichst sichere Einschätzung der tatsächlichen Umstände, z. B. aufgrund praktischer Erfahrungen des Kindes und des Annehmenden im Umgang miteinander oder auch die reale Betreuung des Kindes durch den Annehmenden oder das Entstehen enger menschlicher Bindungen, gewährleistet nämlich eine zutreffende Prognose (zu den Einzelheiten einer Adoptionspflegezeit vgl. S. 28 ff.).

bb) Altersunterschied zwischen Eltern und Kind

Altersunterschiede

Da die Annahme als Kind die Schaffung eines Eltern-Kind-Verhältnisses zum Ziel hat, ist ein Altersunterschied zwischen Annehmendem und Kind begrifflich vorgegeben. Das Gesetz nennt zwar keinen Altersunterschied und auch kein Höchstalter des Annehmenden. Dennoch wird der Altersunterschied in der Regel dem üblichen Altersunterschied von Eltern zu ihren leiblichen Kindern entsprechen. Andererseits ist für allzu starre Beurteilungen, die ohnehin nur prognostischen Charakter haben, angesichts häufig anzutreffender und unterschiedlich beurteilter Altersunterschiede kein Raum, wenn das Lebensalter auch ein unbestreitbarer Anhaltspunkt für bestimmte Betreuungs- und Erziehungsfähigkeiten und -merkmale ist.

cc) Objektive Bewertung der Erfordernisse

Beide erörterten Erfordernisse – Kindeswohl und Eltern-Kind-Verhältnis – enthalten relativ große Wertungsfreiräume. Die objektive Beurteilung setzt eine kritische Distanz

Einschätzung kindlicher Emotionen

der am Adoptionsverfahren beteiligten Personen zu eigenen subjektiven Wertvorstellungen und Lebensgrundhaltungen voraus. Deshalb sind Toleranz, Augenmaß und die Fähigkeit zur sicheren Einschätzung kindlicher Emotionen und Bedürfnisse bzw. – noch besser – eine entsprechende Intuition für zukünftige persönliche Entwicklungen von Adoptivkind und Adoptiveltern unter Zurückstellung etwaiger eigener Erwartungshaltungen unabdingbar erforderlich.

2. Adoptionspflegezeit

Eingewöhnung des Kindes

Zu Unrecht wird die Adoptionspflege/Familienpflege (§1744 BGB), die das Gesetz vor einer Annahme vorsieht, häufig als »Probezeit« bezeichnet. Dem eigentlichen Sinn dieses Begriffes widerspricht schon die entsprechende Regelung des Adoptionsvermittlungsgesetzes (§8 AdVermiG), wonach die Pflege zur Eingewöhnung des Kindes bei den Adoptionsbewerbern überhaupt erst dann beginnen darf, wenn feststeht, daß die Adoptionsbewerber für die Annahme des Kindes geeignet sind (vgl. i. Ü. auch S. 194 ff.). Daraus folgt, daß bereits bestimmte und ganz konkrete Vorüberlegungen, wie z. B. Auswahl und Prüfung der Eignung der Bewerber, Kontaktanbahnungen und Austausch von Informationen über das Kind, stattgefunden haben müssen. Mit anderen Worten, viele, wenn nicht sogar die meisten richtungsweisenden und für die Annahme maßgeblichen Überlegungen werden bereits erfolgt sein, damit eine Adoptionspflege überhaupt näher in Betracht gezogen werden kann.

Gutachtliche Stellungnahme

I. Ü. dient die Adoptionspflegezeit aber gerade auch dazu, der Adoptionsvermittlungsstelle die sichere Einschätzung zu ermöglichen, wie sich die Beziehungen zwischen Annehmendem und Kind entwickeln, um die gutachtliche Stellungnahme (§56 d FGG) vorzubereiten. Im Ergebnis ist die Adoptionspflege mithin ein »letzter Schritt« auf dem Weg der tatsächlichen Feststellungen, ob eine Annahme durch die Adoptionsvermittlungsstelle befürwortet wird und entsprechend durch das Vormundschaftsgericht erfolgt.

Neues Zuhause

Welcher Zeitraum i. S. des Gesetzes (§ 1744 BGB) als »angemessen« anzusehen ist, läßt sich nicht durch feste Zeitvorgaben konkretisieren. Der Gesetzgeber wollte bewußt eine flexible Regelung, die eine Handhabung nach den Umständen des jeweiligen Einzelfalles erlaubt. Maßgebliche Gesichtspunkte dürften z. B. sein die Eingewöhnung des Kindes in die neue Familie und das Geschick des Annehmenden, dem Kind ein neues Zuhause zu vermitteln, aber insbesondere auch der Umstand, daß eine abschließende Bewertung möglich ist, ob eine tragfähige Beziehung entstanden ist, die ein Eltern-Kind-Verhältnis konkret erwarten läßt. Damit kann die Adoptionspflegezeit völlig individuell festgelegt werden, mithin auch relativ kurz bemessen sein.

Pflegeverhältnis eigener Art

Das der Adoptionspflege zugrundeliegende Pflegeverhältnis ist ein Rechtsverhältnis eigener Art. Es kommt auf Vermittlung der Adoptionsvermittlungsstelle oder des Jugendamtes zwischen dem/den Annehmenden (Pflegeeltern) und dem Sorgeberechtigten (leibliche Eltern oder Elternteil, Vormund, Personensorgerechtspfleger) zustande. Gibt der sorgeberechtigte Elternteil oder geben beide Elternteile seine/ihre Einwilligung in die Annahme oder wird die Einwilligung gem. § 1748 BGB (vgl. hierzu S. 65 ff.) ersetzt, ruht die elterliche Sorge und das Jugendamt wird Vormund (§ 1751 Abs. 1 S. 2 BGB). In diesem Falle rückt das Jugendamt selbst in die Rechtsstellung einer Vertragspartei. Das Pflegeverhältnis endet, wenn die Annahme ausgesprochen oder abgelehnt wird, die Einwilligungserklärung ihre Wirksamkeit verliert (§ 1750 Abs. 4 BGB) oder das Rechtsverhältnis selbst beendet wird, z. B. bei einvernehmlicher Vertragsaufhebung oder außerordentlicher Kündigung.

Im Gegensatz zur sog. Vollzeitpflege als Hilfe zur Erziehung (§§ 27, 33 SGB VIII) bedürfen die Adoptivpflegeel-

Tipp

tern grundsätzlich keiner – sonst notwendigen – Pflegeerlaubnis des Jugendamts (§44 Abs. 1 S. 3 Nr. 1 SGB VIII), weil hier bereits durch die Prüfung der Adoptionsbewerber sichergestellt ist, daß sie für die Aufnahme eines Kindes geeignet sind.

Ausnahmen von der Adoptionspflege

Die Adoptionspflege ist nach dem Gesetz allerdings nicht zwingend vorgeschrieben: Die Pflegezeit vor der Annahme ist vielmehr lediglich »in der Regel« vorgesehen. Um begründet von der Regel abweichen zu können, sind allerdings zwingende tatsächliche Gründe oder konkrete Gegebenheiten erforderlich, die eine kurzfristige Adoption zweckmäßig machen können, oder aber Umstände, die die zuvor genannten Aspekte definitiv entbehrlich erscheinen lassen. Im Ergebnis erscheint damit ein Verzicht auf die Adoptionspflegezeit letztlich nur in Ausnahmefällen sinnvoll.

3. Stehen Interessen anderer Kinder oder Interessen des Anzunehmenden gegenüber anderen Kindern der Annahme entgegen?

Interessenabwägung

Obwohl bereits eine Annahme als Kind ohnehin nur zulässig ist, wenn sie dem Wohl des Kindes dient (§1741 Abs. 1 BGB), sieht das Gesetz zusätzlich eine Gesamtwertung bei der Interessenabwägung im Falle des Vorhandenseins weiterer Kinder – beim Annehmenden oder auch dem Anzunehmenden – vor (§1745 S. 1 BGB).

a) Interessen des Adoptivkindes

Adoptivkind und zukünftige Geschwister

Sind demzufolge in der Familie des/der Annehmenden bereits Kinder vorhanden, soll durch die weitere Prüfung sichergestellt sein, daß das Adoptivkind sich im Verhältnis zu den zukünftigen Geschwistern normal entfalten und entwickeln kann, ohne also seinerseits durch schon vorhandene Kinder Benachteiligungen zu erfahren. Dabei hebt die Abwägung dieser Interessenslage darauf ab, ob zu befürchten ist, daß die Interessen des Anzunehmenden gefährdet sind. Gemeint ist insoweit eine begründete Erwartung, die sich als ernsthafte Gefährdung von Kindesinteressen darstellt, und nicht nur eine bloße Befürchtung zukünftig eintretender Entwicklungen und Umstände.

b) Interessen der Kinder des Annehmenden sowie von Kindern des Adoptivkindes

§§
Kinder des Annehmenden

Darüberhinaus will die genannte Vorschrift aber auch sicherstellen, daß jedenfalls »überwiegende Interessen« der Kinder des Annehmenden oder des Anzunehmenden, also Kinder des Adoptivkindes selbst, grundsätzlich zu berücksichtigen sind, mit der Folge, daß eine Annahme im Falle entgegenstehender »überwiegender Interessen« dieser Kinder nicht ausgesprochen werden darf. Durch die Abwägung sollen die Interessen dieser Kinder angemessen gewahrt werden.

Abwägung der jeweiligen Kindesinteressen

Überwiegende Interessen der Kinder des Anzunehmenden (also des Adoptivkindes) dürften bei der Minderjährigenadoption ohnehin selten gegeben sein. Dennoch erschien dem Gesetzgeber dieser Sachverhalt regelungsbedürftig. daß die Interessen eines Kindes des Anzunehmenden, also des Adoptionsenkels ebenfalls bei einer Annahme (in aller Regel der minderjährigen Mutter), weil achtens- und schützenswert, zu prüfen sind, liegt bei der Adoption der minderjährigen Mutter an sich nahe, weil das angenommene Kind nach dem Grundsatz der Volladoption (§ 1754 BGB, vgl. hierzu später) die Verwandtschaft zur neuen Familie auch für seine Kinder vermittelt. Damit erscheint es selbstverständlich, auch die Interessenlage seiner Kinder mit zu berücksichtigen, um etwaige Interessengegensätze auszuschließen. Nur die Sicherstellung der Interessen des Adoptionsenkels, z. B. die Betreuung durch seine Mutter (als Anzunehmende), rechtfertigt auch eine Annahme des Adoptionskindes (Mutter) selbst.

c) Art der Interessen und Interessenabwägung

Gemeint sind materielle (vermögensrechtliche) wie immaterielle (nichtvermögensrechtliche) Interessen. Die Tatsa-

Finanzielle Leistungskraft der Eltern

che, daß sich z. B. das Erbteil vorhandener Kinder schmälert, kann jedoch ebensowenig gegen die Interessen vorhandener Kinder sprechen, wie die mögliche Beeinträchtigung etwaiger Unterhaltsansprüche durch die Teilung der finanziellen Leistungskraft der Eltern. Lediglich eine konkrete Gefährdung des Unterhaltes vorhandener Kinder durch zusätzliche Unterhaltsansprüche des anzunehmenden Kindes könnte die Interessen vorhandener Kinder im Rahmen einer Gesamtschau der Interessen aller Kinder überwiegen lassen.

z.B.

Heranwachsen mit Geschwistern

Vermögensrechtliche Interessen – sämtlicher Kinder – sollen bei der Abwägung aber prinzipiell »nicht ausschlaggebend« sein (§1745 S. 2 BGB). daß z. B. Kinder des Annehmenden sich subjektiv zurückgesetzt fühlen, ein sicherlich häufiger, allerdings bloß vorübergehender Zustand, und dies zumeist in ihrer Haltung gegenüber dem Anzunehmenden ausdrücken, wird man kaum als Gefährdung von Kindesinteressen ansehen können. Insgesamt ist festzuhalten, daß es in der Regel für das angenommene Kind förderlich ist, wenn es mit Geschwistern heranwächst. Stehen der Annahme eines Kindes durch Annehmende, die bereits Kinder haben, überwiegende immaterielle Interessen des Adoptivkindes oder der Kinder des Annehmenden oder Kinder des Adoptivkindes entgegen, muß die Annahme allerdings unterbleiben. Insoweit lassen sich jedoch keine allgemeingültigen verbindlichen Aussagen treffen, vielmehr bedarf jeder Einzelfall einer konkreten Interessenabwägung, in die auch Überlegungen zum Kindeswohl einzubeziehen sind.

4. Kinderlosigkeit keine Voraussetzung für die Annahme

Keine Voraussetzung für die Annahme eines Kindes ist – entgegen immer noch verbreiteter Ansicht – die Kinderlosigkeit des Annehmenden. Der Gesetzgeber sah für ein solches Erfordernis keine Notwendigkeit mehr. Vielmehr wird es heute gerade als wünschenswert angesehen, wenn ein angenommenes Kind mit Geschwistern aufwächst, zu denen es durch die Adoption auch rechtlich gleichgestellt wird. Deren schutzwerte Interessen werden durch eine eigenständige Rechtsvorschrift (§ 1745 BGB) berücksichtigt (s. S. 30, 31).

Tipp

Aspekte der Kinderlosigkeit

Daß die Kinderlosigkeit eines Annehmenden aus Gründen des Kindeswohls für das anzunehmende Kind gleichwohl sinnvoll oder sogar erforderlich sein kann, ist ein Aspekt, der gerade in Bezug auf die konkrete Adoptionseignung einen eigenen kritischen Prüfungspunkt darstellt. Dies gilt insbesondere für den Fall, wenn leibliche Kinder vorhanden sind und die Integrierung des anzunehmenden Kindes daher nicht sichergestellt ist.

Geschichtlicher Hintergrund

Die – frühere – Voraussetzung der Kinderlosigkeit war i. Ü. schon nach dem 2. Weltkrieg wesentlich gelockert worden, um die Annahme von Kriegswaisen des 2. Weltkrieges zu erleichtern. Später wurde die Möglichkeit der Befreiung vom Erfordernis der Kinderlosigkeit als Dauerregelung beibehalten, weil das anzunehmende Kind gerade in einem harmonischen Familienverband mit Geschwistern aufwachsen soll.

5. Ausschließlichkeit der Adoption

Kein Weiterreichen von Adotpivkindern

So lange ein Annahmeverhältnis besteht, kann das – angenommene – Kind bei Lebzeiten des Annehmenden nur von dessen Ehegatten angenommen werden (§ 1742 BGB). Mit dieser Regelung wird der Grundsatz der Ausschließlichkeit der Adoption unterstrichen, das unerwünschte »Weiterreichen« eines Kindes von einer Adoptivfamilie zur anderen, weil ein Eltern-Kind-Verhältnis nicht geschaffen werden oder entstehen konnte (sog. Kettenadoption), soll damit ausgeschlossen werden.

Ausnahmen von diesem Prinzip gestattet das Gesetz für den Fall, daß das angenommene Kind von dem Ehegatten des Annehmenden adoptiert und hierdurch gemeinschaftliches Kind beider Ehegatten wird (§ 1754 Abs. 1 BGB) oder wenn die Adoptiveltern verstorben sind. In diesem Fall soll dem Kind die Möglichkeit erhalten bleiben, in einer neuen Adoptivfamilie Schutz und Zuwendung zu erhalten. Das gleiche gilt, wenn das Annahmeverhältnis rechtswirksam aufgehoben wurde (§ 1759 BGB).

6. Kindeswohlprüfung in besonderen Fällen

Gesonderte Kindeswohlprüfung

Eine gesonderte, intensivierte Form der Kindeswohlprüfung sieht das Gesetz für den Fall vor, daß der Annehmende an einer gesetzes- oder sittenwidrigen Vermittlung oder Verbringung eines Kindes zum Zwecke der Annahme mitgewirkt oder einen Dritten hiermit beauftragt oder hierfür belohnt hat. Hier soll eine Annahme nur dann zulässig sein, wenn dies zum Wohl des Kindes »erforderlich« ist (§ 1741 Abs. 1 S. 2 BGB). Die gesteigerte Voraussetzung – im Gegensatz zur allgemeinen Voraussetzung, daß die Annahme dem Wohl des Kindes »dienlich« sein muß –, war durch tendenzielle gesellschaftliche Strömungen notwendig geworden, denen eine Fehldiagnose von Hilfe für Kinder in sog. Entwicklungsländern bzw. vorherrschend eigennützige Motive Adoptionswilliger zugrunde lagen. Darüberhinaus ist in den vergangenen Jahrzehnten das Interesse an Adoptionen zunehmend gestiegen, wobei es sich zusätzlich als »schicklich« erwiesen hat, die Adoption in »Ländern der dritten Welt« zu betreiben; dabei wurde allzuoft der Versuch unternommen, bestehende Vorschriften unter Hervorhebung des eigenen menschlichen Engagements zu umgehen.

§§

Respektloser Einsatz finanzieller Mittel

Schlechthin gesetzlose Handungsweisen in Form von Selbsthilfe unter letztlich respektlosem Einsatz finanzieller Mittel zum Zwecke der Annahme eines Kindes sollen daher klar geächtet werden und unter dem Gesichtspunkt des Kindeswohls nur dann zum Erfolg führen, wenn eine Annahme zum Wohl des Kindes unabweisbar erscheint. Mit anderen Worten: Auch in einer solchen Situation soll für das »schuldlose« Kind die Möglichkeit einer Annahme (durch den hier erörterten Annehmenden) nicht gänzlich ausgeschlossen sein.

II. Persönliche Voraussetzungen des Annehmenden

1. Zur Abgrenzung der Kriterien

Das Gesetz nennt letztlich erstaunlich wenige Kriterien zur allgemeinen und konkreten Eignung eines Annehmenden.

§§ **Formale Erfordernisse**

Insgesamt vermitteln die Adoptionsvorschriften – für sich genommen – den Eindruck, daß formale Erfordernisse wie z. B. Alter des Annehmenden, oder familiärer Status im Vordergrund der Prüfung stehen. Zwar wird in den Gesetzesbegründungen wiederholt von Erziehungsfähigkeit, Reife und Stabilität der Persönlichkeit des Annehmenden, also von persönlichen Qualifikationen gesprochen: In den einzelnen Adoptionsbestimmungen ist hiervon jedoch nicht die Rede. So mag es zu erklären sein, daß sich viele Interessierte – allzu leichtfertig – für geeignet halten, ein Kind zu adoptieren, sei es, daß sie über entsprechende finanzielle Mittel oder eine gesellschaftlich oder beruflich anerkannte Position verfügen.

Wenige gesetzliche Anhaltspunkte

Auch der Begriff »Eltern-Kind-Verhältnis« (§ 1741 Abs. 1 S. 1 BGB) gibt wenig für eine Konkretisierung der persönlichen Voraussetzungen des Annehmenden her. Zwar sprechen hier die Gesetzesbegründungen von der »Aufnahme des Kindes in eine harmonische und lebenstüchtige Familie«, einer »wünschenswerten Eingliederung des Kindes in den Familienverband der Annehmenden«, oder einem »beständigen und ausgeglichenen Zuhause«, das das Kind möglichst erhalten soll. Schließlich heißt es im Zusammenhang mit den Überlegungen zum Alter der Annehmenden, daß die Familienverhältnisse in der annehmenden Familie »konsolidiert sein sollen« oder »daß an die innere Reife eines Annehmenden besondere Anforderungen gestellt werden müssen«.

Die Äußerungen des Gesetzgebers deuten damit lediglich darauf hin, in welche Richtung die Überlegungen und Prüfungen bzgl. der Person des Annehmenden gehen sollen. Die Praxis der Überprüfung der Eignung von Adoptionsbewerbern sieht denn auch im Ergebnis sehr viel präziser und inhaltlich genauer aus, als man aufgrund der allgemeinen Vorschriften gemeinhin annehmen könnte.

2. Anhaltspunkte für persönliche Kriterien nach dem Adoptionsvermittlungsgesetz

Genaue Prüfung der Adoptionsbewerber unumgänglich

Zwar befaßt sich das Adoptionsvermittlungsgesetz – ebenfalls recht kurz – mit sog. sachdienlichen Ermittlungen und deren Inhalt, Ziel und Zweck. Insoweit wird darauf verwiesen, daß die Adoptionsvermittlungsstelle zur Vorbereitung der Vermittlung die sachdienlichen Ermittlungen bei den Adoptionsbewerbern, bei dem Kind und seiner Familie durchführt. Danach ist insbesondere zu prüfen, ob die Adoptionsbewerber unter Berücksichtigung der Persönlichkeit des Kindes und seiner besonderen Bedürfnisse für die Annahme des Kindes geeignet sind (vgl. §7 Abs. 1 S. 1 u. 2 AdVermiG).

Tipp

Die vom Gesetzgeber im Jahre 1976 ursprünglich beabsichtigte weitere Rechtsverordnung über die inhaltliche Durchführung der sachdienlichen Ermittlungen wurde jedoch nicht erlassen (vgl. hierzu im einzelnen S. 191, 192).

Adoptionsvermittlungsgesetz

Da das Adoptionsvermittlungsgesetz das erklärte Ziel hat, das materielle Adoptionsrecht zu ergänzen, um auf diese Weise sicherzustellen, daß sich die Erwartungshaltungen des Gesetzgebers im Zusammenhang mit der Annahme als Kind in vollem Umfang auswirken, sind die Bestimmungen des Adoptionsvermittlungsgesetzes als maßgebliche Auslegungshilfe für das gesamte Adoptionsrecht, mithin also auch für die hier zu beantwortende wichtige Frage des Inhaltes und des Umfangs der Überprüfung der Person des Adoptionsbewerbers zwingend heranzuziehen.

Die Pflicht zur Durchführung sachdienlicher Ermittlungen beschreibt letztlich jedoch nur allgemein den Personenkreis (Adoptionsbewerber, das anzunehmende Kind und seine Familie) und hebt andererseits die Eignung der Adoptionsbewerber mit Blick auf die Persönlichkeit des Kindes und seiner besonderen Bedürfnisse für dessen Annahme bei der Prüfung besonders hervor. Da der Gesetzgeber auf eine gesetzgeberische Festlegung maßgeblicher näherer Einzelheiten bewußt verzichtet hat, bedarf es einiger inhaltlicher Konkretisierungen.

Konkrete Prüfungsinhalte

3. Einzelheiten der Prüfung

a) Grundsatz

Spezielle Bedürfnisse des Kindes

Der vom Gesetz vorgegebenen Prüfung ist zunächst einmal zu entnehmen, daß die Ermittlungen auf die Feststellung hinauszulaufen haben, ob die etwaigen Adoptionsbewerber für das fragliche Kind geeignet sind. Mit anderen Worten: Die speziellen Bedürfnisse und Eigenschaften des Kindes, seine Neigungen, Stärken und Schwächen, seine ganz persönlichen Strukturen stehen im Vordergrund. Auch wenn der Annehmende durchaus verständliche anerkennenswerte persönliche Wünsche verfolgt, muß er das oben beschriebene primäre Ziel der Adoption für sich akzeptieren und bereit sein, sich diesem Ziel unterzuordnen. Nur bei einem solchen Verständnis wird die notwendige Bereitschaft zur unumgänglichen Kooperation mit der Fachkraft der Adoptionsvermittlungsstelle gegeben sein. Allein diese Sichtweise bei der Eignungsprüfung der Adoptionsbewerber wird dem Kindeswohl gerecht, das ja oberstes Prinzip bei der Annahme als Kind ist.

b) Überprüfung der Person des Adoptionsbewerbers im einzelnen

Die vorstehend skizzierten Überlegungen setzen jedoch zunächst eine vorhergehende allgemeine Prüfung des Adoptionsbewerbers voraus, um seine allgemeine Eignung für eine Annahme zu untersuchen und festzustellen. Dabei sind u. a. seine Motivation zur Adoption zu ermitteln sowie die Bereitschaft und Fähigkeit zu überprüfen, inwieweit er persönlich für die Pflege, Betreuung und Erziehung

Persönliche Betreuung des Kindes

des Kindes zur Verfügung steht. Hier hat der Grundsatz Vorrang, daß die Betreuung des Kindes jedenfalls überwiegend durch die Adoptiveltern selbst vorgenommen wird. Sind mithin beide Annehmende berufstätig und wollen sie ein Kleinkind aufnehmen und die Betreuung dieses Kindes durch dritte Personen sicherstellen, dürfte sich eine Adoptionseignung kaum feststellen lassen.

Gesundheitszustand des Annehmenden

Ferner muß der Gesundheitszustand der Annehmenden stabil sein, um den Aufgaben, die mit der Pflege und Betreuung des Kindes einhergehen, zu entsprechen. Ansteckende Krankheiten müssen ausgeschlossen sein, die psychische Belastbarkeit muß außer Frage stehen. Liegen körperliche Behinderungen vor, ist im einzelnen abzuklären, ob und inwieweit diese nachhaltig oder grundsätzlich die Eignung zur persönlichen Pflege, Betreuung und Erziehung des Kindes beeinträchtigen können. Die Wohnverhältnisse müssen sowohl für die Aufnahme eines Kindes ausreichend dimensioniert sein als auch vom Wohnumfeld klar eine Gefährdung des Kindes ausschließen. Das gleiche gilt für das nähere soziale Umfeld des Annehmenden. Insbesondere sind sämtliche ständigen Haushaltsangehörigen in die Ermittlungen einzubeziehen, von denen das Kind sich ebenfalls menschlich angenommen fühlen muß (vgl. hierzu insbesondere auch noch S. 198).

Persönliche Ansichten des Annehmenden

Religiöse oder weltanschauliche Ansichten des Annehmenden sind – an sich – prinzipiell nicht von Bedeutung; hat das Kind jedoch bereits eine Religionszugehörigkeit, ist diese zu beachten, um sicherzustellen, daß das Kind sich seiner Religion entsprechend entfalten kann. Bei der Annahme durch Mitglieder von weltanschaulichen Randgruppen ist jedoch darauf abzustellen, inwieweit eine sich auf die Persönlichkeitsentwicklung negativ auswirkende Erziehung und damit eine Persönlichkeitsschädigung des Kindes zu erwarten oder zu befürchten ist. Hier sind die konkreten Umstände des Einzelfalles entscheidend.

Stabile Partnerschaft und Ehe

Zum Vorhandensein von Kindern des Annehmenden sowie zum Altersunterschied zwischen Annehmendem und Kind wurde bereits ausgeführt (vgl. S.27). Eine gute Partnerschaft zwischen Eheleuten und gegenseitige Wertschätzung sind Grundzüge eines stabilen familiären Systems, das sich mithin am ehesten für eine Einbindung des Kindes eignet.

§§

Finanzielle Situation

Die wirtschaftliche Situation des Annehmenden muß zumindest gewährleisten, daß der Annehmende die Unterhaltsansprüche des anzunehmenden Kindes, aber auch die anderer Unterhaltsberechtigter erfüllen kann. Kommt der Annehmende bereits seinen bestehenden Unterhaltsansprüchen nicht nach, kann in der Regel auch nicht davon ausgegangen werden, daß die Ansprüche des Kindes insoweit dauerhaft gesichert sind.

Fall

Ein Mann (EM) ist in zweiter Ehe verheiratet. EM hat aus erster Ehe ein minderjähriges Kind, für das er seit Jahren nur geringfügige Unterhaltsleistungen (monatlich 60,00 DM) erbringt. Darüberhinaus ist EM Vater eines weiteren Kindes, für das er ebenfalls barunterhaltspflichtig ist. Dieses hatte EM zunächst verschwiegen. Seit geraumer Zeit erhalten EM und seine Frau (EF) Hilfe zum Lebensunterhalt, weshalb EM auch seine Unterhaltspflichten gegenüber seinem Kind aus erster Ehe in Abrede stellt. EM ist arbeitslos. EF hat ein nichteheliches Kind mit in die Ehe gebracht. Mit Einwilligung von EF und dem leiblichen Vater dieses Kindes beabsichtigt EM, sein Stiefkind zu adoptieren. Das für die beiden Kinder des EM zuständige Jugendamt hat Bedenken gegen die beantragte Adoption erhoben.

Vormundschafsgericht

Die Annahme als Kind wurde vom Vormundschaftsgericht abgelehnt.

Aus den Gründen: Gem. § 1745 BGB darf die Annahme u. a. dann nicht ausgesprochen werden, wenn ihr überwiegende Interessen der Kinder des Annehmenden entgegenstehen. Dabei sollen vermögensrechtliche Interessen zwar

Zusätzliche Unterhaltslast

nicht ausschlaggebend sein, sie sind jedoch mit zu berücksichtigen. Es entspricht deshalb gefestiger Rechtsauffassung, daß eine Adoption dann abzulehnen ist, wenn durch die zusätzliche Unterhaltslast des Annehmenden der Unterhalt der vorhandenen Abkömmlinge gefährdet wird und damit auch eine Gefährdung ihres leiblichen Wohls nach sich zieht. ... Bereits während seines Arbeitsverhältnisses war EM nur zu Teilzahlungen weit unter dem Mindestunterhalt für seine Kinder in der Lage. Für den Fall der Adoption wären selbst die nach der Mangelberechnung zu leistenden Beträge gefährdet. Sie würden nämlich weiter reduziert, wenn nicht sogar ganz entfallen, weil seine Leistungsfähigkeit ersichtlich erschöpft wäre (AG Mönchengladbach-Rheydt, Beschl. v. 18.09.1994, AZ 4 XVI 1/94).

Tipp

Auskunft aus dem Strafregister

Vorstrafen des Annehmenden sollten nicht bestehen. Dies kann durch Vorlage eines polizeilichen Führungszeugnisses (§ 30 BZRG) seitens des Bewerbers nachgewiesen werden. Darüberhinaus besteht die Möglichkeit für das Vormundschaftsgericht, eine unbeschränkte Auskunft aus dem Strafregister anzufordern (§ 41 BZRG), um eine umfassende Auskunft sicherzustellen. Allerdings sind etwaige Vorstrafen auch kein grundsätzliches Hindernis für eine Adoption, es sei denn, es handelt sich um spezifische schwere Vorstrafen wie Mißhandlung Schutzbefohlener, Körperverletzung oder sexuellen Mißbrauch bzw. schwere Verbrechen.

Erziehungsstil

Unübliche Lebensgestaltung, gleichviel wie diese sich auswirkt, ist im Einzelfall – unabhängig vom persönlichen Standort der Überprüfenden – allein auf kindeswohldienliche oder -schädliche Auswirkungen hin zu untersuchen, ohne diese einer eigenen Wertschätzung zu unterziehen. Das gleiche gilt für Erziehungsstile. Diese sind ausschließlich daraufhin abzuklären, inwieweit sie pädagogisch vertretbar und im Einzelfall anwendbar oder sachlich angebracht sind.

III. Zur Person des Annehmenden

Annahmemöglichkeiten

Das Gesetz sieht die Annahme eines Kindes durch ein Ehepaar gemeinsam, durch einen Alleinstehenden sowie – in bestimmten Konstellationen – durch einen Ehegatten allein vor.

§§

Ungeachtet der – zuvor – dargestellten Annahmemöglichkeiten und ihrer gesetzlichen Gliederung (§ 1741 Abs. 2 BGB), entspricht es allgemeiner Auffassung, daß die gemeinschaftliche Annahme eines Kindes durch ein Ehepaar den angestrebten Regelfall darstellt bzw. darstellen soll, weil dies die besten Voraussetzungen für die Entwicklung des Kindes bietet.

Änderungen durch die Kindschaftsrechtsreform

Die Möglichkeit, das eigene nichteheliche Kind anzunehmen, ist durch die Kindschaftsrechtsreform 1998 entfallen. Dem Gesetzgeber erschien diese Form der Annahme überholt. Der damit u. a. verbundene Zweck, der Mutter hierdurch ein von der (zwischenzeitlich ebenfalls entfallenen) gesetzlichen Amtspflegschaft befreites Sorgerecht zu verschaffen oder dem annehmenden Elternteil die Möglichkeit zu bieten, die Beziehungen des anderen Elternteils mit dem nichtehelichen Kind definitiv auszuschließen, ließ sich mit Rücksicht auf die weitgehende rechtliche Gleichstellung ehelicher und nichtehelicher Kinder sachlich nicht mehr rechtfertigen.

1. Annahme durch ein Ehepaar

a) Grundsatz

§§

Familiäres Umfeld

Ein Ehepaar kann ein (fremdes) Kind nur gemeinschaftlich annehmen (§ 1741 Abs. 2 S. 2 BGB). Die gemeinschaftliche Annahme eines Kindes durch ein Ehepaar gilt – im Gegensatz zur Annahme durch eine Einzelperson – als Regelfall. Insoweit entspricht es nach wie vor allgemeiner Vorstellung, daß es für die Entwicklung eines Kindes von überragender Bedeutung ist, wenn es in einer Familie heranwächst und ihm günstige Bedingungen für sein Aufwachsen durch harmonische Lebensbedingungen in einem Familienverband ermöglicht werden.

Kindschaftsrechtsreform

Durch die sprachliche Neufassung der vorerwähnten Regelung im Zusammenhang mit der Kindschaftsrechtsreform 1998 hat sich an dieser Auffassung nichts geändert.

aa) Überlegungen des Gesetzgebers

§§

Kindeswohl

Das ausdrückliche Erfordernis der gemeinschaftlichen Annahme bei Ehepaaren hat den Hintergrund, daß das Kind in den gesamten Familienverband der Annehmenden eingegliedert und ein Verwandtschaftsverhältnis zu allen Familienangehörigen geschaffen werden soll. Dies wäre nicht, jedenfalls nicht mit der erwünschten Sicherheit, der Fall, würde das Kind – bei der Annahme eines (fremden) Kindes durch nur einen Ehegatten – lediglich das Kind des einen und das Stiefkind des anderen Ehegatten. Dem Wohl des Kindes wäre nicht gedient, wenn nur ein Elternteil die Bereitschaft hätte, für das anzunehmende Kind wie ein eigenes Kind zu sorgen.

bb) Stabilität der Ehe

Ungeschriebene Voraussetzungen

Obwohl die – ungeschriebene – Voraussetzung besteht, daß eine Annahme letztlich nur in Erwägung zu ziehen ist, wenn die Ehe auch Bestand hat – immerhin soll das Kind durch die Adoption ein harmonisches, ausgeglichenes und beständiges neues Zuhause erhalten –, sieht das Gesetz keine Mindestehedauer vor. Ein solches, rein zeitlich bezogenes Erfordernis, wäre auch nicht geeignet, um die Stabilität einer Ehe zu beurteilen. Vielmehr wird die Kindeswohlprüfung sich im wesentlichen auf das Kriterium beziehen, wie belastbar und bestandskräftig die Ehe der Annehmenden erscheint. Dabei ist sicherlich die Feststellung zutreffend, daß Belastbarkeit und Dauer einer Ehe sich durchaus gegenseitig bedingen.

b) Alterserfordernisse

aa) Alter der Annehmenden

§§

Nimmt ein Ehepaar ein Kind gemeinschaftlich an, muß einer der Ehegatten das 25., der weitere Ehegatte das 21. Lebensjahr vollendet haben. Die Möglichkeit einer Befreiung von diesen Alterserfordernisen sieht das Gesetz – bewußt – nicht vor, obwohl die Fähigkeit zur Kindererziehung sicherlich nicht von starren Altersregelungen abhängig ist.

Geschichtliche Hintergründe

Das ursprüngliche Mindestalter (zunächst 50 Jahre, später 35 Jahre) war geprägt von der früheren Voraussetzung der Gewährleistung der Kinderlosigkeit. Allerdings war zu damaliger Zeit eine Befreiung vom Alterserfordernis möglich. Die gewandelte Rechtsauffassung zu dieser Frage und die geänderte gesellschaftliche Auffassung von Sinn und Zweck von Adoptionen stellt einerseits das Wohl des Kindes in den Vordergrund und dabei insbesondere auch die Auffassung, daß ein Kind in der Regel nicht von »zu alten« Eltern adoptiert werden soll.

Erziehungsfähigkeit und menschliche Reife Voraussetzung für Adoption

Andererseits muß ein Mindestmaß von Erziehungsfähigkeit wie auch eine gewisse menschliche Reife des Annehmenden sichergestellt sein, damit sich die Erwartung in ein dauerhaftes Adoptionsverhältnis begründen läßt. Ferner sollen die Familienverhältnisse in der annehmenden Familie gefestigt sein, da an die innere Reife eines Annehmenden schon besondere Anforderungen zu stellen sind.

Kindschaftsrechtsreform

Durch die Neuregelung im Zusammenhang mit der Kindschaftsrechtsreform 1998 ist dem Gesetzeswortlaut nicht mehr mit der Eindeutigkeit der vorhergehenden gesetzlichen Regelungen zu entnehmen, daß der entscheidende Zeitpunkt für das Vorliegen des Alterserfordernisses der Zeitpunkt der gerichtlichen Entscheidung, also der vormundschaftsgerichtliche Ausspruch der Annahme (§ 1752 Abs. 1 BGB) ist. Dennoch hat sich hieran im Ergebnis nichts geändert. Folglich ist die Erfüllung des Alterserfordernisses zu Beginn der Familienpflege oder bei Stellung des Antrages (§ 1752 Abs. 2 BGB) nicht zwingend erforderlich, wenn auch sicherlich sinnvoll.

bb) Geschäftsfähigkeit des Annehmenden

Rechtswirksame Willenserklärungen

Der Annahmeantrag kann - selbstverständlich - nur von einem Geschäftsfähigen gestellt werden. Geschäftsunfähige sind zur Abgabe rechtswirksamer Willenserklärungen außer Stande (§§ 104 Nr. 2, 105 Abs. 1 BGB). Besteht eine Betreuung für den Antragsteller, bedeutet dies, - je nach Aufgabenkreis - für sich genommen prinzipiell keine Beschränkung der Annahmemöglichkeit. Ein solcher - überaus seltener - Ausnahmefall wird jedoch sicherlich eine gesonderte, einzelfallbezogene Prüfung der Annahmevoraussetzungen (§ 1741 Abs. 1 BGB) erfordern.

c) Rechtliche Folge für das Sorgerecht

§§

Gemeinschaftliche elterliche Sorge

Nimmt ein Ehepaar ein Kind gemeinschaftlich an, erlangt das Kind die rechtliche Stellung eines gemeinschaftlichen Kindes der Ehegatten (§ 1754 Abs. 1 BGB). Die elterliche Sorge steht in diesem Falle den Ehegatten gemeinsam zu (§ 1754 Abs. 3 1. Hs BGB).

2. Sonderfälle bei Eheleuten: Annahme durch einen Ehegatten allein

a) Ehegatte nimmt Kind seines Ehegatten an

aa) Grundsatz und rechtliche Folgen für das Sorgerecht

§§

Ein Ehegatte kann auch ein Kind seines Ehegatten allein annehmen (§ 1741 Abs. 2 S. 3 BGB). Dabei kann es sich auch um ein angenommenes Kind des Ehegatten handeln (§ 1742 BGB).

Annahme des Stiefkindes

Grundsätzlich ist das Stiefkind, also das Kind, das der andere - vormals geschiedene, verwitwete oder ledige - Ehegatte mit in die - neue - Ehe gebracht hat, mit seinem Stiefelternteil nicht verwandt, sondern nur verschwägert

(§ 1590 Abs. 1 S. 1 BGB); Rechtsbeziehungen zwischen Stiefelternteil und Stiefkind bestehen insoweit aber nicht, hierzu bedarf es vielmehr der Annahme als Kind. Durch die Annahme des - ehelichen, nichtehelichen oder angenommenen - Kindes des anderen Ehegatten, erlangt dieses Kind die rechtliche Stellung eines gemeinschaftlichen Kindes beider Ehegatten (§ 1754 Abs. 1 BGB), so daß die elterliche Sorge beiden Ehegatten gemeinsam zusteht (§ 1754 Abs. 3 BGB).

bb) Alterserfordernis

Herabgesetzte Altersgrenze

Der alleinannehmende Ehegatte muß in dem erörterten Fall zumindest das 21. Lebensjahr vollendet haben (§ 1743 Abs. 1 S. 1 BGB). Die Herabsetzung der Altersgrenze ist bei diesem Sachverhalt durch die Tatsache gerechtfertigt, daß das - angenommene - Stiefkind ohnehin in einem Eltern-Kind-Verhältnis zu dem Ehegatten des Annehmenden steht und im Zusammenhang mit der Eheschließung des Elternteils und des Annehmenden ein Mindestmaß dessen erzieherischer Fähigkeiten angenommen werden darf.

cc) Einwilligungserfordernis

§§

Formelle Einwilligung des anderen Ehegatten

Zur Annahme eines Stiefkindes durch einen Ehegatten allein ist die Einwilligung des anderen Ehegatten erforderlich (§ 1749 Abs. 1 S. 1 BGB). Hintergrund für diese Regelung ist die Überlegung, daß es dem Wesen der Ehe entspricht, daß ein Ehegatte ein Kind nur dann annimmt, wenn der andere Ehegatte einverstanden ist, weil durch die Annahme die Interessen des Ehegatten immer berührt sind. Die formelle Einwilligung des anderen Ehegatten bezieht sich auf die Annahme seines Kindes durch den Stiefelternteil. Da auch seine Einwilligung als Elternteil Voraussetzung zur Annahme seines Kindes ist (§ 1747 Abs. 1 S. 1 BGB), wird in seiner Einwilligung als Elternteil zugleich auch die formelle Einwilligung als Ehegatte liegen. Der Klarheit halber sollte prinzipiell beide Erklärungen formell - wenn auch in einem Zusammenhang - abgegeben werden.

Auf die Einwilligung des – etwaigen – zweiten Elternteils des Stiefkindes soll an dieser Stelle ausdrücklich hingewiesen sein (§ 1747 Abs. 1 BGB).

b) Alleinige Annahme eines fremden Kindes durch einen Ehegatten wegen fehlender Voraussetzungen bei dem anderen Ehegatten

aa) Grundsatz und Alterserfordernisse

Tipp

Sonderregelungen

Hat ein Ehegatte das 25. Lebensjahr vollendet und scheitert eine gemeinschaftliche Annahme eines (fremden) Kindes an der Geschäftsunfähigkeit oder dem Alterserfordernis (21. Lebensjahr) des anderen Ehegatten, so ist es erlaubt, daß der eine Ehegatte das (fremde) Kind allein annimmt (§ 1741 Abs. 2 S. 4 BGB). Diese Sachlage kann sich nicht nur ergeben, wenn der andere Ehegatte volljährig, aber noch nicht 21 Jahre alt ist, sondern auch, weil das Gesetz die Herabsetzung der Ehemündigkeit im Ausnahmefall bis auf das vollendete 16. Lebensjahr als unterste Altersgrenze ermöglicht (§ 1303 Abs. 2 BGB).

bb) Einwilligungserfordernisse

§§

An dem Erfordernis der Einwilligung dieses Ehegatten zur alleinigen Annahme des fremden Kindes durch den anderen Ehegatten ändert sich jedoch nichts (§ 1749 Abs. 1 S. 1 BGB).

Einwilligung des anderen Ehegatten

Ist der Ehegatte nicht einmal 18 Jahre alt, also in der Geschäftsfähigkeit beschränkt, bedarf seine Einwilligung nicht der Zustimmung seines gesetzlichen Vertreters (§ 1750 Abs. 3 S. 2 BGB). Auch in diesem Falle muß der – formell nicht annahmeberechtigte – Ehegatte aber in die Annahme durch den anderen Ehegatten einwilligen (§ 1749 Abs. 1 S. 1 BGB).

cc) Entbehrlichkeit der Einwilligung des anderen Ehegatten

§§

Ausnahmen von der Einwilligung

Ist der Ehegatte allerdings zur Abgabe einer Einwilligung wegen Geschäftsunfähigkeit dauernd außerstande oder ist sein Aufenthalt dauernd unbekannt (§ 1749 Abs. 3 BGB), ist seine Einwilligung zur alleinigen Annahme durch den anderen Ehegatten nicht erforderlich. Hier ist an den Fall zu denken, daß ein Kind in Adoptionspflege gelebt hat und die Eheleute sich dauerhaft mit unbekanntem Aufenthalt des anderen Ehegatten getrennt haben. In diesem Falle kann es nicht i. S. des Gesetzes liegen, daß eine Annahme als Kind bei einem solchen Sachverhalt unterbleibt.

Ehestatus

Da das Gesetz auf den Status der Ehe abstellt, gilt das Erfordernis der Einwilligung des anderen Ehegatten aber auch dann, wenn beide – mit bekanntem Aufenthaltsort des anderen Ehegatten – voneinander getrennt leben. Für den Fall, daß die Ehegatten allerdings geschieden sind, bedarf es der erörterten Einwilligung des anderen Ehegatten natürlich nicht mehr.

dd) Ersetzung der Einwilligung des anderen Ehegatten durch das Vormundschaftsgericht

z.B.

Ersetzung durch Vormundschaftsgericht

Auf Antrag des allein annehmenden Ehegatten kann das Vormundschaftsgericht jedoch die Einwilligung des anderen Ehegatten ersetzen, wobei eine Ersetzung nur in Betracht kommt, wenn keine berechtigten Interessen des anderen Ehegatten und der Familie der Annahme entgegenstehen (§ 1749 Abs. 1 S. 2 u. S. 3 BGB). Eine solche Fallgestaltung kann dann gegeben sein, wenn das Kind bereits beim Annehmendem in Adoptionspflege gelebt hat, die Annahme dem Kindeswohl dient und der zwischenzeitlich getrenntlebende Ehegatte die Einwilligung in die alleinige Annahme durch den anderen Ehegatten verweigert.

ee) Rechtliche Folge für das Sorgerecht

§§

Nimmt ein Ehegatte ein fremdes Kind allein an (§ 1741 Abs. 2 S. 4 BGB), erhält das Kind jedoch nur die rechtliche Stellung eines Kindes des Annehmenden (§ 1754 Abs. 2 BGB). Demzufolge steht die elterliche Sorge dann dem Annehmenden allein zu (§ 1754 Abs. 3 BGB).

3. Annahme durch Alleinstehende

a) Grundsätze

Integration des Kindes

Obwohl die Herstellung eines Eltern-Kind-Verhältnisses am ehesten durch eine Integration des angenommenen Kindes bei einem Ehepaar zu erwarten ist, ist schließlich auch die Adoption eines Kindes durch eine nichtverheiratete Person vorgesehen (§ 1741 Abs. 2 S. 1 BGB). Die Annahme kann in diesem Fall nur allein durch den Annehmenden erfolgen. Der Gesetzgeber hatte hier ursprünglich den Beispielsfall vor Augen, daß die gemeinsame Annahme eines Pflegekindes scheitert, weil ein Ehegatte zwischenzeitlich verstorben ist oder die Ehe durch Scheidung aufgelöst worden ist.

Annahme durch nichtverheiratete Einzelperson

Die Annahme ist aber gerade auch dann zu befürworten, wenn die alleinstehende Person in der Lage ist, zu dem Kind eine Eltern-Kind-Beziehung aufzubauen und dem Kind ein beständiges und ausgeglichenes Zuhause zu bieten. Der Gesetzgeber dachte in diesem Zusammenhang in erster Linie an die Möglichkeit, daß eine Einzelperson z. B. ein ihr verwandtes Kind animmt.

Die Annahme durch eine Einzelperson verlangt jedoch eine besonders eingehende Prüfung, ob eine dem Kindeswohl dienliche Annahme gegeben ist.

Fall

Kind (K) – geb. 1979 – befand sich seit Anfang 1980 bei der unverheirateten Annehmenden (u.A.) – geb. 1953 – in Pflege. Der nichtehelichen Mutter war die elterliche Sorge für K entzogen und diese auf das Jugendamt übertragen worden. Jugendamt und nichteheliche Mutter hatten ihre Einwilligung zur Annahme durch die u.A. erklärt. Letztere hatte durch notarielle Urkunde Antrag auf Annahme des K gestellt.

Annahme durch Alleinstehende

Das Vormundschaftsgericht hat den Adoptionsantrag zurückgewiesen. Das Beschwerdegericht hat die Entscheidung des Vormundschaftsgerichts abgeändert und dem Adoptionsantrag in vollem Umfang stattgegeben.

Prüfung des Kindeswohls

Aus den Gründen: Die Adoption dient dem Wohle des Kindes. Durch die lange Pflegezeit ist zwischen u.A. und K ein Mutter-Kind-Verhältnis bereits entstanden. Der Einzeladoption des K steht nicht entgegen, daß grundsätzlich dem Wohle des Kindes in erster Linie die Betreuung durch eine vollständige Familie dienen mag. Die Frage, ob die Adoption dem Wohle des Kindes dient, beurteilt sich danach, ob sich durch die Annahme die Lebensbedingungen des Kindes im Vergleich zur gegenwärtigen Lage so ändern, daß eine merklich bessere Entwicklung der Persönlichkeit zu erwarten ist. Die gegenwärtige Situation von K stellt sich so dar, daß es bei der u.A. als Pflegekind mit der Aussicht verbleibt, daß zu einem späteren Zeitpunkt möglicherweise einmal die leibliche Mutter die Pflege selbst übernehmen kann oder aber ein fremdes Ehepaar das Kind adoptieren will. In beiden Fällen ist ein Wechsel der Bezugsperson unausweislich, wobei auf Grund der bisher bestehenden Bindungen zwischen u.A. und K zu befürchten ist, daß K durch einen Wechsel der Bezugsperson Schaden erleidet, und ergänzend zu berücksichtigen ist, daß zwischen K und seiner leiblichen Mutter keinerlei persönliche Beziehungen bestehen, da diese sich praktisch niemals um das Kind gekümmert hat. Demgegenüber ist bei der Adoption durch u.A. die Kontinuität der Pflege, die im Interesse von K liegt, auf Dauer gewährleistet, und die bisherige Bezugsperson für K gesichert. Diese Perspektive läßt wegen der damit gesicherten familiären Bindung, die durch eine Adoption nach außen hin in Erscheinung tritt, eine merklich bessere Persönlichkeitsentwicklung von K vorausschauend erwarten. Der Einzeladoption steht auch nicht entgegen, daß bei einer Annahme durch eine Einzelperson das adoptierte Kind die Bindung an zwei Familienmitglieder verliert. Eine solche Benachteiligung ist schon deshalb nicht gegeben, weil das Kind auch bislang lediglich von einer Einzelperson betreut worden ist und ihm der Vater überhaupt nicht bekannt ist. I. Ü. besteht auch bei der auszusprechenden Adoption für K durchaus die Möglichkeit, zu einem späteren Zeitpunkt in einer vollständigen Familie aufzuwachsen, wenn nämlich u.A. heiraten sollte und ihr Ehegatte K zusätzlich annimmt (vgl. LG Köln, 1.ZK, Beschl. v. 08.10.1984 - Az 1 T 102/83, FamRZ 1985, S. 108/109.)

Anmerkung: Nach heutigem Recht ist zur Annahme eines Kindes die Einwilligung der Eltern erforderlich, ohne daß eine Einschränkung auf eheliche Kinder besteht. Damit wäre im vorstehenden Fall nach nunmehr geltenden Recht auch die Einwilligung des »nichtehelichen« Vaters in die Adoption notwendig, vorausgesetzt, er ist der Mutter bekannt.

Bei nichtehelichen Lebensgemeinschaften, und zwar gleichgültig, ob gleichgeschlechtlich oder nicht, verbleibt es bei dem Grundsatz, daß unverheiratete Personen nur allein ein Kind annehmen können.

Die Annahme des eigenen - ehelichen - Kindes war und bleibt auch nach der Kindschaftsrechtsreform 1998 unzulässig.

Kindschaftsrechtsreform

Die frühere Möglichkeit, das eigene nichteheliche Kind zu adoptieren, ist durch die Kindschaftsrechtsreform 1998 ersatzlos entfallen.

b) Alterserfordernis

Das Alter des Alleinstehenden ist – ohne jegliche Ausnahme – auf das vollendete 25. Lebensjahr festgelegt (§1743

S. 1 BGB). Selbstverständlich ist, daß die Geschäftsfähigkeit uneingeschränkt gegeben sein muß.

c) Rechtliche Folge für das Sorgerecht

Alleiniges Sorgerecht

Durch die Annahme erlangt das Kind die rechtliche Stellung eines Kindes des Annehmenden, mit der Konsequenz, daß ihm die elterliche Sorge auch allein zusteht (§ 1754 Abs. 2 u. 3 BGB).

IV. Die notwendigen Einwilligungserklärungen zur Annahme als Kind

Die verschiedenen Einwilligungs-erklärungen

Zur Annahme eines Kindes sind – neben der Annahmeerklärung – verschiedene Einwilligungserklärungen erforderlich: des Kindes (§ 1746 BGB), der Eltern des Kindes (§ 1747 BGB) und – wie zuvor bereits dargestellt – ggfls. des anderen Ehegatten (§ 1749 BGB).

1. Einwilligung des Kindes

a) Einwilligungsfähigkeit des Kindes

§§

Willenserklärung des Kindes

Grundsätzlich muß ein Kind in seine Annahme selbst einwilligen (§ 1746 Abs. 1 S. 1 BGB). Die Begründung neuer familiärer Bindungen bzw. neuer familienrechtlicher Bezüge ist ein so fundamentaler Akt, daß es hierzu des ausdrücklichen Einverständnisses des Kindes bedarf. Dabei muß sich die Einwilligung – selbstverständlich – auf konkrete Annehmende beziehen; ansonsten würde die Ausübung des kindlichen Willens keinen Sinn ergeben. Jedoch muß der gesetzliche Vertreter der Einwilligung seines Kindes zustimmen (§ 1746 Abs. 1 S. 3 BGB). Hat das Kind allerdings noch nicht das 14. Lebensjahr vollendet, verfügt es in der Regel noch nicht über die notwendige Einsicht für derartige Willenserklärungen. In diesem Falle kann nur der gesetzliche Vertreter die entsprechende Einwilligung erteilen (§ 1746 Abs. 1 S. 2 BGB). Gleiches gilt, wenn das Kind älter als 14 Jahre ist, aber natürliche, nicht nur vorübergehende Geschäftsunfähigkeit (§ 104 Nr. 2 BGB) besteht.

b) Unterschiedliche Staatsangehörigkeit von Kind und Annehmendem

Tipp

Deutsches Recht

Haben Kind und Annehmender unterschiedliche Staatsangehörigkeiten, bedarf die Einwilligung des Kindes zusätzlich der Genehmigung des Vormundschaftsgerichts, es sei denn, die Annahme unterliegt deutschem Recht (§ 1746 Abs. 1 S. 4 BGB), was allerdings in der Praxis häufig der Fall ist.

c) Keine Ersetzungsmöglichkeit durch das Vormundschaftsgericht

Wille des Kindes

Im Gegensatz zu den weiterhin erforderlichen Einwilligungserklärungen (vgl. hierzu später), kann die notwendige Einwilligung des Kindes (also des Kindes, das das 14. Lebensjahr vollendet hat und geschäftsfähig ist) nicht vormundschaftsgerichtlich ersetzt werden. Der Wille eines solchen Kindes ist grundsätzlich entscheidend und maßgeblich, mögen seine Gründe gegen die Adoption stichhaltig sein oder nicht.

d) Widerruf der Einwilligungserklärung

Widerruf gegenüber dem Vormundschaftsgericht

Das einwilligungsfähige Kind (geschäftsfähig/14. Lebensjahr vollendet) kann seine Einwilligung gegenüber dem Vormundschaftsgericht allerdings bis zum Wirksamwerden des Ausspruchs der Annahme, also bis zur formell wirksamen Entscheidung des Vormundschaftsgerichts (§ 1752 Abs. 1 BGB) widerrufen. Zuständig ist in aller Regel das Vormundschaftsgericht, in dessen Bezirk der Annehmende oder einer der Annehmenden seinen Wohnsitz hat (§ 43 b Abs. 1 u. Abs. 2 FGG).

e) Beratung und Beurkundung

§§ Zuständiges Jugendamt

Widerruft das Kind seine Einwilligungserklärung, soll es entsprechend der Tragweite seiner Erklärung beraten werden. Die Beratung wird dadurch abgesichert, daß der Widerruf der öffentlichen Beurkundung bedarf (§ 1746 Abs. 2 S. 2 BGB). Zur Beurkundung ist das Jugendamt befugt und berechtigt (§ 59 Abs. 1 Ziff. 6 SGB VIII), örtlich zuständig ist i. Ü. jedes Jugendamt (§ 87 e SGB VIII). Aufgrund vorangegangener Kontakte mit dem Jugendamt im Zusammenhang mit dem Verfahren der Adoptionsvermittlung ist hinreichend sichergestellt, daß das Kind über die ihm bekannten Stellen die notwendige Beratung erhält. I. Ü. sei darauf verwiesen, daß die Zuständigkeit des Jugendamts zwar nicht ausschließlich ist (§ 59 Abs. 1 S. 2 SGB VIII), dennoch aber die Beurkundung beim Jugendamt der Regelfall sein dürfte.

f) Wille eines nicht einwilligungsfähigen Kindes

Persönlicher Wille des Kindes trotz Einwilligung des gesetzlichen Vertreters

Auch wenn ein Kind nicht einwilligungsfähig ist und es somit – rein rechtlich gesehen – nur auf die Einwilligung des gesetzlichen Vertreters ankommt (§ 1746 Abs. 1 S. 2 BGB), wird selbstverständlich auch der persönliche Wille eines solchen Kindes, der ja von den beteiligten Behörden zu ermitteln ist, erforscht. Diese Ermittlungen gewinnen eine besondere Bedeutung unter dem Blickwinkel der prinzipiellen Zulässigkeit der Annahme (§ 1741 Abs. 1 S. 1 BGB), also bei der Abklärung, ob die Annahme dieses Kindes dem Kindeswohl dient und ob ein gedeihliches Eltern-Kind-Verhältnis zu erwarten ist.

g) Gerichtliche Anhörung des Kindes

Persönliche Anhörung des Kindes

Schließlich ist grundsätzlich auch die gerichtliche Anhörung des Kindes vom Gesetz vorgesehen (§§ 55 c i.V.m. 50 b Abs. 1, Abs. 2 S. 1 u. Abs. 3 FGG). So ist in einem Verfahren, das die Annahme als Kind betrifft, das Kind persönlich anzuhören, wenn die Neigungen, Bindungen oder der Kindeswille für die gerichtliche Entscheidung von Bedeutung sind oder wenn es zur Feststellung des Sachverhaltes angezeigt erscheint, daß sich das Gericht von dem Kind einen unmittelbaren Eindruck verschafft. Dabei muß das über 14 Jahre alte und geschäftsfähige Kind stets persönlich angehört werden.

§§
Absehen von der Anhörung

Überhaupt darf nur aus schwerwiegenden Gründen von einer gerichtlichen Anhörung abgesehen werden. Thema der Anhörung wird im Wesentlichen die Abklärung sein, ob das Kind sich der Adoptivfamilie zugehörig fühlt und dort nach seiner Vorstellung dauerhaft bleiben möchte. Im Hinblick auf die gesetzlichen Regelungen bedarf es aber andererseits auch der ausdrücklichen Feststellung, daß der eigentliche und maßgebliche kindliche Wille bereits von der Adoptionsvermittlungsstelle entsprechend erfaßt und bewertet worden ist, weil das Kind andernfalls nicht in Adoptionspflege zu den Annehmenden gekommen wäre. I. Ü. ergibt sich der kindliche Wille im einzelnen regelmäßig aus der gutachtlichen Stellungnahme der Adoptionsvermittlungsstelle.

h) Wer ist als gesetzlicher Vertreter anzusehen?

z.B.
Person des gesetzlichen Vertreters

Soweit es auf die Person des gesetzlichen Vertreters bei der Zustimmung zur Einwilligung des Kindes oder auf die Einwilligung selbst – also anstelle der Einwilligung des Kindes – ankommt, sind als gesetzliche Vertreter – je nach Sachlage – anzusehen: beide Elternteile, die – nicht verheiratete – Mutter allein (§ 1626 a Abs. 2 BGB), Vormund oder Ergänzungspfleger (in der Regel Jugendamt).

i) Folgen aus der unterschiedlichen gesetzlichen Vertretung

aa) Eltern als gesetzliche Vertreter bzw. Mutter als alleinige gesetzliche Vertreterin

Sind die Eltern die gesetzlichen Vertreter des Kindes, so ist deren Einwilligung bzw. Zustimmung – in ihrer Eigenschaft als gesetzliche Vertreter des Kindes – nicht ersetzbar.

Tipp

Entzug des Vertretungsrechts

Damit blieb nach früherem Recht lediglich der Entzug des Rechts zur Vertretung des Kindes in persönlichen Angelenheiten (§ 1666 BGB), wobei die Voraussetzungen hierfür z. B. zweifelsohne gegeben sind, wenn die Einwilligung der Eltern – in ihrer jeweiligen Eigenschaft als Elternteil (§ 1748 BGB) – zur Annahme des Kindes ersetzt wurde oder aber die Eltern ihrerseits bereits selbst rechtswirksam in die Annahme eingewilligt haben (§§ 1747, 1750, 1751 BGB). Seit der Kindschaftsrechtsreform 1998 bedarf es deshalb unter den genannten Bedingungen (Ersetzung der Einwilligung gem. § 1748 BGB oder bereits rechtswirksam erklärte Annahme gem. §§ 1747, 1750 BGB) nicht mehr der Einwilligung bzw. der Zustimmung des jeweiligen Elternteils als gesetzlicher Vertreter anstelle oder ergänzend neben der Einwilligung des Kindes (§ 1746 Abs. 3 BGB).

bb) Vormund oder Pfleger als gesetzlicher Vertreter

§§

Ist gesetzlicher Vertreter hingegen ein Vormund oder ein Pfleger, soll dieser keine so weitreichende Rechtsstellung haben, die Einwilligung oder Zustimmung zu verweigern. Seine Entscheidung ist vielmehr durch das Vormundschaftsgericht ersetzbar, wenn sie »ohne triftigen Grund«, also mißbräuchlich, verweigert wird (§ 1746 Abs. 3 BGB).

Entlassung des Vormunds durch Vormundschaftsgericht

Die Möglichkeit der vormundschaftsgerichtlichen Ersetzung besteht neben der Entlassung des Vormundes durch das Vormundschaftsgericht (§ 1886 BGB). Welcher Weg sich als schneller und gangbarer erweist, muß vom Vormundschaftsgericht nach pflichtgemäßem Ermessen geprüft werden. Jedenfalls sollen Vormund und Pfleger als gesetzliche Vertreter des Kindes im Ergebnis nicht die Befugnis haben, einer von Eltern, Annehmendem und ggfls. vom Kind gewünschten Adoption, die das Gericht darüberhinaus auf der Grundlage einer befürwortenden Stellungnahme der Adoptionsvermittlungsstelle als kindeswohldienlich ansieht, den Boden zu entziehen.

Triftige Gründe

Andererseits können sich aus dem Blickwinkel des Kindes betrachtet durchaus auch triftige Gründe ergeben, warum eine Zustimmung/Einwilligung versagt werden sollte. Die gerichtliche Entscheidung über die Ersetzung erfolgt in der Regel auf Anregung eines Beteiligten, gleichwohl von amtswegen, also ohne daß es eines eigenständigen Verfahrensantrages bedürfte.

j) Einwilligung des Ehegatten des anzunehmenden Kindes

§§

Ist das Kind als Anzunehmender bereits verheiratet, ist auch die Einwilligung seines Ehegatten erforderlich (§ 1749 Abs. 2 BGB). Auf das Einwilligungserfordernis für diesen sicherlich seltenen Ausnahmefall sei ausdrücklich hingewiesen.

2. Einwilligung der Eltern des Kindes

a) Grundsätzliche Überlegungen

Gleichstellung ehelicher und nichtehelicher Kinder

Durch die Kindschaftsrechtsreform 1998 wurden nichteheliche und eheliche Kinder weiter gleichgestellt. Für die Einwilligung der leiblichen Eltern in die Annahme ihres Kindes wurde deshalb die fragliche gesetzliche Bestimmung (§ 1747 Abs. 1 S. 1 BGB) – lediglich durch den Wegfall des Wortes »ehelich« – verändert, die damit eine inhaltliche Erweiterung dahingehend erfuhr, daß diese Regelung sich nunmehr auch auf nichteheliche Väter bezieht.

z.B.

Mit anderen Worten: Seit der Kindschaftsrechtsreform 1998 ist zur Annahme eines Kindes, gleichviel ob ehelich oder nichtehelich, die Einwilligung beider, also auch nicht verheirateter Elternteile zwingend erforderlich (§ 1747 Abs. 1 S. 1 BGB). Damit bedarf es – in aller Deutlichkeit formu-

Kindschaftsrechtsreform

liert – grundsätzlich auch der Einwilligung des nichtehelichen Vaters in die Annahme seines – nichtehelichen – Kindes (vgl. i. Ü. auch S. 59 ff.).

Die Einwilligung als Elternteil des Adoptivkindes – also in der Eigenschaft als Elternteil und nicht etwa als gesetzlicher Vertreter für das Kind – ist eine Folge des verfassungsrechtlich geschützten Elternrechtes, nicht hingegen Ausfluß der elterlichen Sorge, weshalb die Einwilligung beider Elternteile auch unabhängig davon erforderlich ist, ob die Eltern geschieden sind und wem ggfls. das Sorgerecht übertragen wurde. Das gleiche gilt, wenn die Ehe aufgehoben oder für nichtig erklärt worden ist. Die Einwilligung sonstiger Verwandter – Großeltern oder Geschwister des Adoptivkindes – ist nicht notwendig.

b) Beachtung der Schutzfrist

Keine voreilige Weggabe des Kindes

Die Einwilligung der Eltern kann erst erteilt werden, wenn das Kind 8 Wochen alt ist (§ 1747 Abs. 2 S. 1 BGB). Diese sog. Schutzfrist – früher betrug sie 3 Monate, nach ersten Überlegungen des Gesetzgebers zum Adoptionsgesetz sollte sie 6 Wochen betragen – bedeutet eine gemeinsame, alle Gesichtspunkte berücksichtigende Lösung eines schweren Zielkonfliktes: So sollen Eltern – namentlich die Mutter – einerseits vor einer unüberlegten Weggabe ihres Kindes geschützt werden. Dem stehen andererseits medizinische Erkenntnisse gegenüber, daß jeder bereits etwas längere Aufenthalt eines Säuglings oder Kleinkindes in einem Heim zu Hospitalismusschäden führen kann und ein Kind nach Ablauf des zweiten Lebensmonats die Bezugsperson nicht mehr wechseln sollte. Mit Rücksicht auf diese Erkenntnisse sah der Gesetzgeber eine Lösung der Gesamtproblematik ausdrücklich darin, Adoptionsvermittlung in geeigneten Fällen verstärkt schon vor der Geburt des Kindes zu befürworten und folglich auch den Nachweis der Gelegenheit, ein Kind anzunehmen oder annehmen zu lassen, unter den Begriff der Adoptionsvermittlung zu fassen (§ 1 S. 2 AdVermitG).

3. Einwilligung in die Annahme ohne konkrete Kenntnis von den Adoptiveltern – Definition der unterschiedlichen Adoptionsformen

§§

Die Regelung, daß die Einwilligung auch dann wirksam ist, wenn der Einwilligende »die schon feststehenden Annehmenden« nicht kennt (§ 1747 Abs. 2 S. 2 BGB), enthält – wenn auch etwas versteckt – die gesetzliche Erlaubnis zur sog. Inkognito-Einwilligung (deshalb auch Inkognito-Adoption genannt) – im Gegensatz zu der nach wie vor unzulässigen »Blanko-Einwilligung«. Letztere würde eine nur allgemeine Einwilligung der Eltern in die Adoption ihres Kindes bedeuten, ohne daß feststeht, daß konkrete – der Adoptionsvermittlungsstelle bekannte – Personen zur Annahme dieses Kindes bereit und in der Lage sind.

Tipp

Adoptionslisten

Der Begriff der Inkognito-Adoption umschreibt mithin lediglich die gesetzlich zugelassene Möglichkeit, daß die Annehmenden bereits feststehen, sie aber den Eltern des Adoptivkindes unbekannt sind. Da die Adoptionsvermittlungsstelle sog. Adoptionslisten führt, bezieht sich die Einwilligung zur Annahme durch die Annehmenden nicht auf deren Namen, sondern auf die unter der betreffenden Adoptionslistennummer geführten Annehmenden. Auch bei der Inkognito-Adoption ist es allerdings nicht unüblich, den leiblichen Eltern gewisse Auskünfte über die Adoptivfamilie zu geben oder aber ihnen u. U. das Recht zuzugestehen, bei der Adoptionsvermittlungsstelle Erkundigungen über das Befinden des Kindes einzuholen.

Hilfsweise Einwilligungserklärung

Um einem etwaigen Ausfall solcher – schon feststehender, nur der Adoptionsvermittlungsstelle bekannten – Eltern oder dem Fall, daß das zunächst vorgesehene Annahmeverhältnis nicht zustandekommen sollte, zu begegnen, läßt das Gesetz durch die Formulierung »die schon feststehenden Annehmenden« auch die Einwilligung der Eltern in die Annahme ihres Kindes mit entsprechenden hilfsweisen Einwilligungserklärungen ausdrücklich zu.

Offene Adoption

Neben den genannten »Adoptionsformen« soll an dieser Stelle auch die sog. »offene Adoption« erwähnt werden, bei der den Eltern des Kindes die Person des Annehmenden bekannt ist. Diese Form der Adoption kommt – Stiefkind- und Verwandtenadoption naturgemäß ausgenommen – bei Fremdadoptionen allerdings selten vor. Insoweit wird berichtet, daß die psychischen Belastungen für Annehmende und – vor allem – die Kinder größer seien, für die abgebenden Eltern hingegen erträglicher sein könnten. Allerdings werden gerade in neuerer Zeit auch allgemein Vorzüge der »offenen Adoption« diskutiert, die jedoch in der Adoptionspraxis der Gerichte und Jugendämter keineswegs auf ungeteilte Zustimmung stoßen.

Halboffene Adoption

Unter »halboffener Adoption« versteht man schließlich die Bereitschaft der Adoptiveltern, zu den leiblichen Eltern des Kindes in anonymisierter Form Kontakt zu halten.

4. Ausnahmen von der elterlichen Einwilligung

Geschäftsunfähiger Elternteil

Ist ein Elternteil zur Abgabe einer Einwilligungserklärung (§ 1747 Abs. 1 S. 1 BGB) dauernd außerstande (geschäftsunfähig) oder ist sein Aufenthalt dauernd unbekannt, ist seine Einwilligung nicht erforderlich (§ 1747 Abs. 4 BGB). Eine solche dauernde Verhinderung an der Abgabe der Einwilligungserklärung wird vom Vormundschaftsgericht im Rahmen der Prüfung der Annahmevoraussetzungen vor Erlaß des Annahmebeschlusses (also ohne eigenes, getrenntes Verfahren) festgestellt. Die gesamten Ausnahmen von der elterlichen Einwilligung sind aber scharf zu unterscheiden von der vormundschaftsgerichtlichen Ersetzung der elterlichen Einwilligung (§ 1748 BGB).

5. Neuerungen durch die Kindschaftsrechtsreform für den Vater eines nichtehelichen Kindes

Wie bereits erwähnt (vgl. S. 56, 57) ist mit der Kindschaftsrechtsreform 1998 die Einwilligung auch des nichtehelichen Vaters – in seiner Eigenschaft als leiblicher Elternteil –

zur Annahme des Kindes nunmehr Grundsatz geworden (§ 1747 Abs. 1 S. 1 BGB). Anlaß hierfür war u. a. die Überlegung, daß die elterliche Einwilligung als Ausfluß des verfassungsrechtlich geschützten natürlichen Elternrechtes unabhängig davon ist, ob ein Elternteil das Sorgerecht für das Kind innehat, so daß die Einwilligung deshalb auch dann notwendig ist, wenn den Eltern oder einem Elternteil das Sorgerecht entzogen wurde (§ 1666 BGB) oder das Sorgerecht nach der Ehescheidung einem Elternteil allein übertragen wurde.

Nicht verheirateter Kindesvater

Durch die geänderte Bestimmung (§ 1747 Abs. 1 S. 1 BGB), nach der also neben der Einwilligung der Mutter auch die des mit ihr nicht verheirateten Kindesvaters erforderlich ist, soll zudem gewährleistet sein, daß der Vater verfahrensrechtlich in das Adoptionsgeschehen eingebunden wird. Im einzelnen gilt seit der Kindschaftsrechtsreform 1998 nunmehr folgende neue Regelung: Sofern das Gesetz (§ 1592 BGB) das Kind nicht abstammungsrechtlich einem anderen Mann (Vater) zuordnet, ist die Einwilligung des nichtehelichen Vaters erforderlich, vorausgesetzt, seine Vaterschaft steht aufgrund Anerkenntnisses bzw. aufgrund gerichtlicher Feststellung fest (§ 1592 Nr. 2 u. Nr. 3 BGB).

Vorläufige Vaterschaftsvermutung

Da das Vaterschaftsanerkenntnis und das Vaterschaftsfeststellungsverfahren eine gewisse, das Adoptionsverfahren hinderliche Zeit in Anspruch nehmen kann, sieht das Gesetz nunmehr eine sog. vorläufige Vaterschaftsvermutung vor (§ 1747 Abs. 1 S. 2 BGB). Der vermeintliche Vater muß die Voraussetzungen seiner Vaterschaft – Beiwohnung der Mutter während der Empfängniszeit (§ 1600 d Abs. 2 S. 1 BGB) – z. B. durch eidesstattliche Versicherung glaubhaft machen. Ist der Vater allerdings nicht bekannt bzw. von der Mutter nicht benannt, besteht auch kein Einwilligungserfordernis. Die insoweit maßgeblichen tatsächlichen Umstände muß das Vormundschaftsgericht im Rahmen des Annahmeverfahrens bzw. der Feststellung der Annahmevoraussetzungen von Amts wegen prüfen. Die

Verpflichtung des Gerichts hat hier eine ähnliche Prüfungsintensität wie bei der Feststellung, ob ein Elternteil zur Abgabe einer Erklärung dauernd außerstande oder sein Aufenthalt dauernd unbekannt ist (§ 1747 Abs. 4 BGB).

z.B.

Die nicht verheiratete Mutter (KM) will ihr nichteheliches Kind (neK) zur Adoption freigeben. Der Name des vermutlichen Kindesvaters (KV) ist bekannt. KV will die Vaterschaft nicht anerkennen. Einer Adoption von neK stimmt er aus unbekannten Gründen nicht zu. KM hat kein Interesse an der Vaterschaftsfeststellung und läßt sich auch nach Beratung durch das Jugendamt hierzu nicht veranlassen. Kann eine Adoption trotzdem durchgeführt werden?

§§

Zur Annahme eines Kindes ist die Einwilligung beider Elternteile erforderlich, auch wenn die Elternteile nicht miteinander verheiratet sind (§ 1747 Abs. 1 S. 1 BGB). Da KV in die Adoption nicht einwilligt, könnte seine Einwilligung ersetzt werden, wenn das Unterbleiben der Annahme für das Kind einen unverhältnismäßigen Nachteil bedeuten würde (§ 1748 Abs. 4 BGB). Voraussetzung hierfür ist aber, daß KV die Voraussetzungen der Vaterschaft (Beiwohnung der Mutter während der gesetzlichen Empfängniszeit, § 1600 d Abs. 2 S. 1 BGB) auch glaubhaft macht (§ 1747 Abs. 1 S. 2 BGB). Da – und soweit – er hierzu nicht bereit ist, gilt er im Rechtssinne nicht als biologischer Vater. Seine Einwilligung braucht (kann) nicht eingeholt werden. Einer Adoption des neK steht insoweit nichts im Wege. Im Ergebnis würde nichts anderes gelten, wenn KM den Namen des Vaters verschweigen würde und KV sich aufgrund der Umstände bewußt wäre, der leibliche Vater von neK zu sein: Auch hier wäre es für ihn möglich, durch Glaubhaftmachung (§ 1747 Abs. 1 S. 2 BGB) als »vermuteter Vater« seine Rechte geltend zu machen.

Ist die Vaterschaftsvoraussetzung hinreichend glaubhaft gemacht, so »gilt« für das Einwilligungserfordernis zur Adoption dieser Mann als Vater (§ 1747 Abs. 1 S. 2 BGB). Die Vaterschaft wird also für das Einwilligungserfordernis

§§
Frühkindliche Adoption

(§ 1747 Abs. 1 S. 1 BGB) fingiert. Diese – für alle bekannten Rechtssysteme einzigartige – vorläufige Vaterschaftsvermutung ist auf die Begründung und Geltendmachung des Einwilligungsrechtes beschränkt. Um andererseits – als Folge des Schutzes des Einwilligungsrechtes des nichtehelichen Vaters – nicht die wünschenswerte frühkindliche Adoption unangemessen zu verzögern, kann die vom – vermuteten – Vater verweigerte Einwilligung (§ 1747 Abs. 1 S. 2 BGB) unter erleichterten Bedingungen ersetzt werden (§ 1748 Abs. 4 BGB).

So hat das Vormundschaftsgericht die Einwilligung – des vermuteten Vaters – zu ersetzen, wenn das Unterbleiben der Annahme dem Kind zu »einem unverhältnismäßigen Nachteil« gereichen würde, was im Rahmen einer Abwägung der Interessen des Kindes und des Vaters festzustellen ist.

6. Sonderregelungen für die Einwilligung des nicht verheirateten, nicht sorgeberechtigten Vaters eines nichtehelichen Kindes

Tipp
Ausnahmetatbestände

Das Gesetz sieht jedoch konkrete Ausnahmetatbestände für die Einwilligung des Vaters, dessen Kind keinem anderem Mann als Vater rechtlich zugeordnet wird (§ 1592 BGB), vor, wenn er mit der Mutter des Kindes nicht verheiratet ist und beide Elternteile keine Sorgeerklärungen abgegeben haben (§ 1747 Abs. 3 S. 1 BGB). Die Sonderregelungen befassen sich folglich mit der Interessenlage des – nichtehelichen – Vaters, der keine gemeinsame Sorge mit der – nicht verheirateten und alleinsorgeberechtigten (§ 1626 a Abs. 2 BGB) – Mutter ausübt. Ein solcher Vater kann – entgegen der Schutzvorschrift des § 1747 Abs. 2 S. 1 BGB – seine Einwilligung zur Annahme bereits vor der Geburt erteilen (§ 1747 Abs. 3 S. 1 Nr. 1 BGB).

Ausnahme von Schutzvorschrift

Er wird ferner im Adoptionsverfahren dadurch geschützt, daß er einen Antrag auf Übertragung der elterlichen Sorge stellen kann (§ 1672 Abs. 1 BGB), mit der Folge, daß eine

Annahme erst ausgesprochen werden darf, wenn über diesen Antrag zuvor entschieden wurde (§ 1747 Abs. 3 S. 1 Nr. 2 BGB). Diese Fallgestaltung erlangt nach der Kindschaftsrechtsreform 1998 deshalb besondere Bedeutung, weil die gesetzlich vorgesehene notwendige Zustimmung der – unverheirateten – Mutter zur Übertragung des alleinigen Sorgerechtes auf den Vater (§ 1672 Abs. 1 BGB) dann nicht mehr erforderlich ist, wenn die Mutter ihrerseits in die Annahme ihres Kindes eingewilligt hat (§ 1751 Abs. 1 S. 6 BGB). Die hiermit zweifelsohne verbundene Stärkung der Rechte des – nichtehelichen – Vaters setzt also voraus, daß er auch bereit ist, seinerseits Verantwortung für das Kind durch Übernahme der alleinigen elterlichen Sorge zu tragen, abhängig naturgemäß immer von der gerichtlichen Prüfung, ob eine solche Übertragung des Sorgerechts auch dem Kindeswohl dient (§ 1672 Abs. 1 S. 2 BGB).

z.B.
Stärkung der Rechte des nichtehelichen Vaters

Die weitere Sonderregelung für den – nichtehelichen – Vater besteht darin, daß er auf die Übertragung des zuvor erörterten Sorgerechts verzichtet und die Verzichtserklärung – notwendigerweise – öffentlich beurkunden läßt (§ 1747 Abs. 3 S. 1 Nr. 3 u. S. 2 BGB). Inwieweit diese Ausnahmebestimmung in Anbetracht der Einwilligungsberechtigung des Vaters überhaupt noch notwendig ist, mag dahinstehen. Sie kann jedoch im Ergebnis eine erhebliche Auswirkung auf das Adoptionsverfahren hinsichtlich – fremder – Annehmender haben, und zwar sowohl im Hinblick auf die Rechte des Vaters nach § 1747 Abs. 1 S. 2 BGB (vgl. oben) sowie zu seinem Nachteil im Hinblick auf die erleichterte Ersetzung der Einwilligung (§ 1748 Abs. 4 BGB).

Tipp
Ausnahmebestimmung

7. Zusammenfassung zur Einwilligung der Eltern des Kindes

Wie die weitgehenden Neufassungen zur Einwilligung der leiblichen Eltern in die Annahme ihres Kindes zeigen, mußten die damit verbundenen neuen Folge- oder Ausnahmeregelungen weiteren Interessenlagen mit unterschiedlichen Voraussetzungen gerecht werden.

Zusammenfassung

Zusammenfassend läßt sich feststellen: Keine Änderung zum bisher geltenden Recht besteht bei verheirateten Eltern. Für die Annahme ihres »ehelichen« Kindes ist die Einwilligungserklärung beider Elternteile erforderlich. Das gleiche gilt nunmehr auch für nicht miteinander verheiratete Elternteile und unabhängig davon, ob sie gemeinsam für das Kind sorgen oder einer von ihnen allein das Sorgerecht ausübt. Selbst der nur vermutete Vater wird vom Erfordernis der Einwilligung mitumfaßt, wenn auch seine Einwilligung erleichtert ersetzt werden kann.

Verheiratet gewesene Eltern

Nicht mehr so eindeutig aus dem Gesetzeswortlaut ersichtlich, vom Gesetzgeber aber dennoch ausweislich der Gesetzesbegründung – sowie im Rückschluß aus der Ausnahmeregelung (§ 1747 Abs. 3 BGB) – gewollt, ist die Sachlage bei verheiratet gewesenen Eltern, die für ihr anzunehmendes Kind kein gemeinsames Sorgerecht mehr ausüben. Auch hier bleibt es – selbstverständlich – bei dem Erfordernis der Einwilligungserklärung beider Elternteile, also unabhängig vom Sorgerecht. Dies sei zur Klarstellung an dieser Stelle nochmals hervorgehoben.

8. Einwilligung unter Voraussetzungen

Keine Bedingung oder Befristung bei der Einwilligungserklärung

Ein weiteres Problem bei der Einwilligung der Eltern zur Annahme ihres Kindes ergibt sich hinsichtlich der Wirksamkeit ihrer Erklärung, wenn diese von bestimmten Voraussetzungen bei dem Annehmenden (z. B. Konfession) abhängig gemacht wird (§ 1750 Abs. 2 S. 1 BGB). Nach dem eindeutigen Willen des Gesetzgebers sollen einmal erklärte Einwilligungen bestandskräftig sein, damit der Fortgang des geordneten Annahmeverfahrens, in dessen Verlauf das Kind regelmäßig schon von den neuen Eltern aufgenommen ist, nicht gestört wird. Die Einwilligungserklärung der Eltern ist deshalb bindend, Bedingungen und Befristungen bei Abgabe der Erklärung daher unwirksam, so daß auch die Nichteinhaltung von Zusagen, die im Hinblick auf bestimmte Bedingungen bei der Erklärung abgegeben wurden, für sich genommen keinen Aufhebungsgrund darstellen (§ 1760 BGB, vgl. hierzu später Teil A IX).

V. Die Ersetzung der elterlichen Einwilligung

§§ **Ersetzung durch Vormundschaftsgericht**

Wird die notwendige elterliche Einwilligung eines Elternteils in die Annahme des Kindes verweigert, besteht unter gewissen Kindeswohlaspekten die Möglichkeit, daß das Vormundschaftsgericht die Einwilligung ersetzt (§ 1748 BGB). Die Ersetzung der elterlichen Einwilligung ist letztlich Ausdruck des Schutzes der Persönlichkeit des Kindes vor schwerem Mißbrauch elterlicher Verantwortung bzw. bei vollständigem elterlichen Versagen der Wahrnehmung ihrer Verantwortung für das Kind. Im Ergebnis enthält die fragliche Vorschrift (§ 1748 BGB) eine tatbestandliche Ausformung des verfassungsrechtlichen Gebotes, daß Kinder gegen den Willen der Erziehungsberechtigten nur aufgrund eines Gesetzes von der Familie getrennt werden dürfen, wenn die Erziehungsberechtigten versagen oder wenn die Kinder aus anderen Gründen zu verwahrlosen drohen (Art. 6 Abs. 3 GG).

Vergangenheit des Adoptivkindes

Die gesetzliche Bestimmung über die Ersetzung der elterlichen Einwilligung (§ 1748 BGB) zählt die Ersetzungstatbestände in ihren jeweiligen unterschiedlichen Voraussetzungen abschließend auf. Eine eingehende Erörterung dieses Problems soll bereits deshalb erfolgen, um Adoptionswilligen einen Einblick in die möglicherweise -besser vielfach – schicksalhafte Vergangenheit ihres zukünftigen Adoptivkindes, dessen Eltern einer Adoption nicht zustimmen und deren Einwilligung daher vormundschaftsgerichtlich ersetzt werden muß, zu verschaffen.

Insgesamt handelt es sich um vier bzw. fünf Ersetzungsgründe, die bereits von der Gesetzessysthematik her nicht leicht verständlich sind, obwohl gerade in diesem Zusammenhang eine unmißverständliche Formulierung des Gesetzes für die angesprochenen Eltern wichtig und wünschenswert wäre.

Einwilligung der Eltern verfassungsrechtlich geschützt

Zur Verdeutlichung sei ein weiteres Mal darauf hingewiesen, daß die Einwilligung der Eltern zur Annahme ihres Kindes ein Ausfluß ihres verfassungsrechtlich geschützten natürlichen Elternrechtes ist, so daß ihre Weigerung zur Einwilligung in die Annahme die Ersetzung unter den noch zu erörternden Tatbestandsvoraussetzungen auch dann notwendig macht, wenn ihnen das Sorgerecht entzogen wurde (§ 1666 BGB) bzw. einem einwilligungsberechtigten Elternteil das Sorgerecht nach Trennung und Scheidung nicht mehr zusteht.

Auch ist zu beachten, daß – ebenso wie die Einwilligung nur wirksam erteilt werden kann, wenn konkrete Adoptiveltern zur Verfügung stehen (§ 1747 Abs. 2 S. 2 BGB) – ein Ersetzungsverfahren nur in Betracht kommt, wenn die elterliche Einwilligung für ein konkretes Adoptionsverfahren, also bei bereits feststehenden Adoptiveltern zu ersetzen ist. Der Beginn des Adoptionsverfahrens selbst ist jedoch nicht Voraussetzung für das Ersetzungsverfahren. Das Ersetzungsverfahren muß seinerseits hingegen als sog. Zwischenverfahren abgeschlossen sein, ehe das Vormundschaftsgericht den Beschluß über die Annahme als Kind fassen kann.

Die Ersetzungstatbestände im einzelnen:

1. Anhaltende gröbliche Verletzung der elterlichen Pflichten gegenüber dem Kind

a) Fehlverhalten der Eltern

Diese Voraussetzung ist zu bejahen, wenn das Fehlverhalten der Eltern ein Ausmaß erreicht, das über die körperliche, geistige oder seelische Kindeswohlgefährdung

(§1666 Abs. 1 BGB) hinausgeht. Während im Falle der Kindeswohlgefährdung nämlich nur das Sorgerecht – ganz oder teilweise – entzogen wird, kommt es als Folge der Ersetzung der Einwilligung darüberhinaus zum Abbruch der alten und zur Begründung völlig neuer familiärer Beziehungen. Die Auswirkungen des Eingriffs sind mithin weitaus bedeutender als bei dem bloßem Sorgerechtsentzug.

Begründung neuer familiärer Beziehungen

»Anhaltend« ist eine Pflichtverletzung dann, wenn sie fortlaufend bestanden hat, sie sich also über einen längeren Zeitraum hinweg hingezogen hat. Dabei wird das Geschehen in der Vergangenheit bewertet, einer Prognose elterlichen Verhaltens für die Zukunft (z. B. aufgrund von Versprechungen zur Besserung) bedarf es nicht. Für eine Konkretisierung des Zeitraums besteht kein Anlaß, vielmehr geben Schwere und Folge der Verstöße letztlich vor, wie lange ein Pflichtenverstoß überhaupt für das Kind hinnehmbar ist.

z.B.

»Gröblich« ist eine Pflichtverletzung dann, wenn sie – insgesamt gesehen – eine schwere objektive Gefährdung des Kindes darstellt. Dabei können Einzelvorgänge durchaus weniger Gewicht haben, sich jedoch in ihrer Gesamtheit derart schwerwiegend auswirken, daß sie als »gröbliche« Pflichtverletzung anzusehen sind (z. B. fortlaufende ängstigende oder einschüchternde und/oder demütigende körperliche Züchtigungen des Kindes, bewußte Duldung sozialer Verwahrlosung, seelisch oder körperlich grausames Verhalten gegenüber dem Kind u.s.w.).

Soziale Verwahrlosung

Eine »Pflichtverletzung« ist gegeben, wenn elterliche Pflichten gegenüber dem Kind verletzt worden sind. Dabei ist zunächst stets festzustellen, welche elterlichen Pflichten in dem zu entscheidenden Fall überhaupt und konkret in Betracht zu ziehen sind. Dazu besteht z. B. dann Veranlassung, wenn das Sorgerecht – bereits teils oder ganz – entzogen ist. Steht dem Elternteil, dessen Einwilligung ersetzt werden soll, also das Personensorgerecht bereits nicht mehr zu und betreut er demzufolge das Kind auch

z.B.

z.B.

Kindeswohlgefährdung

nicht (mehr), kommt z. B. allenfalls eine Verletzung seiner Unterhaltspflichten oder seiner Umgangspflichten (im weitesten Sinne) in Frage. Für sich genommen erscheint dies nicht ohne weiteres nachvollziehbar, wird jedoch im Hinblick auf ein – in diesem Falle zwangsläufig – vorangegangenes Sorgerechtsentzugverfahren und die schon dort festgestellten Kindeswohlgefährdungen verständlich, die – unter den oben dargestellten Kriterien – ihrerseits ebenfalls zum Anlaß für das Ersetzungsverfahren genommen werden.

z.B.

Der Kreis der Pflichtverletzungen ist entsprechend dem elterlichen Pflichtenkreis unüberschaubar groß, die Rechtsprechung hierzu so vielgestaltig, wie die Lebenssituationen selbst. Einige abstrakte Beispiele mögen daher zur Erläuterung genügen: Offensichtliche Lieblosigkeit, seelische oder körperliche Mißhandlungen, gefährdende häusliche Verwahrlosungszustände, straffälliges Verhalten der Eltern, das zugleich das Kindeswohl erheblich gefährdet und ähnliche Vorkommnisse.

b) Ergänzende Voraussetzungen

§§

Unverhältnismäßiger Nachteil

Neben den zuvor erörterten Voraussetzungen ist weiterhin erforderlich, daß »das Unterbleiben der Annahme dem Kind zu unverhältnismäßigem Nachteil gereichen würde« (§1748 Abs. 1 S. 1 2. Hs BGB). Diese Feststellung verlangt eine Abwägung zwischen den Interessen des Kindes und denen seiner Eltern. Stellt sich – mit anderen Worten – das Unterbleiben der Annahme als Möglichkeit für das Kind, in einem Umfeld von Geborgenheit und menschlicher Fürsorge und Zuwendung aufzuwachsen, gegenüber dem Recht der Eltern, die Einwilligung zu verweigern und damit ein beständiges familiäres Aufwachsen des Kindes zu verhindern, als ein nicht zu rechtfertigendes Ergebnis dar? Die anzustellenden Überlegungen sind mithin vielfältig und abstrakten Wertungen kaum zugänglich. In der Regel sind jedoch konkrete Fallumstände derartig aussagekräftig, daß sich eine diesbezügliche Entscheidung in eine bestimmte Richtung geradezu aufdrängt (Wechsel von Bezugs- und Betreuungspersonen, Gefahr von Entwicklungsstörungen u.s.w.).

Gefahren für das Kind

Fall

Die geschiedene, nicht sorgeberechtigte Mutter (M) verweigert die Einwilligung in die Adoption über ihre 3 Kinder. Letztere leben seit mehreren Jahren im Haushalt des Vaters (V), der zwischenzeitlich wieder geheiratet hat. Dessen Ehefrau (EF) möchte die Kinder des V adoptieren. M war vier Jahre lang geistig erkrankt und nach wiederholten Selbsttötungsversuchen mehrfach wegen »abnormer Erlebnisreaktion bei unsicherer infantiler Persönlichkeit« behandelt worden. Nach Entlassung aus der stationären Unterbringung befand sich M nur noch – nach Besserung des Krankheitsbildes – in ambulanter psychotherapeutischer Behandlung. Krankheitsbedingt hatte sich M nicht in kindgerechter Weise um ihre Kinder kümmern können. Wegen Verweigerung der Einwilligung zur Adoption betrieben die Kinder das Ersetzungsverfahren.

Das Vormundschaftsgericht hat den Antrag auf Ersetzung der Einwilligung der Mutter in die Adoption zurückgewiesen, das Beschwerdegericht hat den Antrag unter Aufhebung der vormundschaftsgerichtlichen Entscheidung stattgegeben. Das OLG hat die Beschwerdeentscheidung aufgehoben und den Ersetzungsantrag zurückgewiesen.

Geistige Gebrechen

Aus den Gründen: Bewirkt ein geistiges Gebrechen, daß ein Elternteil zur Pflege und Erziehung eine gewisse Zeit nicht fähig ist, ist dieser Zustand aber nicht von Dauer, kann das Bestreben des genesenen oder genesenden Elternteils nach Aufrechterhaltung seines verwandtschaftlichen Verhältnisses und der Wiederherstellung des Kontakts zu seinen Kindern nicht grundsätzlich deshalb als gröbliche Pflichtverletzung gewertet werden, weil die Kinder zwischenzeitlich von anderen Personen (dem anderen Elternteil) betreut werden mußten, sich an diese gewöhnt und zu ihnen eine Zuneigung entwickelt haben. Der Auffassung, daß nach längerer Kontaktlosigkeit bei langem

Verletzung von Mutterpflichten

Aufenthalt von Kindern in einer Stief- oder Pflegefamilie eine die Ersetzung der Einwilligung in die Adoption rechtfertigende Rücksichtslosigkeit des betreffenden Elternteils in Betracht kommt, kann nicht gefolgt werden. Das Vorliegen einer derartigen Rücksichtslosigkeit ist lediglich anhand der gesamten Umstände des Einzelfalles festzustellen. Insbesondere ist dabei der schon grundsätzlich zu beachtende ausdrücklich genannte Grundsatz der Verhältnismäßigkeit maßgeblich zu berücksichtigen. M kann nämlich eine Verletzung ihrer Mutterpflichten allenfalls in einem geringen Ausmaß vorgeworfen werden. Für einige Jahre ist sie wegen ihrer geistigen Erkrankung zur Pflege und Erziehung der Kinder gar nicht in der Lage gewesen. Hinzukommt, daß sie wegen des alleinigen Sorgerechtes des V hierzu auch nicht einmal befugt gewesen ist. Seit Übertragung des Sorgerechtes auf V ist sie lediglich noch berechtigt und verpflichtet gewesen, zum Unterhalt der Kinder beizutragen und den Kontakt zu ihnen zu pflegen. Zu beidem ist es allerdings nicht gekommen. Zu Unterhaltszahlungen ist sie während der gesamten Zeit nicht fähig gewesen, weil sie wegen ihrer Erkrankung kein Einkommen gehabt hat. Auch die unterbliebene Kontaktpflege ist nicht als gewichtige Pflichtverletzung von M einzustufen, weil sie wegen ihrer Erkrankung lange Zeit zu einer sinnvollen Kontaktpflege nicht in der Lage gewesen ist. Das Unterbleiben der Ersetzung der Einwilligung gereicht den Kindern auch nicht zu einem unverhältnismäßigen Nachteil. Die vom Landgericht für möglich gehaltene Beunruhigung der Kinder aufgrund von Besuchsansprüchen der M stellt keinen schweren Eingriff in das Kindeswohl dar. Grundsätzlich können nach Scheidungen von Ehen Besuchskontakte zwischen den Kindern und einem nichtsorgeberechtigten Elternteil nicht als unverhältnismäßig schädlich für die Kinder angesehen werden. Auch sonst ist ein die Ersetzung der Einwilligung rechtfertigender Nachteil der Kinder nicht zu erkennen. Denn diese werden auch ohne die beantragte Adoption in den derzeitigen Familienverband – und nicht in einem bloßen Pflegeverhältnis – weiterleben. Deshalb bedarf es auch keiner

Entscheidung darüber, ob ein Pflegeverhältnis nachteiliger als eine Adoption wäre. Schließlich unterscheiden sich die Kinder auch nicht namentlich von anderen Familienmitgliedern, weil sie denselben Familiennamen tragen (OLG Köln, 16. ZS, Beschl. v. 21.03.1990, Az 16 Wx 153/89, FamRZ 1990, S. 1152-1154).

2. Gleichgültiges Verhalten gegenüber dem Kind

a) Elterliche Gleichgültigkeit

Gleichgültigkeit gegenüber Kind

Einen weiteren Ersetzungstatbestand stellt es dar, wenn der Elternteil durch »sein Verhalten gezeigt hat, daß ihm das Kind gleichgültig ist« (§ 1748 Abs. 1 S. 1 BGB). Gleichgültiges Verhalten ist zu bejahen, wenn sich Eltern schuldhaft teilnahmslos gegenüber den Belangen ihres Kindes zeigen. Gleichgültigkeit ist deshalb anzunehmen, wenn Eltern ihr Kind längere Zeit nicht im Heim oder bei den Pflegeeltern besuchen oder jedenfalls keine Kontakte seitens des Kindes zu ihnen zulassen bzw. Kontakte abbrechen, ihr Kind anderen Personen zur Erziehung und Betreuung überlassen und sich ihren Erziehungs- und Betreuungsaufgaben entziehen, um sich Eigeninteressen zuzuwenden. Prinzipiell zählt all das zu gleichgültigem Verhalten, was – über einen längeren Zeitraum zumindest von mehreren Monaten – ein Desinteresse an dem kindlichen Wohlergehen nahelegt und annehmen läßt.

Kindliche Zeitvorstellungen maßgebend

Daß es für die Zeitabläufe maßgeblich auf die Zeitvorstellungen aus Sicht des Kindes ankommt, die sich bekanntlich sehr viel kürzer, als die Erwachsener darstellen, sei hier ausdrücklich hervorgehoben.

b) Ergänzende Voraussetzungen

Auch der hier erörterte Ersetzungsgrund wegen Gleichgültigkeit erfordert die Abwägung, daß das Unterbleiben der Annahme dem Kind zu unverhältnismäßigem Nachteil gereicht (vgl. S. 68, 69).

c) Belehrung und Beratung durch die Adoptionsvermittlungsstelle und einzuhaltende Fristen

Anhaltende grobe Pflichtverletzung

Der Ersetzungstatbestand wegen Gleichgültigkeit hat jedoch noch eine weitere Voraussetzung: Wegen Gleichgültigkeit, die nicht zugleich eine anhaltende gröbliche Pflichtverletzung darstellt (vgl. S. 66ff.), darf die elterliche Einwilligung nicht ersetzt werden, bevor das Jugendamt den Elternteil über die Möglichkeit der Ersetzung belehrt und über Hilfen, die die Erziehung des Kindes in der eigenen Familie ermöglichen könnten, beraten hat (§1748 Abs. 2 S. 1 BGB i.V.m. §51 Abs. 2 S. 1 SGB VIII). Naturgemäß scheidet eine Belehrung und Beratung aus, wenn die Eltern unbekannten Aufenthaltes sind und ihr Aufenthaltsort vom Jugendamt binnen 3 Monaten trotz angemessener Nachforschungen (z. B. Einholung von Auskünften bei Meldeämtern, vertretbare Nachfragen bei den unterschiedlichsten Behörden und Personen) nicht ermittelt werden kann (§1748 Abs. 2 S. 2 BGB).

Wird der Aufenthalt des Elternteils jedoch während des Ersetzungsverfahrens allerdings doch noch bekannt, sind Belehrung und Beratung nachzuholen. Ist der Aufenthalt des Elternteils unbekannt, beginnt die wichtige 3-Monats-Frist mit der ersten auf Belehrung bzw. Aufenthaltsermittlung gezielten Maßnahme des Jugendamtes, anderenfalls, also im Falle einer Belehrung und Beratung selbst, ab diesem Zeitpunkt. daß dieser Zeitpunkt für alle Beteiligten sinnvollerweise durch beidseitige Unterzeichnung oder sonstige beweiskräftige Dokumentierung verobjektiviert werden sollte, liegt auf der Hand.

Frühestmöglicher Fristablauf

Unabhängig von den vorstehenden Voraussetzungen laufen die genannten Fristen jedoch grundsätzlich frühestens 5 Monate nach der Geburt des Kindes ab (§51 Abs. 1 S. 4 SGB VIII).

Nach dem Gesetzeswortlaut ist eine Belehrung aber nicht erforderlich, wenn die Gleichgültigkeit der Eltern zugleich auch eine anhaltende gröbliche Pflichtverletzung darstellt (§1748 Abs. 2 S. 1 BGB). Inwieweit andere Verhaltensweisen der Eltern eine Belehrung entbehrlich machen, erscheint fraglich; in jedem Falle ist von der Intention des Gesetzes her insoweit eine zurückhaltende Handhabung angebracht.

d) Inhalt der Belehrung und Beratung

§§

Gegenstand der Belehrung ist zunächst der Hinweis des Jugendamtes, daß das Vormundschaftsgericht die Einwilligung des Elternteils erst nach Ablauf von 3 Monaten nach erfolgter Belehrung (jedoch frühestens 5 Monate nach der Geburt) ersetzen darf. Die Belehrung hat jedoch das bedeutsame weitere Ziel, dem Elternteil seine Handlungsweise vorzuhalten und ihm die möglichen Folgen mit allen Konsequenzen vor Augen zu führen und ihm somit Gelegenheit zu geben, sein Verhalten zu überdenken und insbesondere sein Verhalten gegenüber dem Kind zu ändern.

Wegfall der Beratung

Im Gegensatz zur zwingend vorgeschriebenen Belehrung ist die Beratung nicht in jedem Falle vorgesehen. Letztere entfällt nach dem Gesetz insbesondere dann, wenn das Kind seit längerer Zeit bei dem Annehmenden in Familienpflege lebt und bei seiner Herausgabe an den Elternteil eine schwere und nachhaltige Schädigung des körperlichen und seelischen Wohlbefindens des Kindes zu erwarten ist (§51 Abs. 2 S. 2 SGB VIII). Hierüber muß das Jugendamt dem Vormundschaftsgericht im Ersetzungsverfahren in gleichem Maße Mitteilung machen, wie über die erbrachten oder angebotenen Leistungen (§51 Abs. 2 S. 3 SGB VIII).

Funktion der Beratung

Damit wird hinsichtlich der Funktion der Beratung im Falle der Ersetzung wegen Gleichgültigkeit deutlich, daß der Gesetzgeber eine Beratung dann nicht mehr für erforderlich hält, wenn die mit der Beratung vorgesehene Zweckrichtung nicht mehr sinnvoll erfüllt werden kann, weil eine Rückkehr des Kindes in die eigene Familie

Bindungen zur Pflegefamilie

wegen der entstandenen Bindungen in und zu der Pflegefamilie ohnehin ausgeschlossen erscheint (§1632 Abs. 4 BGB i.V.m. §51 Abs. 2 S. 2 SGB VIII) und das Kindeswohl durch die Herausnahme schwer bzw. nachhaltig gefährdet wäre.

Im Ergebnis kommt damit nur eine rechtzeitige Beratung in Frage, weil nur in einem solchen Falle noch Raum für Alternativlösungen verbleibt oder besteht.

Fall

Freigabe zur Adoption

Das 1988 geborene Kind (K) lebt bei seiner Großmutter, die zwischenzeitlich Rentnerin ist. K besucht die Grundschule. Der Vater von K ist geschieden, die Mutter von K ist verstorben. K lebt seit seiner Geburt im Haushalt der Großmutter. V hatte in einem Schreiben an das Amtsgericht den Antrag gestellt, das Kind »zur Adoption freizugeben«. Weiterhin führte er aus, sich für das Kind nicht mehr verantwortlich zu fühlen, es sei inzwischen gut, daß kein Umgang stattfinde. Er wünsche künftig keine das Kind betreffenden Briefe mehr. Daraufhin beantragte die Großmutter von K beim Vormundschaftsgericht, die Annahme des Kindes durch sie auszusprechen. Der Vormund von K hat hierzu sein Einverständnis erklärt. V hat der Annahme von K durch die Großmutter mit der Begründung widersprochen, daß er sich für K jüngere Adoptiveltern wünsche und sich wegen des hohen Lebensalters der Großmutter Sorgen um die Zukunft von K mache. Daraufhin beantragte der Vormund für K die Ersetzung der Zustimmung des V beim Vormundschaftsgericht. Eine Belehrung und Beratung des V durch das Jugendamt scheiterte, weil V einer Einladung zum Jugendamt nicht folgte.

Gleichgültigkeit

Aus den Gründen: Gleichgültig im Sinne von §1748 Abs. 1 S. 1 BGB verhält sich ein Elternteil, wenn er gegenüber dem Kind und seiner Entwicklung gänzlich teilnahmslos ist. Dies ist insbesondere dann anzunehmen, wenn er zu dem Kind über einen längeren Zeitraum hinweg keinen Kontakt pflegt, wenn ihn das Kind und dessen Schicksal nicht interessieren oder wenn er es an einer persönlichen

Zuwendung völlig fehlen läßt. Der von V geäußerte Wunsch, jüngere Adoptiveltern für K zu finden, ist angesichts der konkreten Situation von V nicht nur unrealistisch, sondern zeigt auch fehlendes Verständnis für die gewachsenen Bindungen von K und dessen Bedürfnis nach Kontinuität und Sicherheit. Insoweit übersieht er, daß die Großmutter für K, das inzwischen 8 Jahre alt ist, seit dessen frühester Kindheit die Mutterstelle einnimmt.

Formelle Voraussetzungen

Die Vorschrift des §1748 Abs. 2 S. 1 BGB enthält zwei zusätzliche (formelle) Voraussetzungen für den Fall, daß die Einwilligung des Elternteils wegen Gleichgültigkeit, die nicht zugleich eine anhaltende gröbliche Pflichtverletzung ist, ersetzt werden soll. Die gem. §1748 Abs. 2 S. 1 BGB vorausgesetzte Beratung ist keine zwingende Voraussetzung für die gerichtliche Ersetzung, denn die Beratung hat gem. §1748 Abs. 2 S. 1 BGB lediglich den Charakter einer Sollvorschrift, die nicht zwingend ist. Dies bedeutet, daß das Jugendamt nach seinem pflichtgemäßen Ermessen von einer Beratung absehen darf. Einer Beratung bedarf es gem. §51 Abs. 2 S. 2 SGB VIII insbesondere dann nicht, wenn sich das Kind seit längerem in Familiepflege der Annehmenden befindet und sein Wohl durch eine Situationsänderung gefährdet würde. Anders als bei der Beratung ergibt sich jedoch bei der Belehrung, daß diese zwingend ist, so daß die vormundschaftsgerichtliche Ersetzungsentscheidung wegen Gleichgültigkeit eine vorausgegangene Belehrung voraussetzt, soweit nicht die gesetzliche Ausnahme des §1748 Abs. 2 S. 2 BGB eingreift. Das Unterbleiben der Belehrung ist unter den besonderen Umständen des zu entscheidenden Falles jedoch nicht schädlich. So hat V nicht nur der Einladung des Jugendamtes zu einem Gespräch keine Folge geleistet, sondern auch das Einladungsschreiben mit beleidigendem Inhalt zurückgesandt. Im Hinblick auf diese Reaktion des zu Belehrenden sind die Belehrungsbemühungen des Jugendamtes als genügend anzusehen. Hat der zu belehrende Elternteil das schriftliche Angebot des Jugendamtes für eine Belehrung und Beratung erhalten und es mit einem Vermerk beleidi-

Zweck der Belehrung

gendem Inhalts zurückgesandt, dem eindeutig und abschließend zu entnehmen ist, daß er eine Belehrung auf keinen Fall wünscht, so ist es dem Jugendamt nicht zumutbar, gegen den erklärten Willen die weiter nicht erwünschte Belehrung aufzudrängen. Hinzukommt, daß die Belehrung auch den Sinn hat, den Betreffenden nicht nur über die Rechtslage zu informieren, sondern insbesondere dem Elternteil die Möglichkeit eröffnen soll, seine Einstellung und sein Verhalten gegenüber dem Kind innerhalb des Zeitraums von 3 Monaten zu ändern. Demgegenüber hat V aber eindeutig zum Ausdruck gebracht, daß er seine Einstellung gegenüber K nicht mehr überdenken will (BayObLG, 1. ZS, Beschl. v. 25.11.1996, Az 1 Z BR 47/96, FamRZ 1997, S. 514-516).

3. Besonders schwere Pflichtverletzung

a) Schweres Versagen des Elternteils

§§

Gravierendes schweres elterliches Versagen

Ein weiterer Ersetzungstatbestand besteht darin, daß die Pflichtverletzung zwar nicht anhaltend, aber besonders schwer ist (§ 1748 Abs. 1 S. 2 BGB). Im Gegensatz zur anhaltenden gröblichen Pflichtverletzung (vgl. S. 66 ff.) kommt es also auf ein gravierendes, schweres Versagen des Elternteils an, das die Annahme rechtfertigt, daß das Kind in Anbetracht dieses Vorfalls zukünftig nicht mehr dem Elternteil anvertraut werden kann. Hier ist an Fälle des sexuellen Mißbrauchs oder Straftaten ähnlicher Intensität gegenüber dem Kind (Körperverletzung, Entführungsversuche) zu denken.

b) Zusätzliche Voraussetzung

Als zusätzliche Voraussetzung muß in diesem Falle die Prognose hinzutreten, daß das Kind voraussichtlich nicht mehr dauerhaft der Obhut des Elternteils anvertraut werden kann (§ 1748 Abs. 1 S. 2 BGB). Im Gegensatz zu der o. g. ergänzend festzustellenden Voraussetzung, daß das Unterbleiben der Annahme dem Kind zu unverhältnismäßigem Nachteil gereichen würde (vgl. S. 68, 69), ist hier die Prognose erforderlich, daß ein dauerhafter Verbleib oder eine zukünftige Rückführung des Kindes in den elterlichen Haushalt aus Gründen des Kindeswohls nicht mehr verantwortet werden kann.

4. Besonders schwere psychische Krankheit und ähnlich schwere Erkrankungen

a) Psychische Erkrankungen und seelische Behinderungen

Dauernde Erziehungsunfähigkeit

Schließlich ist die Ersetzung der elterlichen Einwilligung für den Fall vorgesehen, daß der Elternteil wegen einer besonders schweren psychischen Krankheit oder einer besonders schweren geistigen oder seelischen Behinderung zur Pflege und Erziehung des Kindes dauernd unfähig ist (§1748 Abs. 3 BGB). Dieses Erfordernis stellt im Gegensatz zu den zuvor erörterten Voraussetzungen auf ein nicht schuldhaftes oder auch nicht vorwerfbares Verhalten des Elternteils ab. Allein die besondere Schwere der psychischen Erkrankung oder die besondere Schwere der geistigen oder seelischen Behinderung des Elternteils sowie seine damit verbundene dauernde Unfähigkeit zur Pflege und Erziehung des Kindes sind sicher und eindeutig festzustellen. Gemeint sind hier besonders schwere Formen von endogenen oder exogenen Psychosen, Neurosen, Intelligenzdefekte, paranoiden Psychosen.

Strenge Maßstäbe

Für die Annahme des Merkmals der Dauerhaftigkeit reicht es dabei auch aus, daß die Erkrankung nur schubweise, wenn auch in regel- oder unregelmäßigen Abständen auftritt. Im ganzen gesehen ist aber ein sehr strenger Maßstab anzulegen, um das natürliche Elternrecht des – nicht vorwerfbar – kranken Elternteils angemessen zu schützen.

Ist der Elternteil jedoch so krank, daß er zur Abgabe der Einwilligungserklärung dauernd außerstande ist (§104 Nr. 2, 105 BGB), ist seine Einwilligung kraft Gesetzes nicht erforderlich (§1747 Abs. 4 BGB).

b) Weitere Voraussetzungen

Hilfe durch eine Familie

Weitere Voraussetzung für diesen Fall der Ersetzung ist, daß das Kind bei Unterbleiben der Annahme nicht in einer Familie aufwachsen könnte und dadurch in seiner Entwicklung schwer gefährdet wäre (§ 1748 Abs. 3 BGB).

Dabei kommt es also nicht darauf an, ob es in seiner Familie aufwachsen kann, sondern grundsätzlich auf die Prüfung, ob das Kind infolge der Erkrankung des Elternteils grundsätzlich nicht in einer Familie, z. B. bei Verwandten oder dauerhaft aufnahmebereiten Pflegeeltern leben könnte. Können demzufolge weitere Familienangehörige die Betreuung und Versorgung dieses Kindes im familiären Rahmen sicherstellen, kommt ebenfalls eine Ersetzung nicht in Betracht.

Fall

Das 9-jährige Kind (K) ist die nichteheliche Tochter einer an chronisch schizophrener Psychose erkrankten Mutter (M), der wegen dieser das Kindeswohl gefährdenden Erkrankung das Sorgerecht für K entzogen worden war. Der Vater von K ist unbekannt. Das zum Vormund bestellte Jugendamt hatte K frühzeitig nach der Geburt zu Pflegeeltern gegeben, in deren Familie K – neben einem weiteren Adoptivsohn – eng eingebunden ist. M hat dies akzeptiert, willigt aber nicht in die Adoption von K durch die Pflegeeltern ein. M hat sich fortlaufend um ihr Kind bemüht, sucht nach wie vor – u. a. durch Besuchskontakte – Verbindung zu K. Der Vormund beantragte namens K, die Einwilligung von M gem. § 1748 Abs. 3 BGB zu ersetzen.

Das Vormundschaftsgericht gab dem Antrag statt. Das Landgericht wies den Antrag unter Aufhebung der erstinstanzlichen Entscheidung ab. Das Oberlandesgericht legte das Rechtsmittel des Vormunds dem Bundesgerichtshof zur Entscheidung vor, der das Rechtsmittel zurückwies.

Aus den Gründen: Entgegen der Auffassung des OLG Karlsruhe (FamRZ 1990, 94) kann dann, wenn das Aufwachsen

Schicksalhaftes, nicht zurechenbares Versagen eines Elternteils

eines Kindes in einer Pflegefamilie gesichert ist, die Ersetzung der Einwilligung der Eltern in die Adoption nicht darauf gestützt werden, daß der Status des angenommenen Kindes wegen der besseren Integrierung in den Familienverband erheblich günstiger sei als der eines Pflegekindes. Es ist nicht gerechtfertigt, von dem insoweit eindeutigen Wortlaut des Gesetzes abzuweichen. Dies ergibt sich zweifelsfrei aus der Entstehungsgeschichte der Vorschrift, dem mit ihr verfolgten Zweck sowie verfassungsrechtlichen Gesichtspunkten. ... Im Rahmen des § 1748 Abs. 3 BGB hat der Gesetzgeber bewußt die Grenzen für eine Ersetzung der Einwilligung enger gezogen. Dem liegt die Erwägung zugrunde, daß es sich hier – anders als bei § 1748 Abs. 1 BGB – um Fälle schicksalhaften, nicht zurechenbaren Versagens der Eltern handelt und der mit der Adoption verbundene Verlust ihres Kindes für sie deshalb eine besondere Härte bedeutet, die ihnen nur ganz ausnahmsweise zuzumuten ist. Deshalb sollte die Ersetzung nicht zulässig sein, wenn das Kind auch ohne die Adoption nicht in einem Heim untergebracht werden muß, sondern in einer Familie aufwachsen kann, sei es bei dem anderen Elternteil oder bei Verwandten, Stief- oder Pflegeeltern. Selbst bei drohender Heimunterbringung macht die Gesetz gewordene Fassung die Ersetzung der Einwilligung von der weiteren Voraussetzung abhängig, daß das Kind hierdurch in seiner Entwicklung schwer gefährdet würde. Das Gesetz hält sich im Rahmen der verfassungsrechtlichen Wertung, wenn es in den Fällen des § 1748 Abs. 3 BGB angesichts eines nicht zurechenbaren, schicksalhaften Elternversagens die Grenzen für eine Ersetzung der Einwilligung besonders eng zieht. Auch wenn die Adoption gegen den Willen der Eltern nach dieser Vorschrift nur noch zur Vermeidung einer die Entwicklung des Kindes schwer gefährdenden Heimunterbringung möglich ist, wird das Kind durch andere gesetzliche Regelungen soweit geschützt, daß seine verfassungsmäßigen Rechte bei der gebotenen Abwägung hinreichend gewahrt bleiben. Lebt das Kind seit längerer Zeit in Familienpflege und wollen die Eltern es der Pflegeperson wegnehmen, kann gem. § 1632 Abs. 4 BGB das Vormundschaftsgericht den Verbleib von Amts wegen oder auf Antrag der Pflegeperson anordnen. Steht die Personensorge einem Vormund zu, gilt dieser Schutz auch ihm gegenüber (§ 1800 BGB). Gefährdungen des Kindes durch das Umgangsrecht der Eltern können durch gerichtliche Regelungen abgewendet werden. Die Integration des Kindes in die Pflegefamilie kann etwa durch Namensänderung gefördert werden. Auch ist die eine Ersetzung ablehnende Entscheidung insoweit nicht unabänderlich, als ein neuer Antrag gestellt werden kann, wenn sich die Verhältnisse etwa dahin verändern, daß das Aufwachsen des Kindes in einer Familie ohne Adoption nicht mehr möglich ist (Bundesgerichtshof, Beschl. v. 15.10.1996, Az XII ZB 72/96, NJW 1997, S. 585, 586).

5. Ersetzung der elterlichen Einwilligung eines nichtehelichen Vaters

a) Grundsätzliche Überlegungen

§§ **Änderung durch die Kindschaftsrechtsreform**

Die Kindschaftsrechtsreform 1998 brachte für die Ersetzung der elterlichen Einwilligung die Erweiterung auf den Personenkreis des nichtehelichen Vaters, der nicht Inhaber der elterlichen Sorge ist und dies auch nicht war (§§ 1748 Abs. 4, 1626 a Abs. 2 BGB). Durch dessen Einbeziehung in das Einwilligungserfordernis bei der Annahme seines Kindes (§ 1747 Abs. 1 S. 1 BGB, vgl. i. Ü. weiter oben S. 56, 57) mußte zugleich ein gesonderter, auf diese Situation zugeschnittener eigenständiger Ersetzungstatbestand geschaffen werden, um frühkindliche Adoptionen nicht unangemessen zu erschweren, auch, um der besonderen Fallgestaltung des nichtehelichen Vaters gerecht zu werden, der – mangels Berechtigung zur Ausübung der elterlichen Sorge – das Kind nicht betreut und versorgt hat und dem insofern auch keine vorwerfbaren Pflichtverletzungen vorgehalten werden können, die die Ersetzungstatbestände erfüllen (§ 1748 Abs. 1 u. Abs. 2 BGB).

Die Beschränkung der Anwendbarkeit dieser Bestimmung (§ 1748 Abs. 4 BGB) auf den genannten Personenkreis ergibt sich aus der Tatsache, daß Kinder nicht verheirateter Elternteile dem alleinigen Sorgerecht ihrer Mutter dann unterstehen, wenn die Eltern keine Sorgeerklärungen abgegeben haben und/oder die Eltern einander nicht heiraten (§ 1626 a Abs. 1 u. 2 BGB). Für nichteheliche Väter, denen das Sorgerecht für das Kind mit Zustimmung der Mutter nach gerichtlicher Kindeswohlprüfung übertragen wurde oder solche, denen das Sorgerecht übertragen werden mußte, weil es der Mutter zuvor entzogen worden war (§§ 1672, 1666 i.V.m. § 1680 Abs. 3 BGB), gelten lediglich die Ersetzungstatbestände des § 1748 Abs. 1 u. 2, ggfls. auch des Abs. 3 BGB).

b) Voraussetzung der Ersetzung der Einwilligung des nichtehelichen Vaters

Erleichterte Ersetzung der Einwilligung eines nichtehelichen Vaters

Ungeachtet seiner Einwilligungsberechtigung (§ 1747 Abs. 1 S. 1 BGB) kann die Einwilligung des Vaters eines außerhalb der Ehe geborenen Kindes, das allein dem Sorgerecht der Mutter untersteht, erleichtert ersetzt werden, wenn das Unterbleiben der Annahme dem Kind zu unverhältnismäßigem Nachteil gereichen würde (§ 1748 Abs. 4 BGB). Da die Ersetzung der väterlichen Einwilligung unter erleichterten Voraussetzungen ermöglicht werden sollte, sind die Maßstäbe gegenüber denen für eine Ersetzung wegen Pflichtverletzungen des Elternteils (§ 1748 Abs. 1 u. Abs. 2 BGB) also herabgesetzt. Zu dem Abwägungsprozeß selbst gibt der Gesetzgeber keine weiteren Gesichtspunkte an. Die Abwägung muß sich einerseits mit den Interessen des Kindes an der Adoption befassen und andererseits mit den Interessen des sich der Adoption widersetzenden nichtehelichen Vaters. Widerspricht daher das Unterbleiben der Annahme des Kindes dem Kindeswohl, z. B. weil das Kind sonst keine dauerhafte familiäre Perspektive hätte und kann und will auch der nichteheliche Vater eine solche nicht bieten und willigt er gleichwohl nicht in eine Adoption ein, wäre zweifelsohne ein unverhältnismäßiger Nachteil für dieses Kind anzunehmen und die Einwilligung eines solchen Vaters zu ersetzen.

6. Formalien des Ersetzungsverfahrens

a) Zum Ersetzungsverfahren selbst

Zwischenverfahren auf Antrag des Kindes

Das – sich häufig von der inhaltlichen Begründung her schwierig gestaltende – Ersetzungsverfahren wird auf Antrag des Kindes eingeleitet und als sog. Zwischenverfahren – im Rahmen des Annahmeverfahrens, in dem die Annahmevoraussetzungen durch das Vormundschaftsgericht zu prüfen sind – geführt. Da der Ausspruch der Annahme selbst unanfechtbar ist (§ 56 e S. 3 FGG), muß auch zuvor der Beschluß, mit dem die elterliche Einwilligung ersetzt wird, unanfechtbar geworden sein (§ 53 Abs. 1 S. 2 i.V.m. S. 1 FGG). Der die Einwilligung des Elternteils ersetzende Beschluß ist für diesen mit der sofortigen Beschwerde anfechtbar (§ 60 Abs. 1 Nr. 6 i.V.m. § 53 Abs. 1, 20 FGG).

Gegen einen die Ersetzung des Elternteils ablehnenden Beschluss besteht allein für das Kind die einfache Beschwerde (§ 20 Abs. 2 FGG), unter Umständen auch für den Vormund.

b) Handlungsfähigkeit und Vertretung des Kindes

Rechtmäßigkeitsprobleme

Nach der wenig aussagekräftigen gesetzlichen Formulierung hat das Kind den Ersetzungsantrag zu stellen (§ 1748 Abs. 1 S. 1 BGB). Damit ist nicht ohne weiteres deutlich, inwieweit das Kind selbständig handeln kann. Geht man mit den Bestimmungen des FGG davon aus, daß ein Kind, für das die elterliche Sorge besteht oder das unter Vormundschaft steht, in allen seine Person betreffenden Angelegenheiten ohne Mitwirkung seines gesetzlichen Vertreters das Beschwerderecht ausüben kann und daß diese Regelung nur dann keine Anwendung findet, wenn das Kind geschäftsunfähig ist oder noch nicht das 14. Lebensjahr vollendet hat (§ 59 Abs. 1 S. 1 u. Abs. 3 S. 1 FGG), kann es kaum zweifelhaft sein, daß ein geschäftsfähiges, 14 Jahre altes Kind den Ersetzungsantrag allein stellen kann, also ohne Zustimmung des gesetzlichen Vertreters. Um etwaige Rechtmäßigkeitsprobleme auszuschließen, mag – rein vorsorglich – eine zusätzliche Zustimmung des gesetzlichen Vertreters erfolgen.

Gesetzlicher Vertreter des Kindes

Für ein geschäftsunfähiges Kind – vor Vollendung des 7. Lebensjahres (§ 104 Nr. 1 BGB) oder bei dauerhaft krankhafter Störung gegebener Geschäftsunfähigkeit (§ 104 Nr. 2 BGB) – handelt der gesetzliche Vertreter anstelle des Kindes. Ist der gesetzliche Vertreter der Elternteil, dessen Einwilligung ersetzt werden soll, muß er von der Vertretung ausgeschlossen werden, entweder durch Entzug des Sorgerechts unter dem Gesichtspunkt der Kindeswohlgefährdung (§ 1666 Abs. 1 BGB) oder aber wegen Interessenkollision (§§ 1629 Abs. 2 S. 3, 1796 BGB). In diesen Fällen ist ein Ergänzungspfleger zu bestellen.

c) Örtliche Zuständigkeit

Zuständigkeit für das Ersetzungsverfahren

Zuständig für das Ersetzungsverfahren ist – wie für das Annahmeverfahren selbst – das Vormundschaftsgericht am Wohnsitz des Annehmenden (§ 53 b Abs. 2 FGG). In diesem Verfahren sind sämtliche Beteiligten, also Eltern, Kind sowie die Adoptionsvermittlungsstelle anzuhören, nicht jedoch die Annehmenden, die an diesem Zwischenverfahren nicht beteiligt, also auch nicht beschwerdeberechtigt sind (§ 20 Abs. 2 FGG). daß ihre Verhältnisse dem Grunde nach über die Ermittlungen der Adoptionsvermittlungsstelle ggfls. einzubeziehen sind, ergibt sich aus der Tatsache der Notwendigkeit evtl. vorzunehmender Abwägungen (»unverhältnismäßiger Nachteil« gem. § 1748 Abs. 1 S. 1 BGB).

VI. Form und Inhalt der Einwilligungserklärungen

1. Einzelheiten zur Abgabe der erforderlichen Erklärungen

Die Einwilligungserklärungen des Kindes, seiner Eltern sowie des Ehegatten des Annehmenden bzw. des Ehegatten des Anzunehmenden (§§ 1746, 1747 u. 1749 BGB) müssen bestimmten Erfordernissen entsprechen, um rechtlich bin-

Dekretsystem

dend, mit anderen Worten rechtswirksam zu sein (§ 1750 BGB). Die fraglichen Erklärungen sind entsprechend dem durch das Adoptionsgesetz 1976 eingeführten Dekretsystem, das die Annahme als Kind durch Beschluß des Vormundschaftsgerichtes regelt, dem Vormundschaftsgericht gegenüber abzugeben (§ 1750 Abs. 1 S. 1 BGB) und nicht etwa – wie nach früherem Recht – zwischen Adoptiveltern und Adoptivkind als Parteien des Annahmevertrages (sog. Vertragssystem). Zuständig ist das Vormundschaftsgericht am Wohnsitz der Annehmenden (§ 43 b Abs. 2 FGG), wobei die Zuständigkeit – z. B. bei nur dem Jugendamt bekannten Annehmenden – über die Adoptionsvermittlungsstelle des Jugendamtes zu ermitteln ist.

2. Notarielle Beurkundung und Belehrung

Prüfungs- und Belehrungspflichten des Notars

Die Einwilligungserklärung bedarf der notariellen Beurkundung (§ 1750 Abs. 1 S. 2 BGB), die, entsprechend ihrem Sinn und Zweck, Prüfungs- und insbesondere Belehrungspflichten zum Inhalt hat. Dabei soll mit den Beteiligten namentlich die rechtliche Tragweite ihrer Erklärung erörtert, also die rechtlichen Konsequenzen ihres Handelns aufgezeigt werden (§ 17 Abs. 1 u. Abs. 2 BeurkG). Die Einwilligung wird grundsätzlich erst mit dem Zeitpunkt wirksam, in dem sie dem zuständigen Vormundschaftsgericht (vgl. oben § 43 b Abs. 2 FGG) – nicht etwa dem Jugendamt – zugeht. Die Festlegung des Wirksamkeitszeitpunktes ist für die gravierenden Folgen von entscheidender Bedeutung: Spätestens in diesem Verfahrensstadium wird das Kind sich in Adoptionspflege befinden, die einen rechtlich abgesicherten Rahmen erfordert. Zudem ruht die elterliche Sorge für das Kind mit der Einwilligung des Elternteils in die Annahme des Kindes, was weiterhin klare Kompetenzen notwendig macht.

3. Zur Wirksamkeit der Einwilligungserklärung

An die Wirksamkeit der Einwilligungserklärung knüpft das Gesetz schwerwiegende Folgen. Deshalb enthält das Ge-

Einschränkungen der Einwilligung zulässig

setz zur Gültigkeit der Erklärung konkrete Hinweise. So schreibt es nämlich vor, daß die Einwilligung nicht unter einer Bedingung oder einer Zeitbestimmung erteilt werden darf (§ 1750 Abs. 2 S. 1 BGB). Verstöße gegen das gesetzlich festgelegte Verbot von Bedingungen oder Zeitbestimmungen bei einer Erklärung stellen keinen Grund zur Aufhebung des Annahmeverhältnisses dar (§§ 1759, 1760 BGB). Hiervon zu trennen ist jedoch die rechtlich zulässige Möglichkeit, die Einwilligung von konkreten Fakten oder Eigenschaften (Staatsangehörigkeit, Lebensstellung oder Religion der Annehmenden) abhängig zu machen. Eine solche Beschränkung oder Einschränkung der Einwilligung ist grundsätzlich zulässig, weil sie sich auf bereits gegebene oder bestehende Umstände bezieht. Damit unterscheiden sich solche Sachverhalte ganz wesentlich von den Schwebezuständen einer Bedingung oder einer Zeitbestimmung.

Die Einwilligungserklärungen sind grundsätzlich nicht widerruflich mit Ausnahme der Einwilligung des – geschäftsfähigen und 14 Jahre alten – Kindes, daß seine Einwilligung bis zum Wirksamwerden des Ausspruchs der Annahme ohne Zustimmung des gesetzlichen Vertreters widerrufen darf, jedoch mit öffentlicher Beurkundung (§§ 1750 Abs. 2 S. 2 i.V.m. § 1746 Abs. 2 BGB).

Die Einwilligungserklärung wird gegenstandslos, wenn der Annahmeantrag zurückgenommen oder der Annahmeantrag durch das Vormundschaftsgericht zurückgewiesen wird (§ 1750 Abs. 4 S. 1 BGB). Der Sinn dieser Bestimmung liegt darin, daß die Einwilligung der Eltern auf ein bestimmtes oder konkret bestimmbares Annahmeverhältnis bezogen ist. Die Einwilligung des Elternteils verliert ferner ihre Kraft, wenn das Kind nicht innerhalb von 3 Jahren seit dem Wirksamwerden der Einwilligung angenommen wird (§ 1750 Abs. 4 S. 2 BGB).

4. Höchstpersönlichkeit der Erklärung und die Ausnahme

§§

Anonymität des Annehmenden

Die Einwilligungserklärung der Eltern und des Ehegatten kann nicht wirksam durch einen Vertreter abgegeben werden (§ 1750 Abs. 3 S. 1 BGB). Diese Erklärungen sind vielmehr höchstpersönlicher Natur. Dieser Grundsatz gilt ausnahmslos, mithin auch für die Inkognito-Adoption. Die Anonymität des Annehmenden bleibt nämlich insoweit gewahrt, weil die Einwilligung sich - neben den Angaben für das Kind - auf die in einer Namensliste (Adoptionslisten-Nr.) beim Jugendamt geführten - und damit eindeutig und ausreichend konkretisierbaren - Adoptiveltern beziehen kann.

Der Grundsatz der höchstpersönlichen Erklärung gilt selbst dann, wenn die einwilligenden Eltern bzw. der einwilligende Ehegatte in ihrer Geschäftsfähigkeit beschränkt sind; sie bedürfen auch nicht der Zustimmung des gesetzlichen Vertreters (§ 1750 Abs. 3 S. 2 BGB). Sind sie hingegen geschäftsunfähig, ist ihre Einwilligung nicht erforderlich (§ 1747 Abs. 4 bzw. § 1749 Abs. 3 BGB).

§§

Eine Sonderregelung sieht das Gesetz allerdings wiederum für das Kind vor (§ 1750 Abs. 3 S. 3 i.V.m. § 1746 Abs. 1 S. 2 u. 3 BGB). Auch hier gilt, daß für ein geschäftsunfähiges bzw. ein noch nicht 14 Jahre altes Kind nur sein gesetzlicher Vertreter die Einwilligungserklärung abgeben kann (§ 1746 Abs. 1 S. 2 BGB). Bei dem geschäftsfähigen Kind, das das 14. Lebensjahr vollendet hat, willigt das Kind selbst ein, es bedarf jedoch zu seiner Einwilligung der Zustimmung seines gesetzlichen Vertreters (§ 1746 Abs. 1 S. 3 BGB).

VII. Rechtsfolgen der elterlichen Einwilligung zur Adoption – vor Erlaß des Adoptionsdekretes -

Mit der elterlichen Einwilligung zur Annahme ihres Kindes ist das gesamte Adoptionsverfahren in ein so fortgeschrittenes und entscheidendes Stadium getreten, daß es einer neuen sachgemäßen Zuordnung bestimmter Rechte und Pflichten zwischen Kind und – bisherigen und zukünftigen – Eltern bedarf. Solche Regelungen sind zum Schutze des Kindes, aber auch zur ungestörten Fortführung des Adoptionsverfahrens, wie auch für die sich aus der Eigenart dieses Schwebezustandes ergebenden Sachlage notwendig: Lösung der alten Bindung und Überführung des Kindes in die neue Familie.

1. Folgen für die elterliche Sorge

a) Ruhen der elterlichen Sorge und Auswirkungen

Mit der Einwilligung eines Elternteils in die Annahme ruht dessen elterliche Sorge (§ 1751 Abs. 1 S. 1 BGB). Rechtlich gesehen bedeutet dies, daß der betreffende Elternteil nicht berechtigt ist, die mit dem Sorgerecht verbundenen Funktionen auszuüben (§ 1675 BGB). Hieraus folgt weiter, daß der andere Elternteil die elterliche Sorge allein ausübt (§ 1678 Abs. 1 BGB). Das Gesetz läßt für diesen Fall ausdrücklich keine Vormundschaft des Jugendamtes eintreten (§ 1751 Abs. 1 S. 2 BGB). Diese Rechtswirkungen sind naturgemäß auch nicht gewollt, wenn ein Ehegatte ein Kind des anderen Ehegatten annimmt, was das Gesetz dementsprechend ebenso ausdrücklich festhält (§§ 1751 Abs. 2 u. 1754 Abs. 3 BGB).

Verlust der Wirksamkeit der Erklärung

Verliert die elterliche Einwilligung ihre Wirksamkeit, sei es wegen Zeitablaufs, wegen Antragsrücknahme oder wegen Versagens der Annahme (§ 1750 Abs. 4 BGB), so prüft das Vormundschaftsgericht, ob die elterliche Sorge wieder auf den fraglichen Elternteil zurückübertragen werden kann. Voraussetzung hierfür ist naturgemäß die Feststellung, daß die Rückübertragung der elterlichen Sorge dem Wohl des Kindes nicht widerspricht (§ 1751 Abs. 3 BGB). Da der Verlust des Elternrechts nur eine Folge der Einwilligung ist, sind auch diese Folgen wieder zu beseitigen, wenn die Einwilligung keine Wirksamkeit mehr hat.

Änderung durch die Kindschaftsrechtsreform

Mit Rücksicht auf das durch das Kindschaftsrechtsreformgesetz 98 geregelte Einwilligungsrecht des mit der Mutter des Kindes nicht verheirateten und auch nicht sorgeberechtigten Vaters sieht das Gesetz nunmehr ausdrücklich vor, daß ein Antrag eines solchen Vaters auf Übertragung des alleinigen Sorgerechtes mit Rücksicht auf die Einwilligung der Mutter zur Adoption ihres Kindes nicht mehr ihrer – ansonsten notwendigen (§ 1672 Abs. 1 BGB) – Zustimmung bedarf (§ 1751 Abs. 1 S. 6 BGB).

Die Folgen der Einwilligung gelten i. Ü. auch für die unanfechtbare Ersetzung der Einwilligung.

b) Vormundschaft des Jugendamtes

Amtsvormundschaft

Für den Fall, daß aufgrund der dargestellten Sachlage ein gesetzlicher Vertreter für das Kind nicht mehr gegeben ist, wird das zuständige Jugendamt kraft Gesetzes Vormund (§ 1751 Abs. 1 S. 2 BGB), es sei denn, daß bereits ein Vormund bestellt war (§ 1751 Abs. 1 S. 2 BGB). Dessen Rechtsmacht soll damit ausdrücklich nicht eingeschränkt werden. Bestand bereits eine Pflegschaft, so bleibt diese (im Rahmen des jeweiligen Wirkungskreises) bestehen, die entsprechende Adoptionsvormundschaft erstreckt sich sodann allein auf die übrigen oder restlichen Aufgabenbereiche des Sorgerechts (§§ 1630 Abs. 1, 1794 BGB). War bereits eine Vormundschaft von Amts wegen eingerichtet (Amtsvormundschaft), so tritt keine Adoptionsvormundschaft ein, weil hierfür kein gesondertes Bedürfnis ersichtlich ist. Der Adoptionsvormund tritt kraft Gesetzes mithin immer dann und nur insoweit ein, so lange ein gesetzlicher Vertreter nicht vorhanden ist.

Bescheinigung des Vormundschaftsgerichts

Um die Vertretung des Jugendamtes nach außen hin deutlich werden zu lassen, erteilt das Vormundschaftsgericht dem Jugendamt eine entsprechende Bescheinigung (§ 1751 Abs. 1 S. 4 BGB).

2. Folgen für den persönlichen Umgang des Kindes mit dem einwilligenden Elternteil

Befugnis zum persönlichen Umgang

Da das Recht auf Umgang zum Kind kein Ausfluß des Sorgerechts ist, sondern unabhängig vom Sorgerecht als Folge des verfassungsrechtlich geschützten natürlichen Elternrechts besteht, mußte jedenfalls für den Schwebezustand dieses Verfahrensstadiums zwangsläufig ergänzend eine Regelung für das Umgangsrecht (§ 1684 BGB) erfolgen. Das Gesetz sieht im Falle einer Einwilligungserklärung des Elternteils deshalb vor, daß die Befugnis zum persönlichen Umgang mit dem Kind nicht mehr ausgeübt werden darf (§ 1751 Abs. 1 S. 1 BGB). Hierdurch soll die Herauslösung aus der alten Familie und die Anbahnung der festen neuen familiären Bindungen erleichtert und abgesichert werden.

3. Folgen für den Annehmenden

a) Voraussetzung der entstehenden Unterhaltspflicht des Annehmenden

Wirtschaftliche Folgen der Adoption

Hat der Annehmende das Kind mit dem Ziel der Annahme in Obhut genommen – gemeint ist hier die Adoptionspflege – wird er auch für den Unterhalt des Kindes – vorrangig vor den Verwandten – verantwortlich, sofern die zur Annahme erforderliche Einwilligung der Eltern erteilt worden ist (§ 1751 Abs. 4 S. 1 BGB). Unter diesen Voraussetzungen und in diesem Verfahrensstadium soll der Adoptionsbewerber bereits die wirtschaftlichen Folgen der sich anbahnenden Adoption erkennen und konkret beurteilen können. Allerdings setzt die nunmehr eintretende Unterhaltspflicht voraus, daß die erforderliche Einwilligung der Eltern erteilt worden sein muß, was im Falle des Vorhandenseins nur noch eines Elternteils nur dessen Einwilligung, nach der Kindschaftsrechtsreform 1998 aber andererseits auch die Einwilligung des (nichtehelichen) Vaters bedeutet oder aber – im Falle eines Ehegatten, der zur Abgabe einer Einwilligung dauernd außer stande ist (§ 1747 Abs. 4 BGB) – wiederum nur die Einwilligung des anderen Ehegatten.

z.B.

I. Ü. gelten für den Annehmenden während der Zeit der Adoptionspflege die Vorschriften der Familienpflege entsprechend (§1688 Abs. 1 u. Abs. 3 BGB i.V.m. §1751 Abs. 1 S. 5 BGB). Damit ist der Annehmende z. B. berechtigt, in Angelegenheiten des täglichen Lebens zu entscheiden und auch den Sorgeberechtigten in solchen Angelegenheiten zu vertreten, sofern nicht der Sorgerechtsinhaber (in der Regel ist dies das Jugendamt) etwas anderes erklärt.

b) Der Begriff der Obhut

Tipp

Übernahme der Verantwortung

Unter dem Begriff der »Obhut« wollte der Gesetzgeber ausdrücklich nicht allein die tatsächliche Aufnahme in den Haushalt der Adoptiveltern verstanden wissen, sondern vielmehr die Übernahme der Verantwortung für das Kind in ihrer Gesamtheit, so daß eine Obhut der Adoptiveltern im Sinne dieser Bestimmung auch dann anzunehmen ist, wenn das Kind zunächst im Krankenhaus oder Heim verbleibt. In diesem Falle ist dann die Feststellung zu treffen, wann das Kind mit dem Ziel der Annahme in die Verantwortung der Adoptiveltern gelangt ist. Dieser Zeitpunkt läßt sich aber im Einzelfall durch entsprechende Willensbekundungen der Adoptiveltern hinreichend konkretisieren.

c) Dauer des Ruhens der Unterhaltspflicht der Eltern des Kindes

Ruhen der Unterhaltspflicht

Ebenso, wie die elterliche Sorge des einwilligenden Elternteils nur ruht, ruht auch nur die Unterhaltsverpflichtung der leiblichen Eltern und der Verwandten des Kindes. Sie endet in diesem Verfahrensstadium jedoch noch nicht. Die Unterhaltspflicht lebt sogar bereits wieder auf, wenn die Adoptionspflege endet, ohne daß es zur Annahme des Kindes kommt.

Für den Fall der Annahme eines Stiefkindes durch den Ehegatten des Elternteils trifft das Gesetz eine auf die Sachlage angepaßte, inhaltlich entsprechende Unterhaltsregelung (§1751 Abs. 4 S. 2 BGB).

d) Wegfall des Pflegegeldes durch das Jugendamt

Unterhaltsansprüche ehelicher Kinder

Ist die Unterhaltsberechtigung des Adoptivkindes gegen den Annehmenden aufgrund der erörterten gesetzlichen Bestimmung zu bejahen, stehen die Unterhaltsansprüche der ehelichen Kinder des Annehmenden und der des Adoptivkindes gleichrangig nebeneinander. Im Zusammenhang mit der Adoptionspflege des Kindes scheiden Ansprüche auf Zahlung von Pflegegeld durch das Jugendamt aus, weil die Adoptionspflege von ihrem Sinn und Ziel her keine Form der Hilfe zur Erziehung im Sinne des SGB VIII ist.

e) Gleichstellung des Adoptivpflegekindes mit ehelichen Kindern des Annehmenden

Tipp

Adoptionspflegeverhältnis

Schließlich sind Kinder, die sich in Adoptionspflege befinden und deren leibliche Eltern in ihre Annahme eingewilligt haben, durch das Adoptionsanpassungsgesetz 1985 ehelichen Kindern der Adoptionspflegeeltern gleichgestellt (vgl. Art. 1–18 AdAnpG). Um das Adoptionspflegeverhältnis in den sozialrechtlichen Vorschriften genügend zu berücksichtigen, wurde hierdurch der Krankenversicherungsschutz der versicherten Adoptivpflegeeltern während der Adoptionspflegezeit auf das Adoptivpflegekind erstreckt und darüberhinaus kindesbedingte Leistungen aus der Sozialversicherung bzw. nach dem Bundeskindergeldgesetz während der Adoptionspflegezeit auf die Person der Adoptivpflegeeltern bezogen. Der Adoptionsbewerber hat also bereits in dem hier erörterten Verfahrensstadium Anspruch auf Kindergeld, das Kind ist bei ihm krankenversichert u.s.w. Darüberhinaus kann auch Erziehungsgeld beansprucht werden (§ 1 Abs. 3 Nr. 1 BErzGG).

Fall

Ein im Juli 1988 geborenes Kind (K) befindet sich seit September 1988 bei Pflegeeltern in Familienpflege. Das Personensorgerecht ist den leiblichen Eltern entzogen und auf das Jugendamt übertragen worden. Für die Pflege wird den Pflegeeltern ein monatliches Pflegegeld einschließlich Kindergeld gewährt. Die Pflegemutter beansprucht überdies die Gewährung von Erziehungsgeld, was hingegen abgelehnt wurde.

Keine Zahlung von Erziehungsgeld

Das Sozialgericht hat der Klage auf Zahlung des Erziehungsgeldes stattgegeben, das Landessozialgericht hat die Klage abgewiesen. Das Bundessozialgericht hat die Entscheidung des Landessozialgerichts bestätigt.

Bereitschaft zur Adoption und Annahme

Aus den Gründen: Der Anspruch auf Erziehungsgeld setzt nach dem Bundeserziehungsgeldgesetz voraus, daß dem Anspruchsteller für ein nach dem 31.12.1985 geborenes Kind, mit dem er in einem Haushalt lebt und das er betreut und erzieht (§1 Abs. 1 Nr. 3 BErzGG), die Personensorge zusteht (§1 Abs. 1 Nr. 2 BErzGG). (...) In der ursprünglichen Fassung des Bundeserziehungsgeldgesetzes hielt der Gesetzgeber nur die Adoptionspflege bei vorliegender Einwilligung der Eltern (§1 Abs. 3 Nr. 1 BErzGG) und die Stellung als Stiefvater oder -mutter (§1 Abs. 2 Nr. 2 BErzGG) für vergleichbar, da in beiden Fällen eine dauerhafte oder zumindest auf Dauer angelegte Familienbeziehung anzunehmen sei. Der Gesetzgeber ist von diesem Begründungsansatz nicht abgewichen, als er durch Art. 10 Nr. 1 des achten AFG-ÄndG das Zustimmungserfordernis der leiblichen Eltern zur Annahme des Kindes aufhob. (...) Vom Erfordernis der Personensorge sah §1 Abs. 3 Nr. 1 BErzGG i.d.F.v. 06.12.1985 bei einem Kind ab, »das mit dem Ziel der Annahme als Kind in die Obhut des Annehmenden aufgenommen ist und für das die zur Annahme erforderliche Einwilligung der Eltern erteilt ist«. Die Voraussetzung der Zustimmung der leiblichen Eltern zur Annahme des Kindes wurde durch Art. 10 Nr. 1 des achten AFG-ÄndG gestrichen. (...) Schon der Gesetzeswortlaut läßt es nicht genügen, daß der Aufnehmende zur Adoption bereit ist. Das Gesetz spricht nicht von Pflegeeltern, die das Ziel der Adoption verfolgen, sondern vom »Annehmenden«. Annehmende werden Pflegeeltern erst mit der Einleitung des Adoptionsverfahrens. (...) Die Annahme soll in der Regel erst ausgesprochen werden, wenn der An-

Bundeserziehungsgeldgesetz

nehmende das Kind eine angemessene Zeit in Pflege gehabt hat. Ob hierzu erforderlich ist, das schon die Pflege mit dem Ziel der Annahme als Kind erfolgt, mag dahinstehen. Das Bundeserziehungsgeldgesetz folgt im Wortlaut nicht dem §1744 BGB, sondern der in §1751 BGB getroffenen Regelung über die Unterhaltspflicht während der Adoptionspflege. Die Vorschrift ist hiermit schon nach dem Wortlaut vorrangig im Zusammenhang mit der ähnlichen Formulierung in §1751 Abs. 4 S. 1 BGB zu sehen. Nach dieser Regelung ist der Annehmende dem Kind vor den Verwandten des Kindes unterhaltspflichtig, sobald die Eltern die erforderliche Einwilligung erteilt haben »und das Kind in die Obhut des Annehmenden mit dem Ziel der Annahme aufgenommen ist«. (...) Auch in §1751 BGB ist die Formulierung dahin zu verstehen, daß das Verfahren der Adoption bzw. der Adoptionsvermittlung eingeleitet sein muß. Der Annahmewille muß nicht nur vorhanden, sondern auch nach außen bekundet sein. Ein förmlicher Adoptionsantrag wird nicht als erforderlich angesehen, es genügt die Adoptionsbewerbung, insbesondere wenn der Adoptionswunsch während des Pflegeverhältnisses entsteht. Wenn die Pflegemutter nach den Feststellungen des Sozialgerichtes bei einer Rücksprache (...) gegenüber dem Jugendamt ihre Adoptionsbereitschaft geäußert hatte, so reicht das auch (...) nicht aus, weil eine Adoptionsbewerbung als Willenserklärung mehr verlangt. Die Streichung der Einwilligung der natürlichen Eltern in die Adoption als zusätzlicher Voraussetzung des Anspruchs auf Erziehungsgeld (...) hat den Sinn der im Wortlaut unverändert fortbestehenden ersten Voraussetzung nicht geändert. Dafür sprechen Sinn und Zweck der erst in der Ausschußberatung beschlossenen Streichung der Einwilligung der Eltern, die wie folgt erläutert wurde: »Zukünftig kommt es nicht mehr darauf an, daß die formelle Einwilligung der Eltern in die Adoption, die frühestens 8 Wochen nach der Geburt des Kindes gegeben werden kann, vorliegt. Es genügt die Einwilligung der Eltern in die Pflege mit dem Ziel der Adoption« (...). Hiernach sollte der innere Wille oder eine unverbindliche Bereitschaft der

Pflegeeltern nicht genügen« (Bundessozialgericht, Urt. K. 9.9.1992, Az 14 b/4 REg 15/91 (Nordrhein-Westfalen), NJW 1993, S. 1156-1159)

4. Adoptionsgeheimnis und seine Vorwirkungen

a) Grundsatz

Tipp
Schutz des Adoptionsgeheimnisses

Ist die Einwilligung der Eltern (§ 1747 BGB) zur Annahme ihres Kindes erteilt, tritt unmittelbar der Schutz des Adoptionsgeheimnisses in Kraft (§ 1758 Abs. 2 S. 1 i.V.m. § 1758 Abs. 1 BGB). Danach dürfen alle Tatsachen, die geeignet sind, die Annahme und ihre Umstände aufzudecken, ohne Zustimmung des Annehmenden und des Kindes nicht offenbart oder ausgeforscht werden – es sei denn, daß besondere Gründe des öffentlichen Interesses dies erfordern (§ 1758 Abs. 1 BGB). Der Schutz des Adoptionsgeheimnisses soll sich damit schon auf die Zeit des Adoptionspflegeverhältnisses ausdehnen. Das Vormundschaftsgericht kann darüberhinaus diese Wirkung auch schon für den Zeitpunkt anordnen, in dem ein Antrag auf Ersetzung der Einwilligung des Elternteils gestellt worden ist (§ 1758 Abs. 2 S. 2 BGB).

b) Ziel und Zweck des Adoptionsgeheimnisses

Sinn des Adoptionsgeheimnisses

Da die Adoption zum Ziel hat, das Kind aus seinen bisherigen familiären Beziehungen zu seinen leiblichen Eltern herauszulösen und in ein neues familiäres System zu integrieren, muß sichergestellt sein, daß die Kindesannahme und ihre Umstände nicht zum Gegenstand von Ausforschungen und Offenbarungen werden. Insbesondere das Kind und seine Herkunft, aber auch die Annehmenden sind hier vor Dritten, namentlich vor leiblichen Eltern bzw. vor Verwandten des Kindes zu schützen. Sind Kind und Annehmender hingegen mit einer Offenbarung einverstanden, entfällt dieses Verbot.

Um dem Schutz der Beteiligten, namentlich auch der ungestörten Entwicklung des Kindes in seinem neuen familiären Umfeld insgesamt möglichst umfassend Rechnung zu tragen, hält das Gesetz in einer Reihe von Bestimmungen konkrete Anweisungen vor.

aa) Gegenstand des Adoptionsgeheimnisses

So ist die Akteneinsicht und die Erteilung von Abschriften aus den Akten grundsätzlich insoweit untersagt, als das Offenbarungs- und Ausforschungsverbot zum Schutz des Adoptionsgeheimnisses entgegensteht (§ 1758 BGB i.V.m. § 34 Abs. 2 FGG). Dessen ungeachtet besteht weiterhin die Möglichkeit, bei glaubhaft gemachtem berechtigtem Interesse (§ 34 Abs. 1 FGG) Abschriften dergestalt zu erteilen, daß das Adoptionsgeheimnis geschützt bleibt, z. B. indem Namen, Anschriften und konkrete, nachzuvollziehende Einzelumstände unkenntlich gemacht werden. Es sei ausdrücklich hervorgehoben, daß auf den genannten Schutz vom Kind und vom Annehmenden verzichtet werden kann. Ergibt sich andererseits nach Auffassung der Adoptiveltern Anlaß dazu, das Kind über seine Herkunft aufzuklären und/oder kommt das Kind in ein Lebensalter, in dem es Interesse an seiner Herkunftsfamilie zeigt, sind beide nicht gehindert, ihrerseits entsprechende Kontakte aufzunehmen.

bb) Schutzvorschriften nach dem Personenstandsgesetz

Auskunftsbeschränkung

Eine weitere Schutzregelung enthält das Personenstandsgesetz. Ist nämlich ein Kind angenommen worden, tritt kraft Gesetzes eine Auskunftsbeschränkung dahingehend ein, daß lediglich Behörden, dem Annehmenden, dessen Eltern, dem gesetzlichen Vertreter des Kindes und dem über 16 Jahre alten Kind selbst Einsicht in den Geburtseintrag gestattet ist oder eine Personenstandsurkunde aus dem Geburtenbuch erteilt werden darf (§ 61 Abs. 2 S. 1 PStG). Das gleiche gilt für das Familienbuch, sobald das

Familienbuch

angenommene Kind im Familienbuch der Annehmenden eingetragen ist (§61 Abs. 2 S. 2 PStG).

cc) Alter des Kindes für die Erteilung der Zustimmung zur Offenbarung des Adoptionsgeheimnisses

Altersgrenzen

Die Frage, ab welchem Alter das Kind seinerseits wirksam der Offenbarung des Adoptionsgeheimnisses zustimmen kann (§1758 Abs. 1 BGB), läßt der Gesetzgeber unbeantwortet. Überwiegend wird hierzu aber die Auffassung vertreten, daß für das Kind, das das 14. Lebensjahr noch nicht vollendet hat, allein sein gesetzlicher Vertreter, also die Adoptiveltern, die Zustimmung erteilen können, nach Vollendung des 14. Lebensjahres das Kind mit Zustimmung seines gesetzlichen Vertreters (§1746 Abs. 1 BGB analog), sowie ab vollendetem 16. Lebensjahr das Kind selbständig und allein (§61 Abs. 2 S. 1 PStG analog).

VIII. Die Adoption und ihre Rechtsfolgen

1. Allgemeine Verfahrensgrundsätze

Adoptionsdekret

Die Annahme als Kind erfolgt durch vormundschaftsgerichtlichen Beschluß, das sog. Adoptionsdekret (§1752 Abs. 1 BGB). Früher – vor dem geltenden Adoptionsgesetz – kam die Annahme durch Vertrag zwischen dem minderjährigen Kind und dem Annehmenden zustande (sog. Vertragssystem), der allerdings der gerichtlichen Bestätigung bedurfte.

a) Sachliche und örtliche Zuständigkeit

Sachlich zuständig ist durch ausdrücklichen gesetzlichen Vorbehalt der Richter (§14 Abs. 1 Nr. 3 f RPflG). Örtlich zuständig ist – in der Regel – das Vormundschaftsgericht beim Wohnsitz des Annehmenden (§43 b Abs. 2 FGG). Anlaß für diese Regelung ist die Überlegung, daß der Annahme regelmäßig eine Adoptionspflegezeit vorausgeht und das Gericht am Wohnsitz des Annehmenden damit sachnäher ist, als

Gerichtliche Zuständigkeit

das Gericht am Wohnsitz des Kindes. Diese Zuständigkeitsregelung gilt nach dem Willen des Gesetzgebers für die gesamten, im Zusammenhang mit dem Annahmeverfahren verbundenen oder anfallenden Tätigkeiten des Vormundschaftsgerichts. Für den Fall, daß der Annehmende im Inland weder Wohnsitz noch Aufenthalt hat, trifft das Gesetz hilfsweise Sonderregelungen (§ 43 d Abs. 3–4 FGG). Maßgebend für die Zuständigkeitsbestimmung ist der Zeitpunkt, in dem der Antrag auf Annahme als Kind oder eine Erklärung beim Vormundschaftsgericht eingereicht wird.

b) Form des Annahmeantrages

Notarielle Beurkundung

Das Annahmeverfahren wird beim Vormundschaftsgericht mit dem Antrag des Annehmenden eingeleitet (§ 1752 Abs. 1 BGB). Allein der Annehmende kann den Annahmeantrag stellen, nicht etwa das Kind, seine Eltern oder gar das Jugendamt. Der Annahmeantrag bedarf wegen seiner besonderen Tragweite der notariellen Beurkundung (§ 1752 Abs. 2 S. 2 BGB) und ist bedingungs- und befristungsfeindlich (§ 1752 Abs. 2 S. 1 BGB).

Höchstpersönlichkeit der Erklärung

Der Antrag setzt – selbstverständlich – volle Geschäftsfähigkeit des Antragstellers voraus. daß der Antrag nicht durch einen Vertreter gestellt werden darf (§ 1752 Abs. 2 S. 1 BGB), die Erklärung damit also höchstpersönlich abzugeben ist, bedeutet in der Praxis und im Ergebnis lediglich, daß der Annehmende seinen Annahmeantrag beim Notar nur persönlich und nicht durch einen Vertreter stellen kann und der Notar sodann den beurkundeten Antrag auftragsgemäß beim Vormundschaftsgericht einreicht. Damit ist die vom Gesetz gewollte höchstpersönliche Natur der Annahmeerklärung gewahrt.

Der Annahmeantrag kann – im Gegensatz zur Unwiderruflichkeit der Einwilligungserklärungen von Eltern und Ehegatten (§ 1750 Abs. 2 S. 2 BGB) – bis zur Wirksamkeit des Annahmebeschlusses (§ 56 e S. 2 FGG), also mit Zustellung an den Annehmenden, zurückgenommen werden.

c) Einzelheiten zur Namensbestimmung für das Kind

§§ **Änderung des Kindesnamens**

Da sich durch die Adoption der Name des Kindes ändert – das Kind erhält als Geburtsnamen nämlich den Familiennamen des Annehmenden (§ 1757 Abs. 1 BGB, weitere Einzelheiten hierzu später) –, ist für den Ausnahmefall, daß das annehmende Ehepaar bzw. die Ehegatten keinen Ehenamen (§ 1355 Abs. 1 i.V.m. § 1757 Abs. 1 BGB) führen, eine Namensbestimmung durch die Adoptiveltern für das anzunehmende Kind vorgesehen (§ 1757 Abs. 2 BGB). Diese Namensbestimmung muß durch Erklärung gegenüber dem Vormundschaftsgericht erfolgen, und zwar – deshalb der Hinweis an dieser Stelle – vor dem Ausspruch der Annahme (§ 1757 Abs. 2 S. 1 BGB).

Durch die entsprechende Anwendung namensrechtlicher Bestimmungen (§ 1757 Abs. 2 S. 1 2. Hs BGB i.V.m. § 1617 Abs. 1 BGB) ist zum Ausdruck gebracht, daß entweder der von der Mutter oder der vom Vater geführte Name – soweit die Eltern keinen Ehenamen (§ 1355 Abs. 1 BGB) führen – zum Geburtsnamen bestimmt werden kann.

Zur Wirksamkeit der Namensbestimmung ist – ebenso vor dem Ausspruch der Annahme – erforderlich, daß das Kind sich der Namensbestimmung durch entsprechende Erklärung gegenüber dem Vormundschaftsgericht anschließt, vorausgesetzt, das Kind hat das 5. Lebensjahr vollendet (§ 1757 Abs. 2 S. 2 BGB). Bis zur Vollendung des 5. Lebensjahres erfordert die Namensbestimmung der Annehmenden keine Erklärung dieses Kindes. Hier folgt der Name des Kindes ohne weitere Erklärung dem Namen der Adoptiveltern.

Altersgrenzen

Ab Vollendung des 14. Lebensjahres kann das Kind die fragliche Erklärung nur noch selbst abgeben, bedarf hierzu aber der Zustimmung seines gesetzlichen Vertreters (§ 1757 Abs. 2 S. 2 i.V.m. § 1617 c Abs. 1 S. 2 BGB).

Nach Vollendung des 5., jedoch vor Vollendung des 14. Lebensjahres wird die Erklärung des Kindes von seinem gesetzlichen Vertreter abgegeben. Das gleiche gilt für das geschäftsunfähige Kind, für das der gesetzliche Vertreter ebenso handelt.

Sämtliche Erklärungen sind gegenüber dem Vormundschaftsgericht abzugeben und öffentlich zu beglaubigen (§31 a Abs. 1 PStG bzw. §36 ff. BeurkG).

Vornamensänderung

Soweit es um die gewünschte Änderung des Vornamens oder die Anfügung weiterer Vornamen des Kindes geht (§1757 Abs. 4 S. 1 Nr. 1 BGB), ist darauf zu achten, daß die Änderung oder Anfügung des Vornamens dem Kindeswohl entspricht. Dabei ist von entscheidender Bedeutung, inwieweit das Kind sich mit dem alten bzw. dem neuen Vornamen identifizieren kann und will.

Sonderregelungen beim Familiennamen des Kindes

Soll dem neuen Familiennamen des Kindes sein bisheriger Familienname vorrangestellt oder angefügt werden, ist dies nur zulässig, soweit dies aus schwerwiegenden Gründen des Kindeswohls erforderlich ist (§1757 Abs. 4 S. 1 Nr. 2 BGB). Die entscheidenden Abwägungskriterien dürften sich auf dem Hintergrund der Annahmeumstände ergeben, die eine entsprechende Verfahrensweise aus objektiven Kriterien nahelegen. In letzterem Falle stimmt für das noch nicht 14 Jahre alte oder geschäftsunfähige Kind nur sein gesetzlicher Vertreter zu, das über 14 Jahre alte Kind erteilt die Einwilligung nur selbst, jedoch mit Zustimmung seines gesetzlichen Vertreters (§1746 Abs. 1 S. 2 u. S. 3 BGB).

Antrag und Einwilligung bedürfen notarieller Beurkundung, obwohl das Gesetz hierzu schweigt; ohnehin empfiehlt es sich – ungeachtet der sprachlichen Differenzierungen im Gesetz (Familiennamensbestimmung: vor dem Ausspruch der Annahme, §1757 Abs. 2 S. 1 BGB sowie Vornamensänderung bzw. Familiennamenanfügung: mit dem Ausspruch der Annahme, §1757 Abs. 4 S. 1 BGB) die maßgeblichen Erklärungen und Einwilligungen mit dem Annahmeantrag möglichst zu verbinden.

d) Sonderfall

Tipp
Verheiratetes Adoptivkind

Ist das anzunehmende Kind verheiratet, gilt für den Ehenamen des verheirateten Kindes und dessen Ehegatten eine Sonderregelung. Nur dann, wenn auch der Ehegatte sich der Namensänderung vor Ausspruch der Annahme mit einer ausdrücklichen Erklärung gegenüber dem Vormundschaftsgericht angeschlossen hat, erstreckt sich die Änderung des Geburtsnamens des Kindes auf den Ehenamen (§ 1757 Abs. 3 S. 1 BGB). Dieser Ausnahmefall ist allerdings lediglich dann gegeben, wenn das Familiengericht einem noch nicht 18-jährigen, aber schon 16-jährigen eine Befreiung von der Ehemündigkeit erteilt hat (§ 1303 Abs. 2 u. Abs. 1 BGB). Wird ein solches verheiratetes Kind, das mit seinem Ehegatten zudem einen Ehenamen führt, angenommen, bedarf es verständlicherweise einer Ausnahmeregelung bzgl. dieses Ehenamens. Schließt sich der Ehegatte der Namensänderung daher nicht an, ändert sich nur der Geburtsname des angenommenen Kindes in den Familiennamen des Annehmenden, der Ehename des angenommenen Kindes bleibt also bestehen. Die Erklärung des Ehegatten bedarf wiederum der öffentlichen Beglaubigung.

2. Prüfungspflichten des Gerichts

Voraussetzungen der Annahme

Bevor das Gericht den Annahmebeschluß erläßt, hat es die materiellen und formellen Voraussetzungen für die Annahme zu prüfen.

a) Der Amtsermittlungsgrundsatz

Pflichtgemäßes Ermessen

Für das gesamte Verfahren gilt der Grundsatz der Amtsermittlung (§ 12 FGG). Danach hat das Gericht von Amts wegen die zur Feststellung der Tatsachen erforderlichen Ermittlungen zu treffen und die objektiv in Betracht kommenden Beweise zu erheben. Das Gericht erfaßt damit nach pflichtgemäßem Ermessen alle für seine Entscheidung maßgeblichen Umstände.

b) Die Erkenntnisquellen des Gerichts

§§

Die mit weitem Abstand wichtigste und wohl entscheidende Erkenntnisquelle ist für das Gericht die gesetzlich vorgeschriebene Einholung einer gutachtlichen Äußerung der zuständigen Adoptionsvermittlungsstelle – zumeist angesiedelt beim Jugendamt – (§ 56 d FGG). Das Gesetz schreibt insoweit vor, daß diejenige Adoptionsvermittlungsstelle, die das Kind vermittelt hat, sich dazu gutachtlich äußern muß, ob das Kind und die Familie des Annehmenden für die Annahme geeignet sind (§ 56 d S. 1 FGG). Soweit keine Adoptionsvermittlungsstelle in dem vorbeschriebenen Sinne tätig geworden ist, muß das Gericht zumindest eine gutachtliche Stellungnahme des zuständigen Jugendamtes oder »einer« Adoptionsvermittlungsstelle einholen (§ 56 d S. 2 FGG).

Gutachtliche Äußerung der Adoptionsvermittlungsstelle

Die zwingend einzuholende »gutachtliche Äußerung« – also nicht nur »Stellungnahme« – muß Überlegungen und Abwägungen enthalten, die in aller Regel selbstverständlich auch in einen entsprechenden Vorschlag münden. Die Verpflichtung des Gerichts, eine solche gutachtliche Äußerung einzuholen, korrespondiert mit der Pflicht der Adoptionsvermittlungsstelle, eine solche Äußerung auch abzugeben (§ 49 Abs. 1 Nr. 1 bzw. 49 Abs. 2 FGG i.V.m. § 50 Abs. 2 SGB VIII).

Besondere Sachkunde

Da das Vormundschaftsgericht regelmäßig nicht über die besondere Erfahrung bzw. die besondere Sachkunde der Mitarbeiter der Adoptionsvermittlungsstellen verfügt und auch von der Ausbildung her nicht verfügen kann, wollte der Gesetzgeber die fachliche Kompetenz der Adoptionsvermittlungsstellen für die gerichtliche Entscheidung nutzbar machen, um das Annahmeverfahren wegen seiner Tragweite weitestgehend abzusichern. Nicht zuletzt deshalb hat der Gesetzgeber an die Qualifikation der Mitarbeiter von Adoptionsvermittlungsstellen das Erfordernis geknüpft, daß mit der Adoptionsvermittlung nur Fachkräfte betraut werden dürfen, die dazu aufgrund ihrer Ausbil-

Fähigkeit zu gezielter Gesprächsführung

dung und ihrer beruflichen Erfahrung geeignet sind (§ 3 S. 1 AdVermiG). Der Gesetzgeber sah sich hierzu mit Rücksicht darauf veranlaßt, daß die Adoptionsvermittlung eine schwierige und komplexe Aufgabe der Jugendhilfe sei, die neben vielfältigen Kenntnissen im sozialen, psychologischen, pädagogischen und juristischen Bereich namentlich auch die Fähigkeit zu gezielter Gesprächsführung, zu sachgerechter Beurteilung der Motivation der Adoptionsbewerber und fachliches Verständnis bzw. Intuition für die Probleme der leiblichen Eltern einschließlich sachkompetenter Bewertung bestehender Konfliktlagen verlange, so daß man diesem Arbeitsgebiet ohne entsprechende Ausbildung und ohne besondere berufliche Erfahrung nicht gerecht werden könne. Anlaß und Vorbild für die Festschreibung der fachlichen Qualifikation war darüberhinaus gerade auch das schon erwähnte Europäische Übereinkommen über die Adoption von Kindern, das festlegt, daß die fraglichen Ermittlungen von »Fürsorgern« durchzuführen seien, die infolge ihrer Ausbildung oder ihrer Erfahrung dazu befähigt sind (Art. 9 Abs. 3 EuropÜbereink).

Im Ergebnis stellt die gutachtliche Äußerung der Adoptionsvermittlungsstelle die wesentliche Grundlage für die vormundschaftsgerichtliche Prüfung dar, ob die Voraussetzungen der Annahme vorliegen, also, ob die Annahme dem Wohl des anzunehmenden Kindes dient und ob zwischen dem Kind und dem Annehmenden ein Eltern-Kind-Verhältniss entstanden oder zumindest mit Gewißheit zu erwarten ist (§ 1741 Abs. 1 S. 1 BGB).

Ausländisches Kind

Besitzt der Adoptionsbewerber oder das Kind eine ausländische Staatsangehörigkeit, hat die Adoptionsvermittlungsstelle von Beginn der Vermittlung an die zuständige Zentrale Adoptionsvermittlungsstelle des Landesjugendamtes zu beteiligen, die ihrerseits vom Vormundschaftsgericht zusätzlich, also neben der gutachtlichen Äußerung der Adoptionsvermittlungsstelle, anzuhören ist (§ 49 Abs. 2 S. 1 FGG i.V.m. § 11 As. 2 AdVermiG).

c) Die Anhörung des Kindes bei Gericht

Eine weitere – u. U. wichtige – Erkenntnisquelle bietet die gesetzlich vorgeschriebene Anhörung des Kindes. So ist in einem Verfahren über die Annahme eines Minderjährigen als Kind in der Regel dessen Anhörung verpflichtend vorgesehen (§55 c i.V.m. §50 d Abs. 1 u. Abs. 2 S. 1 u. Abs. 3 FGG).

aa) Formelle Voraussetzungen und Fragen

Ausnahme von der Anhörung

Formell bedeutet dies, daß das anzunehmende Kind, soweit es das 14. Lebensjahr vollendet hat, vom Vormundschaftsgericht stets, mithin grundsätzlich, angehört wird (§50 b Abs. 2 S. 1 FGG); eine Ausnahme hiervon läßt das Gesetz nur aus schwerwiegenden Gründen zu (§50 b Abs. 3 FGG). Entscheidend ist insoweit allein das Kindeswohl. Ist eine gerichtliche Anhörung für das anzunehmende Kind daher seelisch oder gesundheitlich abträglich, kann seine Anhörung entfallen.

Pflichtgemäßes Ermessen des Vormundschaftsgerichts

Hat das Kind das 14. Lebensjahr noch nicht vollendet, so bedeutet dies nicht, daß das Vormundschaftsgericht auf die Anhörung deshalb verzichten könnte. Es hat vielmehr nach pflichtgemäßem Ermessen zu prüfen, ob in Anbetracht des Alters des Kindes und des von dem Kind zu erfassenden Sachverhaltes (Annahme als Kind) eine richterliche Anhörung diejenigen Erkenntnisse verschaffen kann, die sie verschaffen soll. Das Gesetz schreibt nämlich grundsätzlich – also auch für den Fall des noch nicht 14 Jahre alten Kindes – die richterliche Anhörung vor, wenn die Neigungen und Bindungen oder der Wille des Kindes für die Entscheidung von Bedeutung sind oder wenn es zur Feststellung des Sachverhaltes angezeigt erscheint, daß das Gericht sich von dem Kind einen unmittelbaren Eindruck verschafft (§50 b Abs. 1 FGG), was das Gesetz bei einer Annahme als Kind prinzipiell unterstellt (§55 c FGG).

bb) Inhaltliche Ausgestaltung der Anhörung

Persönliche Gestaltung der Anhörung

Inhaltlich hat die Anhörung des Kindes zum Ziel, dem Vormundschaftsgericht einen persönlichen Eindruck von der beabsichtigten Adoption zu verschaffen. Die Anhörung stellt in ihrer vom Gericht frei bestimmbaren Form eine kindgerechte Mitwirkung des Kindes in seinen eigenen Angelegenheiten dar und sollte damit auch in diesem Sinne ausgestaltet sein: Vermittlung von Verständnis und Nähe zwischen Gericht und Kind, Aufgeschlossenheit gegenüber kindlichem oder jugendlichem Sprachgebrauch – ohne kumpelhafte Annäherung – und insgesamt eine positive menschliche Haltung für die anstehende wichtige, die Zukunft des Kindes prägende Entscheidung. Auf der Grundlage dieser Atmosphäre ist die Feststellung zu treffen, ob das Kind selbst die Annahme als für sich »kindeswohldienlich« empfindet sowie, ob insoweit ein faktisches »Eltern-Kind-Verhältnis« festzustellen ist oder sich ein solches mit Gewißheit abzeichnet oder entwickeln wird. Diese Abklärung dürfte im eigentlichen Sinne gemeint sein, wenn das Gesetz nur allgemein von »Neigungen, Bindungen und Wille des Kindes für die Entscheidung« spricht (§ 50 b Abs. 1 FGG).

Schutz der Pflegekinder

Kann das Kind den Vorgang der Annahme inhaltlich noch gar nicht erfassen, wird das Vormundschaftsgericht nach Absprache und Abklärung mit der Adoptionsvermittlungsstelle den Umfang der Anhörung entsprechend anderweit festlegen.

cc) Anhörung der Adoptiveltern

Da das anzunehmende Kind sich in aller Regel in Adoptionspflege befindet, ist auch eine Anhörung der Adoptiveltern – also der Adoptivpflegeeltern – vorzunehmen, auch wenn das Gesetz dies – unverständlicherweise – in dieser Deutlichkeit nicht vorschreibt (§ 50 c FGG). Letztlich dient die vorgenannte Bestimmung dem Schutz von Pflegekindern, wobei ihr Ziel darin liegt, die mit der Herausnahme

Eltern-Kind-Verhältnis

eines Kindes verbundenen Gefahren für das Kindeswohl durch Anhörung auch der Pflegeeltern abzuklären. Andererseits sind gerade die Pflegeeltern – damit erst recht die Adoptivpflegeeltern – mit den gesamten entscheidungserheblichen Umständen, z. B. über die Entwicklung des Eltern-Kind-Verhältnisses und die aktuelle Entwicklung des Adoptivkindes am besten vertraut, so daß das Vormundschaftsgericht sich diese Erkenntnisse für seine Entscheidung zwingend verschaffen muß.

I. Ü. dürfte sich die Notwendigkeit der Anhörung des Annehmenden – ungeachtet des § 50 c FGG – aber insbesondere aus dem Amtsermittlungsgrundsatz (§ 12 FGG) selbst ergeben, schließlich aus einer analogen Anwendung der Anhörungsvorschriften im Falle der Aufhebung eines Annahmeverhältnisses (§ 56 f Abs. 1 FGG), wobei ebenfalls die Erörterung durch das Gericht unter Hinzuziehung des Annehmenden, des Kindes und des Jugendamtes vorgesehen ist.

dd) Anhörung weiterer Personen

Darüberhinaus sind grundsätzlich auch solche Personen und Beteiligte anzuhören, die bei der Annahme des Kindes betroffen sind – Grundsatz des rechtlichen Gehörs (Art. 103 Abs. 1 GG). Hierzu zählen namentlich die Kinder des Annehmenden, die die Gelegenheit haben müssen, sich im Verfahren zur Annahme eines Kindes durch ihre Eltern zu äußern. Anderenfalls können ihre Interessen (§ 1745 BGB) nicht hinreichend oder angemessen berücksichtigt werden. Gleiches gilt zweifelsohne auch für die Kinder des Anzunehmenden, vorausgesetzt, daß aufgrund der Umstände und des Alters der Kinder eine Anhörung sinnvoll erscheint.

Sonstige Familienangehörige

Ferner kommen – je nach Sachlage – für die Anhörung durch das Vormundschaftsgericht ggfls. auch sonstige Familienangehörige oder Verwandte und Vertrauenspersonen des Kindes bzw. zukünftige Großeltern in Betracht.

d) Weiteres Prüfungsverfahren

Bevor das Vormundschaftsgericht die Annahme als Kind durch Beschluß ausspricht, prüft es weiterhin, ob die gesetzlich vorgeschriebenen Formalitäten erfüllt sind. Neben den bereits erörterten Einwilligungen sowie der Beachtung der Alterserfordernisse bzw. der Mindestaltersgrenzen sind die Einkommensverhältnisse des Annehmenden, seine gesundheitliche Konstitution (Krankheiten bzw. Behinderungen) sowie das Vorhandensein von Vorstrafen sicher abzuklären.

Unbeschränkte Auskunft aus dem Bundeszentralregister

Der Annehmende hat daher Nachweise über seine Einkommensverhältnisse zu erbringen – ggfls. vielleicht auch seine Vermögensverhältnisse allgemein zu offenbaren –, Gesundheitszeugnisse bzw. polizeiliche Führungszeugnisse oder Strafregisterauskünfte vorzulegen. Dabei obliegt die Aufgabe der Beschaffung dieser Unterlagen allein dem Annehmenden. Die Adoptionsvermittlungsstelle sollte allenfalls bei der Benennung der fraglichen Behörden behilflich sein. Sind die fraglichen Auskünfte bzw. Zeugnisse nicht aussagekräftig, so z. B. beim polizeilichen Führungszeugnis, besteht für das Vormundschaftsgericht von Amts wegen die Möglichkeit, eine unbeschränkte Auskunft aus dem Bundeszentralregister einzuholen (§§ 31 ff., 41 Abs. 1–5 BZRR). Ist die gesundheitliche Situation des Annehmenden nicht hinreichend abgeklärt, ist er ggfls. anzuhalten, einer amtsärztlichen Untersuchung zuzustimmen und das Ergebnis dem Vormundschaftsgericht bzw. der Adoptionsvermittlungsstelle zu offenbaren.

Schließlich ist festzustellen, ob die Geburtsurkunden des Annehmenden und des anzunehmenden Kindes, die entsprechenden Heiratsurkunden und Staatsangehörigkeitszeugnisse vorliegen. Ggfls. ist auch eine Rückfrage bei den entsprechenden gerichtlichen Abteilungen erforderlich, ob der Annehmende etwa eine eidesstattliche Versicherung abgegeben hat bzw. ob in der Vormundschaftsabteilung oder Familienabteilung Vorgänge bzgl. des Annehmenden vorhanden sind (z. B. Anordnung einer Betreuung, früherer Sorgerechtsentzug o. ä.).

3. Der Annahmebeschluß

a) Verfahren bei stattgebendem Beschluß

Namensänderung beantragt?

Sind die erörterten notwendigen Feststellungen getroffen und hat das Vormundschaftsgericht die entsprechende Überzeugung gewonnen, wird die Annahme als Kind ausgesprochen (§1752 Abs. 1 BGB) und zugleich eine etwaige beantragte Namensänderung (§1757 Abs. 2–5 BGB) - neben dem ohnehin abzuändernden Geburtsnamen (§1757 Abs. 1 BGB) - vorgenommen.

Der Beschluß über die Annahme als Kind gibt grundsätzlich die Gesetzesvorschriften an, auf die sich die Annahme gründet (§56 e S. 1 FGG). Dabei enthält der Beschluß ausdrücklich auch die Angabe, wenn eine elterliche Einwilligung wegen dauernder Geschäftsunfähigkeit bzw. dauernd unbekannten Aufenthaltes nicht für erforderlich erachtet wurde (§56 e S. 1 FGG i.V.m. §1747 Abs. 4 BGB).

Der Hinweis auf die angewandten Rechtsvorschriften ist keine Förmelei: Er hat seinen Grund in den unterschiedlichen Rechtswirkungen, die durch eine Annahme als Kind eintreten können (vgl. z. B. die Annahme des Stiefkindes durch den Ehegatten des Elternteils, §1756 BGB). Für die Feststellung der fehlenden elterlichen Einwilligung ist die Angabe im Beschluß deshalb erforderlich, weil die fehlende elterliche Einwilligung grundsätzlich einen Aufhebungsgrund für das Annahmeverhältnis darstellen kann (§1760 Abs. 1 u. 5 BGB).

Wirksamkeit des Beschlusses

Der stattgebende Beschluß wird mit Zustellung an den Annehmenden wirksam (§§16 Abs. 1, 56 e S. 2 FGG) und ist unanfechtbar (§56 e S. 3 FGG). Darüberhinaus ist dieser Beschluß auch dem Kind bzw. seinem gesetzlichen Vertreter bekanntzumachen (§16 Abs. 2 S. 2 u. Abs. 3 FGG). Der weitere Hinweis im Gesetz (§56 e S. 2 FGG), wonach das Gericht den Beschluß nicht ändern kann, bedeutet letztlich, daß der Beschluß auch für das Gericht von Amts wegen keiner inhaltlichen Änderung mehr zugänglich ist. Er ist und bleibt – bis auf Ausnahmen – für alle Gerichte der freiwilligen Gerichtsbarkeit, ebenso für die Behörden (z. B. Standesamt) bindend.

Die Unanfechtbarkeit bezieht sich nach allgemeiner Auffassung jedoch nicht auf eine Entscheidung hinsichtlich der Namensänderung, soweit diese vor Ausspruch der Annahme beantragt war. Sind also Entscheidungen in namensrechtlicher Hinsicht (§1757 Abs. 2 BGB) unterlassen worden oder aber dem Antrag auf Namensänderung nicht entsprochen worden, sind entsprechende Änderungen durch das Vormundschaftsgericht im nachhinein durch Berichtigung oder Ergänzung möglich, bzw. auf die Beschwerde hin abänderbar (§§19 Abs. 1 i.V.m. 56 e FGG).

b) Zurückstellung der Entscheidung

Verlängerung der Adoptionspflegezeit

Ist die positive Entscheidung – Ausspruch der Annahme als Kind – noch nicht möglich, sei es, weil die formellen Voraussetzungen – noch – nicht vorliegen oder sei es, daß weitere Prüfungen bzw. Überlegungen anzustellen sind, sei es, daß der Adoptionsvermittlungsstelle eine Verlängerung der Adoptionspflegezeit sinnvoll erscheint, wird die Entscheidung über den Annahmeantrag zurückgestellt, wobei jedoch die zeitlich begrenzte Wirksamkeit der elterlichen Einwilligungserklärungen zu beachten ist (§1750 Abs. 4 BGB).

c) Sonderfall: Tod des Annehmenden

Ein weiteres Sonderproblem kann sich für den Fall ergeben, daß der Annehmende während des Annahmeverfahrens stirbt. Im Gegensatz zu der Regelung, daß nach dem Tod des Kindes ein Ausspruch der Annahme nicht mehr erfolgen kann (§1753 Abs. 1 BGB), ist ein Ausspruch der Annahme nach dem Tod des Annehmenden jedoch zulässig, falls der Annehmende den Annahmeantrag bereits beim Vormundschaftsgericht eingereicht hat oder den mit der notariellen Beurkundung betrauten Notar damit beauftragt hat, den Antrag einzureichen (§ 1753 Abs. 2 BGB). Der Gesetzgeber hielt es ausdrücklich sachlich für geboten, den Ausspruch einer kindeswohldienlichen Annahme auch noch nach dem Tod eines Annehmenden zuzulassen. Dabei hatte der Gesetzgeber die Fallgestaltung vor Augen, daß ein Kind bereits in eine neue Familie integriert ist und dann – nachdem der Annahmeantrag gestellt ist – z. B. der Ehegatte des Annehmenden stirbt. Dann entspreche es, so der Gesetzgeber, den inzwischen eingetretenen tatsächlichen Verhältnissen, wenn das Kind zum Kind des Ehepaares werde, das gemeinsam die Annahme beantragt habe. Für den erörterten Fall regelt das Gesetz sogleich, daß die Wirkung einer solchen Annahme der einer Annahme gleichsteht, die vor dem Tode des Annehmenden erfolgt wäre (§ 1753 Abs. 3 BGB).

Integration des Kindes in neue Familie

Die Wirksamkeit des Annahmebeschlusses tritt in dem Fall, daß der Annehmende stirbt, mit der Zustellung nur an das Kind (§ 56 e S. 2 FGG) ein, genaugenommen selbstverständlich an dessen gesetzlichen Vertreter. War eine gemeinsame Annahme – durch Eheleute – beantragt und stirbt einer von ihnen, bedarf es weiterhin zur Wirksamkeit des Annahmebeschlusses der Zustellung an den überlebenden Ehegatten.

d) Ablehnung des Annahmeantrages

Kann dem Annahmeantrag – in der Regel nach entsprechender gutachtlicher Stellungnahme der Adoptionsvermittlungsstelle – definitiv nicht stattgegeben werden, muß der Annahmeantrag durch Beschluß zurückgewiesen werden. Der zu begründende Beschluß wird durch Bekanntgabe an den Antragsteller wirksam (§ 16 Abs. 1 FGG), es bedarf insoweit also, entgegen einem stattgebenden Annahmebeschluß, keiner Zustellung.

Der zurückweisende Beschluß ist mit einfacher Beschwerde (§ 19 FGG) anfechtbar. Ein Beschwerderecht besteht nur für den Antragsteller, also den Annehmenden (§ 20 Abs. 2 FGG), nicht jedoch für das minderjährige Kind.

Einwilligungserklärung der Eltern wird kraftlos

Zu beachten ist, daß die Einwilligungserklärungen des Elternteils, des Kindes und des Ehegatten im Falle einer Ablehnung der Annahme kraftlos werden (§ 1750 Abs. 4 S. 1 BGB). Damit enden auch zugleich die mit einer wirksamen elterlichen Einwilligung verbundenen Rechtsfolgen (§ 1751 Abs. 1 u. Abs. 4 BGB). Als Konsequenz dieser Rechtsfolge muß das Vormundschaftsgericht die elterliche Sorge wieder auf den Elternteil zurückübertragen, allerdings nur nach Prüfung, ob dies dem Wohl des Kindes nicht widerspricht (§ 1751 Abs. 3 BGB). Zu dieser Entscheidung hört das Vormundschaftsgericht wiederum das Jugendamt (Adoptionsvermittlungsstelle bzw. Sozialdienst) an. Je nach Sachlage wird dabei zu überlegen sein, ob nicht eher ein neuer Vormund zu bestellen ist oder ob nicht eine Adoption durch andere Annahmewillige in Betracht zu ziehen ist. Da die ursprüngliche Einwilligung der Eltern des Kindes in der Regel nur für die zuvor geplante Adoption bzw. die zunächst in Aussicht genommenen Annehmenden abgegeben war und wirksam ist, bedarf es für eine erneute Adoption wiederum einer erneuten Einwilligung der Eltern.

4. Die Rechtsfolgen der Annahme im einzelnen

a) Nochmals: Die rechtliche Stellung des Kindes und die sorgerechtlichen Konsequenzen

z.B.

Nimmt ein Ehepaar ein Kind an, so erlangt das Kind die rechtliche Stellung eines gemeinschaftlichen Kindes (§ 1754 Abs. 1 BGB). Das gleiche gilt, wenn ein Ehegatte ein Kind des anderen Ehegatten annimmt. Erfolgt die Annahme durch eine Person allein – gemeint ist hier auch die Annahme in dem Sonderfall der Annahme durch einen Ehegatten allein (§ 1741 Abs. 2 S. 4 BGB) –, erlangt das Kind die rechtliche Stellung eines Kindes des Annehmenden (§ 1754 Abs. 2 BGB).

Sorge rechtliche Konsequenzen

Die mit der Adoption verbundenen sorgerechtlichen Konsequenzen (§ 1754 Abs. 3 BGB) wurden bereits an anderer Stelle dargestellt (vgl. S. 44, 46, 51). Wie darüberhinaus ebenfalls schon erörtert, hatten bereits mit der Einwilligung des Elternteils in die Annahme bis zum Ausspruch der Adoption bestimmte Rechte und Pflichten, u. a. das Sorgerecht, geruht (§ 1751 Abs. 1 S. 1).

b) Grundsatz der Volladoption

§§

Volle Eingliederung des Kindes

Durch den Ausspruch der Annahme wird die Gleichstellung des angenommenen Kindes mit einem leiblichen Kind des Annehmenden vollzogen. Die hiermit verbundene volle Eingliederung des Kindes in seine neue Familie unter gleichzeitiger Herauslösung aus den alten Familienbeziehungen versteht sich als sog. Volladoption. In diesem Zusammenhang spricht man auch von einer (Minderjährigen-)Adoption mit »starken« Wirkungen – im Gegensatz zur (Volljährigen-)Adoption mit »schwachen« Wirkungen (zur Volljährigen-Adoption vgl. später S. 204 ff.).

Adoptivkind und Verwandte des Annehmenden

Durch die neu geschaffene Rechtsbeziehung zwischen Adoptivkind und Adoptiveltern wird nicht nur die Verwandtschaft zwischen ihnen selbst, sondern auch zu den Verwandten des Annehmenden, also seinen Eltern, Geschwistern und Abkömmlingen sowie weiteren Adoptiv kindern, darüberhinaus zwischen dem Annehmenden und den Abkömmlingen des anzunehmenden Kindes hergestellt (§ 1754 BGB). Im Gegenzug erlischt das Verwandtschaftsverhältnis des angenommenen Kindes und seiner Abkömmlinge zu den bisherigen Verwandten (§ 1755 BGB).

c) Weitere Einzelheiten

Erklärtes Ziel der Volladoption ist das völlige Erlöschen des Verwandtschaftsverhältnisses des Kindes und seiner Abkömmlinge zu seinen bisherigen Verwandten; zugleich enden auch die sich hieraus ergebenden, prinzipiell mit einer Verwandtschaft verbundenen Rechte und Pflichten

(§ 1755 Abs. 1 S. 1 BGB). Gemeint sind hier in erster Linie Unterhaltsrechte und Erbrechte.

§§

Stiefkindadoption

Eine sachlich gebotene Ausnahme regelt das Gesetz für den Sonderfall der Stiefkindadoption (§ 1755 Abs. 2 BGB). Hier ist das Erlöschen des Verwandtschaftsverhältnisses entsprechend dem Sinn und Zweck einer solchen Annahme auf die Verwandtschaft zum anderen Elternteil – gemeint ist also der mit dem Annehmenden nicht verheiratete Elternteil – und dessen Verwandten gewollt und beschränkt.

Durch die Kindschaftsrechtsreform 1998 bezieht sich ein Erlöschen des Verwandtschaftsverhältnisses auch auf den Vater oder die Mutter eines vormals ehelichen Stiefkindes, seitdem die Bestimmung (§ 1755 Abs. 2 BGB) alle, also eheliche wie nichteheliche Kinder des Ehegatten – des Annehmenden – betrifft.

Erlöschen der Unterhaltsansprüche

Durch die Annahme erlischt ferner, ohne daß das Gesetz dies ausdrücklich hervorhebt, der Unterhaltsanspruch des Kindes gegen seine Eltern bzw. gegen die gesamten früheren Verwandten – und ebenso der der Eltern (und Verwandten) gegen das Kind. Dabei ist erneut darauf hinzuweisen, daß die leiblichen Eltern des Kindes nach ihrer Einwilligung in die Annahme und mit Beginn der Adoptionspflege ohnehin nur noch nachrangig unterhaltspflichtig sind (§ 1751 Abs. 4 S. 1 BGB).

Sozialleistungen

Eine Ausnahme von dem zuvor erörterten Grundsatz enthält das Gesetz jedoch für bis zur Annahme bereits entstandene Ansprüche des Kindes »insbesondere auf Renten, Waisengeld und andere entsprechende wiederkehrende Leistungen« (§ 1755 Abs. 1 S. 2 BGB). Diese Sozialleistungen – gleichgültig, ob sie auf öffentlichem oder privatem Recht beruhen – hat der Gesetzgeber dem Adoptivkind bewußt erhalten wollen, allerdings unter der ausdrücklichen Hervorhebung, daß dies nicht für Unterhaltsansprüche gilt (§ 1755 Abs. 1 S. 2 BGB): Letztere erlöschen mithin

»ohne wenn und aber«. Sind andererseits aber Unterhaltsabfindungen gewährt oder vertraglich bindend vereinbart worden, bleiben sie dem Kind erhalten.

Keine strikte Durchführung der Volladoption

Der Gesetzgeber war sich bei dieser Regelung u. a. der Tatsache bewußt, daß die strikte Durchführung der Volladoption im Bereich des Sozialrechtes zu mancherlei Unausgewogenheiten führe, was sich im Ergebnis für die Adoptionspraxis als hinderlich herausstellen könne.

d) Erbrechtliche Folgen

Erlöschen des Erbrechts

Da durch die Annahme als Kind ein neues umfassendes Verwandtschaftsverhältnis zwischen dem Annehmenden einschließlich seiner Verwandten und dem Kind begründet wird (§ 1754 Abs. 1 u. Abs. 2 BGB), führt dies im Gegenzug zum entsprechenden Erlöschen des Verwandtschaftsverhältnisses hinsichtlich der bisherigen Verwandten (§ 1755 Abs. 1 BGB). Konsequenterweise erlischt auch das gesetzliche Erbrecht zwischen den genannten Personen und Personenkreisen.

e) Ausnahmen: Kind des Ehegatten bzw. Kind von Verwandten

Eine Ausnahme gilt, wie bereits erwähnt, für den Fall der Annahme eines Kindes des Ehegatten (§ 1755 Abs. 2 BGB).

z.B.

Sonderfälle

Darüberhinaus sieht das Gesetz für eine Adoption unter Verwandten eine weitere Ausnahme vor (§ 1756 BGB). Sind die Annehmenden mit dem Kind im zweiten oder dritten Grad (z. B. also als Großeltern, Geschwister bzw. Onkel, Tanten) verwandt, so erlischt nur das Verwandtschaftsverhältnis des Kindes und seiner Abkömmlinge zu den Eltern des Kindes sowie die sich aus ihm ergebenden Rechte und Pflichten (§ 1756 Abs. 1 BGB). In diesen Fällen wird es für ausreichend erachtet, die rechtlichen Beziehungen lediglich zu den leiblichen Eltern erlöschen zu lassen, andererseits jedoch das Verwandtschaftsverhältnis i. Ü.

weiterhin zu erhalten, weil kein besonderer rechtfertigender Grund dafür ersichtlich ist, auch dieses Verwandtschaftsverhältnis aufzulösen.

Kind des verstorbenen Ehegatten

Schließlich enthält das Gesetz für den Fall der Annahme eines Kindes des verstorbenen Ehegatten eine weitere Sonderregelung (§ 1756 Abs. 2 BGB). Nimmt ein Ehegatte das Kind seines verstorbenen Ehegatten an und hatte letzterer die elterliche Sorge für das Kind inne, so wäre kein vernünftiger Grund ersichtlich, das Verwandtschaftsverhältnis zwischen dem Kind und den Verwandten des verstorbenen Elternteils erlöschen zu lassen. Vielmehr bleibt die Verwandtschaft insoweit ausdrücklich bestehen, sofern der Verstorbene die elterliche Sorge für das angenommene Kind – gleichviel, ob alleinige oder gemeinsame elterliche Sorge mit dem anderen leiblichen Elternteil bestand – hatte.

f) Namensrechtliche Konsequenzen

Aus Gründen des Sinnzusammenhangs wurden die namensrechtlichen Konsequenzen für das Adoptivkind bereits an anderer Stelle im einzelnen behandelt (vgl. S. 98 ff.). Abgesehen von der Namensänderung selbst sollen an dieser Stelle noch weitere Gesichtspunkte im Zusammenhang mit der Änderung des Namens erläutert werden.

Randvermerk im Geburtenbuch

Wie dargestellt, erhält das angenommene Kind als Geburtsnamen den Familiennamen des Annehmenden (§ 1757 Abs. 1 BGB). Da das angenommene Kind im Geburtenbuch (Personenstandsbuch) des für den Geburtsort des Kindes zuständigen Standesbeamten mit seinem – ursprünglichen – Geburtsnamen geführt wird (§§ 1 Abs. 2, 2 Abs. 2, 16 PStG), muß der Familienname des Annehmenden, der nunmehr wegen der Adoption als Geburtsname des Kindes gilt (§ 1757 Abs. 1 BGB), mit einem sog. Randvermerk im Geburtenbuch eingetragen werden (§ 30 Abs. 1 S. 1 PStG). Wird eine Geburtsurkunde ausgestellt, die u. a. den Familiennamen des Kindes und der Eltern des Kin-

Abstammungsurkunde

des enthält (§62 Abs. 1 PStG), werden in der Geburtsurkunde des Kindes als Eltern nur die Annehmenden angegeben (§62 Abs. 2 PStG). Für die Abstammungsurkunde des angenommenen Kindes, die allerdings bei der Anmeldung der Eheschließung dem Standesbeamten vorzulegen ist (§5 Abs. 1 PStG), gilt die vorgenannte Regelung ausdrücklich nicht.

Familienbuch

Das angenommene Kind wird ferner in das Familienbuch des Annehmenden eingetragen (§15 Abs. 1 S. 1 Nr. 2 u. Nr. 3 PStG). Im Familienbuch wird dabei zugleich ein Hinweis auf den die Annahme aussprechenden Beschluß vermerkt (§15 Abs. 1 S. 3 PStG).

Tipp

I. Ü. gilt im Falle der Annahme eines Kindes ein besonderer Schutz hinsichtlich der Einsichtsrechte. Insoweit darf lediglich Behörden, dem Annehmenden, dessen Eltern, dem gesetzlichen Vertreter des Kindes und dem über 16 Jahre alten Kind selbst Einsicht in den Geburtseintrag gestattet oder eine Personenstandsurkunde aus dem Geburtenbuch erteilt werden (§61 Abs. 2 S. 1 PStG). Ist das Kind im Famlienbuch der Annehmenden eingetragen, so gilt hinsichtlich des dieses Kind betreffenden Eintrags für die Einsicht in das Familienbuch sowie für die Erteilung einer Personenstandsurkunde aus dem Familienbuch die vorgenannte Bestimmung entsprechend (§61 Abs. 2 S. 2 PStG).

g) Keine Eheschließung zwischen dem Annehmenden und dem angenommenen Kind

Befreiung vom Eheverbot

Ist die Verwandtschaft durch Annahme als Kind begründet worden, soll eine Eheschließung zwischen dem Annehmenden und dem Angenommenen nicht erfolgen (§1308 Abs. 1 S. 1 BGB). Ist das Annahmeverhältnis aufgelöst worden, gilt diese Regelung jedoch nicht (§1308 Abs. 1 S. 2 BGB). Eine Befreiung von diesem Eheverbot ist möglich, wenn lediglich die – auf Annahme beruhende – Verwandtschaft in der Seitenlinie betroffen ist, so daß also eine Befreiung vom Eheverbot zwischen Geschwistern möglich ist (§1308 Abs. 2 S. 1

BGB). Allerdings dürfen auch dann keine wichtigen Gründe einer solchen Ehe entgegenstehen (§ 1308 Abs. 2 S. 2 BGB).

IX. Aufhebung des Annahmeverhältnisses

1. Grundsätzliche Überlegungen und Feststellungen

Eingeschränkte Möglichkeit der Aufhebung der Annahme

Entsprechend dem Wesen der Annahme als Kind, die ein dauerhaftes Eltern-Kind-Verhältnis zum Ziel hat und gerade auf feste und beständige familiäre Bindungen angelegt ist, sind die Möglichkeiten einer Aufhebung der Annahme eingeschränkt.

Der Gesetzgeber hat die Aufhebungsgründe bewußt restriktiv geregelt, um allen Beteiligten vor Augen zu führen, daß das neue Familienverhältnis auf Dauer begründet wird. Insbesondere die Adoptiveltern sollen deshalb wissen, daß die einmal getroffene Entscheidung ähnlich unumkehrbar ist, wie bei Eltern, die leibliche Kinder haben und die sich ebenfalls nicht von ihrem Kind lösen können, gleichviel wie die Entwicklung ihres Kindes verläuft.

Qualität der Vermittlungstätigkeit entscheidend

In der Praxis hat die Aufhebung des Adoptionsverhältnisses an sich keine besondere Bedeutung. Maßgeblich für den Erfolg der Vermittlung scheint eindeutig die Qualität der Vermittlungstätigkeit zu sein. Nur eine fachlich abgesicherte Adoptionsvermittlung – und dies gilt uneingeschränkt und ausnahmslos für alle Adoptionen, einschließlich der Annahme eines Kindes durch einen Stiefelternteil – sichert den größeren Erfolg eines dauerhaften und gedeihlichen Eltern-Kind-Verhältnisses. Dennoch sind – allein schon wegen nicht klar zu prognostizierenden Persönlichkeitsentwicklungen der Beteiligten – nicht alle Risiken auszuschließen.

Die vom Gesetzgeber geforderten qualitativ hohen Handlungsstandards der Adoptionsvermittlungsstelle sind aber insbesondere auch deshalb notwendig, weil die Aufhebung einer Annahme namentlich für das Kind wegen der regelmäßig auszuschließenden Rückkehr in die Herkunftsfamilie zu einer weitaus schwierigeren Lebenssituation führt.

2. Die Möglichkeiten der Aufhebung

Das Gesetz läßt die Aufhebung eines Annahmeverhältnisses nur für zwei grundsätzliche Fallgestaltungen zu (§ 1759 BGB): Die Aufhebung wegen schwerer Mängel bei Begründung des Annahmeverhältnisses (§ 1760 BGB) und die Aufhebung zum Wohl des Kindes (§ 1763 BGB). Dabei ist im erstgenannten Fall eine Aufhebung auch nur auf Antrag vorgesehen und möglich, im letztgenannten Fall erfolgt die Aufhebung von Amts wegen.

a) Aufhebung wegen Verletzung von Mitwirkungsrechten

Schwere Mängel bei Begründung des Annahmeverhältnisses

Ein schwerer Mangel bei Begründung des Annahmeverhältnisses ist gegeben, wenn die Mitwirkungsrechte bestimmter Beteiligter verletzt worden sind. Deshalb sieht das Gesetz die Aufhebung vor, wenn das Annahmeverhältnis entweder ohne Antrag des Annehmenden oder ohne die Einwilligung des Kindes oder ohne die erforderliche Einwilligung eines Elternteils begründet wurde (§ 1760 Abs. 1 BGB). Bei dieser Sachlage ist eine Aufhebung des Annahmeverhältnisses – auf Antrag – möglich (§§ 1760 Abs. 1, 1762 BGB).

Die fehlende Einwilligung eines Ehegatten (§ 1749 BGB) oder die fehlende Zustimmung des gesetzlichen Vertreters zur Einwilligung des Kindes, das das 14. Lebensjahr vollendet hat (§ 1746 BGB), berechtigen also nicht zur Aufhebung der Annahme.

Damit ist die Aufhebung, entsprechend der Intention des Gesetzes, das Annahmeverhältnis nur unter gravierenden Mängeln nicht bestehen zu lassen, auf wenige Fallgestaltungen beschränkt.

b) Aufhebung wegen Erklärungsmängeln

Denkbar ist zudem, daß Antrag und Einwilligung zur Annahme abgegeben wurden, die Wirksamkeit der Erklärung aber wegen eines Willensmangels fraglich erscheint. Um den Bestandsschutz des Annahmeverhältnisses zu erhöhen und um zu verdeutlichen, welche Willensmängel sich nur auf den Bestand des Annahmeverhältnisses auswirken können, hat der Gesetzgeber abschließend konkret die Mängel aufgeführt, die er für so entscheidend hält, daß sie zur Unwirksamkeit der fraglichen Erklärung führen (§ 1760 Abs. 2 Buchst. a) bis e) BGB).

Bewußtlosigkeit, Störung der Geistestätigkeit

Danach ist die Erklärung unwirksam, wenn sie im Zustand der Bewußtlosigkeit bzw. vorübergehender Störung der Geistestätigkeit oder von einem geschäftsunfähigen Antragsteller bzw. von dem geschäftsunfähigen oder noch nicht 14 Jahre alten Kind abgegeben wurde (§ 1760 Abs. 2 Buchst. a) BGB).

Erklärungsirrtum

Ferner liegt ein wesentlicher Mangel vor im Falle eines Erklärungsirrtums, sofern er grundlegende Bedeutung über den Inhalt und die Tatsache der Erklärung bei der Annahme selbst hat (§ 1760 Abs. 2 Buchst. b) BGB). Dabei ist ein Irrtum über persönliche Eigenschaften jedoch grundsätzlich unbeachtlich. Ferner sind Erklärungen unwirksam, soweit sie durch arglistige Täuschung des Erklärenden über wesentliche Umstände bestimmt worden sind (§ 1760 Abs. 2 Buchst. c) BGB) bzw. soweit der Erklärende durch Drohung zur Abgabe der Erklärung veranlaßt wurde (§ 1760 Abs. 2 Buchst. d) BGB). Schließlich ist die Einwilligung unwirksam, sofern die Einwilligung vor Ablauf der 8-wöchigen Sperr- bzw. Schutzfrist erteilt wurde (§ 1760 Abs. 2 Buchst. e) BGB).

c) Antragsberechtigte

Um das Annahmeverhältnis möglichst trotz des bestehenden schweren Mangels bestehenzulassen, kann den Aufhebungsantrag nur derjenige stellen, dessen Erklärung gefehlt hat oder mangelhaft war (§1762 Abs. 1 BGB).Dies gilt selbst dann, wenn ein Ehepaar gemeinsam ein Kind angenommen hat, so daß die Antragsberechtigung auf Aufhebung und die Rechtswirkung der Aufhebung sich nur auf den fraglichen Ehegatten beschränkt (§1764 Abs. 5 i.V.m. Abs. 2 BGB). Gemeint ist also ausschließlich derjenige, der in seinem Recht bei der Begründung des Annahmeverhältnisses verletzt ist. Zugleich kann der diesbezüglich Berechtigte hierauf verzichten oder aber die fehlenden Erklärungen nachholen oder aber zu erkennen geben, daß das Annahmeverhältnis aufrechterhalten bleiben soll (§1760 Abs. 3 BGB).

§§ Rechtswirkung der Aufhebung

Schließlich besteht für den Fall, daß das Gericht bei Ausspruch der Annahme zu Unrecht davon ausgegangen ist, daß ein Elternteil zur Abgabe der Erklärung dauernd außerstande oder sein Aufenthalt dauernd unbekannt ist, die Regelung, daß dieser Elternteil die fragliche Erklärung nachholen oder zu erkennen geben muß, daß das Annahmeverhältnis aufrechterhalten bleiben soll, weil ansonsten ebenfalls das Annahmeverhältnis grundsätzlich aufhebbar sein soll (§1760 Abs. 5 BGB).

Aufenthalt dauernd unbekannt

d) Hindernisse, die einer Aufhebung entgegenstehen

aa) Voraussetzungen zur Ersetzung der elterlichen Einwilligung waren gegeben

Überdies enthält das Gesetz entsprechend seiner Intention, die Bestandskraft des Annahmeverhältnisses möglichst zu schützen, weitere Gründe, die die Aufhebung des Annahmeverhältnisses untersagen. So soll die Annahme als Kind weiterhin nicht aufgehoben werden können, wenn trotz fehlender erforderlicher Einwilligung (§1760 Abs. 1 BGB) oder unwirksamer Einwilligung (§1760 Abs. 2 BGB) die Voraussetzungen für die Ersetzung der Einwilligung beim Ausspruch der Annahme vorgelegen haben oder zum Zeitpunkt der Entscheidung über den Aufhebungsantrag vorliegen (§1761 Abs. 1 BGB).

§§ Bestandskraft des Annahmeverhältnisses

Ersetzung der elterlichen Einwilligung

Damit soll sichergestellt werden, daß es nicht etwa zunächst – wegen fehlender oder unwirksamer Einwilligung eines Elternteils – zur Aufhebung eines Annahmeverhältnisses kommt und anschließend erneut die Annahme ausgesprochen wird, weil die Voraussetzungen für eine Ersetzung der elterlichen Einwilligung vorlagen oder vorliegen. Bei einer solchen Sachlage ist bereits vor der Aufhebung des Annahmeverhältnisses zu prüfen, ob eine Ersetzung der elterlichen Einwilligung möglich war oder ist. In diesem Zusammenhang kommt es dann auch nicht darauf an, ob die Belehrung oder die Beratung durch das Jugendamt erfolgt ist (§ 1761 Abs. 1 i.V.m. § 1748 Abs. 2 BGB), was bei dieser Fallgestaltung ohnehin nicht erfolgt sein wird.

bb) Erhebliche Gefährdung des Kindeswohls

Überwiegende Interessen des Annehmenden

Bedeutsamer erscheint die weitere Regelung, daß das Annahmeverhältnis nicht aufgehoben werden darf, wenn dadurch das Wohl des Kindes erheblich gefährdet würde, es sei denn, daß überwiegende Interessen des Annehmenden die Aufhebung erfordern (§ 1761 Abs. 2 BGB). Auch hier steht das Anliegen im Vordergrund, dem Kind das Eltern-Kind-Verhältnis zu erhalten, weil die Beendigung eines Annahmeverhältnisses das Kindeswohl entscheidend negativ beeinflußt. Dies gilt selbst dann, wenn die Annahme ohne Einwilligung des Elternteils zustande kam. Gefährdet deshalb die Aufhebung das Kindeswohl erheblich, scheidet eine Aufhebung des Annahmeverhältnisses ebenfalls aus, es sei denn, die Interessen des Annehmenden überwiegen bei der Abwägung, ob das Annahmeverhältnis aus Kindeswohlgründen aufrechtzuerhalten oder ob eine solche Situation für den Annehmenden nicht tragbar oder unzumutbar ist.

e) Formalien

Notarielle Beurkundung

Für den Antrag auf Aufhebung ist die notarielle Beurkundung erforderlich (§ 1762 Abs. 3 BGB).

Der weiteren Formulierung des Gesetzes zum Fristbeginn für die Anfechtung bei den unterschiedlichen Anfechtungsgründen (§ 1762 Abs. 2 S. 2 BGB) ist zu entnehmen, daß auch die auf Willensmängeln beruhenden Aufhebungsgründe, die zur Unwirksamkeit der Erklärung führen (§ 1760 Abs. 2 BGB), zu einem Antrag auf Aufhebung des Annahmeverhältnisses berechtigen.

Höchstpersönliches Antragsrecht

Das Antragsrecht selbst ist wiederum höchstpersönlich (§ 1762 Abs. 1 S. 3 BGB). Für das geschäftsunfähige oder das noch nicht 14 Jahre alte Kind und für den geschäftsunfähigen Annehmenden kann der jeweilige gesetzliche Vertreter handeln (§ 1762 Abs. 1 S. 2 BGB). Der beschränkt geschäftsfähige, zur Stellung des Aufhebungsantrages Berechtigte bedarf nicht der Zustimmung seines gesetzlichen Vertreters (§ 1762 Abs. 1 S. 4 BGB).

Fristen

Die Antragsfrist – Ausschlußfrist – beträgt 1 Jahr gerechnet je nach Aufhebungsgrund oder Willensmangel ab dessen Bekanntwerden (§ 1762 Abs. 2 BGB). Allerdings ist grundsätzlich 3 Jahre nach der Annahme eine Aufhebung auf Antrag nicht mehr möglich (§ 1762 Abs. 2 S. 1 BGB). Nach Ablauf dieser Frist ist die antragsgemäße Aufhebung (§ 1762 Abs. 1 BGB) unzulässig, weil nach diesem Zeitablauf davon auszugehen ist, daß das Kind in die Adoptivfamilie derart integriert ist, daß es aus Gründen des Kindeswohls nicht als vertretbar anzusehen ist, ein Annahmeverhältnis wegen formaler, wenn auch schwerwiegender Formfehler aufzuheben.

3. Aufhebung von Amts wegen aus schwerwiegenden Gründen des Kindeswohls

Aufhebung ohne Antrag

Im Gegensatz zur vorerwähnten Möglichkeit, auf Antrag eines bestimmten, sachlich berechtigten Personenkreises das Annahmeverhältnis aufzuheben, kann die Aufhebung darüberhinaus auch von Amts wegen – also ohne Antrag – aus schwerwiegenden Kindeswohlinteressen erfolgen (§ 1763 BGB).

a) Voraussetzungen für die Aufhebung von Amts wegen

Die Auflösung eines Annahmeverhältnisses von Amts wegen aus schwerwiegenden Gründen des Kindeswohls setzt zunächst voraus, daß das Kind noch minderjährig ist.

Schwerwiegende Gründe

Was die schwerwiegenden Gründe anbelangt, so müssen diese im Interesse des Kindeswohls eine Aufhebung notwendig erscheinen lassen, nicht etwa im Interesse des Annehmenden. Damit ermöglicht die Bestimmung also nicht eine Lossagung des Annehmenden von seinem Adoptivkind, weil dieses z. B. eine ungünstige Entwicklung genommen hat oder etwa seinen Erwartungen nicht entspricht und der Annehmende deshalb nicht mehr die Eltern-Kind-Beziehung aufrechterhalten, sondern beendet sehen möchte.

Sexueller Mißbrauch

Akzeptiert sind – entsprechend der gesetzlichen Intention, ein Annahmeverhältnis vom Grundsatz her als dauerhaft und endgültig anzusehen – nur triftige Gründe. Als solche sind z. B. anerkannt: Sexueller Mißbrauch des Adoptivkindes durch den Annehmenden, schweres Vergehen gegen einen Adoptivelternteil und ähnliche gravierende Gründe. Erziehungsdefizite und Kindeswohlgefährdungen, die ein sorgerechtliches Eingreifen des Familiengerichts erforderlich machen (§§ 1666, 1666 a BGB) können eine Aufhebung des Annahmeverhältnisses in der Regel nicht rechtfertigen. Auch die Scheidung und Trennung der Adoptiveltern führt allenfalls lediglich zu sorgerechtlichen Konsequenzen, die Elternschaft der Adoptiveltern bleibt dem Adoptivkind also grundsätzlich erhalten.

b) Weitere Voraussetzung der Aufhebung: Erhalt der Familienbindung

Familienbindung

Die Aufhebung eines Annahmeverhältnisses kommt aber auch dann nur in Betracht, wenn feststeht, daß das Kind nach der Auflösung des Annahmeverhältnisses eine Fami-

Familienverband

lienbindung haben wird, und zwar entweder - im Falle gemeinschaftlicher Annahme durch ein Ehepaar und Aufhebung zu einem Elternteil - zu dem anderen Elternteil (§ 1763 Abs. 2 i.V.m. Abs. 3 Buchst. a) BGB) oder - wieder - zu einem leiblichen Elternteil, vorausgesetzt, daß dieser bereit ist, die Pflege und Erziehung des Kindes zu übernehmen und daß die Ausübung der elterlichen Sorge durch den leiblichen Elternteil dem Kindeswohl nicht widerspricht (§ 1763 Abs. 3 Buchst. a) BGB), oder aber, wenn die Aufhebung konkret eine erneute Adoption ermöglichen soll (§ 1763 Abs. 3 Buchst. b) BGB), mit anderen Worten, daß andere Adoptiveltern für das Kind definitiv zur Verfügung stehen, damit es in diesen Familienverband wechseln kann.

4. Verfahrensrechtliche Fragen

Aufhebungsverfahren

Für das Aufhebungsverfahren erhält das minderjährige Kind, soweit der Annehmende auch sein gesetzlicher Vertreter ist, grundsätzlich einen Verfahrenspfleger. Damit ist sichergestellt, daß die eigentständigen Interessen des Kindes sachgerecht und neutral wahrgenommen werden (§ 56 f Abs. 2 FGG).

Im Rahmen des Aufhebungsverfahrens hat das Gericht den Sachverhalt in einem Erörterungstermin aufzuklären (§ 56 f Abs. 1 FGG). Die Adoptionsvermittlungsstelle wird angehört (§ 49 Abs. 1 Nr. 1 FGG) und zum Erörterungstermin hinzugeladen (§ 56 f Abs. 1 FGG). Beteiligte des Aufhebungsverfahrens sind das Kind selbst, der Annehmende, ggfls. der Antragsteller im Falle einer Aufhebung auf Antrag (§§ 1760, 1762 BGB), sowie die leiblichen Eltern des Kindes.

Zustellung des Beschlusses

Der vormundschaftsgerichtliche Beschluß, durch den das Annahmeverhältnis aufgehoben wird, ist allen Beteiligten zuzustellen (§§ 16 Abs. 2 S. 1, 60 Abs. 1 Nr. 6, 56 f Abs. 3 FGG). Die Wirksamkeit des Aufhebungsbeschlusses tritt erst mit Rechtskraft ein. Funktional zuständig ist der Richter beim Vormundschaftsgericht (§ 14 Nr. 3 f RPflG), es gelten die allgemeinen Zuständigkeitsvorschriften des Annahmeverfahrens (§ 43 b FGG).

5. Die Wirkungen der Aufhebung

a) Grundsatz

Die vom Vormundschaftsgericht zu treffende Entscheidung über die Aufhebung entfaltet Rechtswirkungen grundsätzlich nur für die Zukunft (§ 1764 Abs. 1 S. 1 BGB). Eine für die Praxis unbedeutende Ausnahmeregelung ist für den Fall der Aufhebung nach dem Tod des Annehmenden oder nach dem Tod des Kindes vorgesehen (§ 1764 Abs. 1 S. 2 BGB).

b) Die Auswirkungen der Aufhebung im einzelnen

Rechtsfolgen der Aufhebung

Mit der Wirksamkeit des Aufhebungsbeschlusses erlischt das durch die Annahme begründete Verwandtschaftsverhältnis zwischen dem Kind und seinen Abkömmlingen einerseits sowie Adoptiveltern und Verwandten andererseits (§ 1764 Abs. 2 BGB). Zugleich enden auch die sich daraus ergebenden Rechte und Pflichten - Unterhaltsrechte, Unterhaltspflichten, Erbrechte, Sorgerecht u.s.w. - (§ 1764 Abs. 2 BGB).

Im Gegenzug leben die verwandtschaftlichen Verhältnisse des Kindes und seiner Abkömmlinge zu den leiblichen Verwandten des Kindes, also nicht zu früheren Adoptivverwandten, wieder auf, und zwar einschließlich der sich hieraus ergebenden Rechte und Pflichten (§ 1764 Abs. 3 BGB). Damit wird das Kind rechtlich wieder seiner leiblichen Familie zugeordnet.

Dies gilt jedoch ausdrücklich nicht für den Bereich der elterlichen Sorge (§§ 1764 Abs. 3 i.V.m. Abs. 4 BGB). Insoweit ist - mit Rücksicht auf die Tatsache der Adoption - selbstverständlich zunächst vom Vormundschaftsgericht zu prüfen, ob und inwieweit eine Rückübertragung der elterlichen Sorge auf die leiblichen Eltern, die ja gerade in eine Adoption eingewilligt hatten, zum Wohle des Kindes zu verantworten ist. Kann dies nicht bejaht werden, hat das Vormundschaftsgericht dem Kind einen Vormund oder einen Pfleger zu bestellen (§ 1764 Abs. 4 2. Hs BGB).

Rückübertragung der elterlichen Sorge?

War das Annahmeverhältnis zu einem Ehepaar begründet worden und erfolgt die Aufhebung lediglich zwischen Kind und einem Elternteil, tritt die Wirkung des Erlöschens des Verwandtschaftsverhältnisses nur im Verhältnis zu diesem Elternteil ein, für eine anderweitige Neuregelung der elterlichen Sorge ist dann entsprechend diesem Sonderfall kein Raum (§ 1764 Abs. 5 BGB).

c) Regelungen für den Namen des Kindes

Verlust des Familiennamens

Mit der Aufhebung des Annahmeverhältnisses ist auch der Verlust des Familiennamens des Annehmenden verbunden (§ 1765 Abs. 1 S. 1 BGB). Da das Kind mit der Adoption den Familiennamen des Annehmenden zum Geburtsnamen erhält (§ 1757 Abs. 1 S. 1 BGB), wird ihm dieser Name also aberkannt, so daß das Kind wiederum den Namen seiner leiblichen Eltern erhält.

Für eine solche Regelung besteht naturgemäß kein Anlaß, wenn die Aufhebung im Falle der Annahme als gemeinschaftliches Kind eines Ehepaares (§ 1754 Abs. 1 BGB) nur im Verhältnis zu einem Elternteil erfolgt (§ 1765 Abs. 1 S. 2 BGB): Insoweit verbleibt es bei dem Familiennamen als Geburtsnamen.

Geburtsname und Ehename bei Aufhebung

Darüberhinaus bleibt der Ehename des Kindes unverändert bestehen, wenn der – geänderte – Geburtsname des Kindes zum Ehenamen geworden war (§ 1765 Abs. 1 S. 3 BGB).

Hat das Kind mit der Aufhebung der Adoption jedoch ein berechtigtes Interesse an der Fortführung des Familiennamens, kann das Vormundschaftsgericht auf Antrag des

Erhalt des Familiennamens

Kindes mit der Aufhebung zugleich anordnen, daß das Kind seinen Familiennamen behält (§ 1765 Abs. 2 S. 1 BGB). Ein berechtigtes Interesse ist dann anzunehmen, wenn dem Kind ein Namenswechsel in seiner konkreten Situation (z. B. anstehende erneute Adoption mit ebenfalls erneutem Namenswechsel) nicht zugemutet werden kann.

Für den Fall, daß der durch die Annahme erworbene Name zum Ehenamen geworden war, hat das Vormundschaftsgericht auf gemeinsamen Antrag beider Ehegatten mit der Aufhebung anzuordnen, daß die Ehegatten den ursprünglichen Geburtsnamen, den das Kind vor der Annahme führte, nunmehr als Ehenamen führen (§ 1765 Abs. 3 BGB).

6. Aufhebung des Annahmeverhältnisses wegen Eheschließung zwischen Annehmendem und Kind

§§

Auflösung des Eltern-Kind-Verhältnisses

Kommt entgegen dem gesetzlichen Eheverbot (§ 1308 Abs. 1 BGB) ein Ehe zwischen Annehmendem und Kind bzw. dessen Abkömmling zustande, tritt – im Verhältnis zwischen diesen Eheleuten – mit der Eheschließung kraft Gesetzes eine Aufhebung des Annahmeverhältnisses ein (§ 1766 S. 1 BGB). Dies bedeutet, daß das Verwandtschaftsverhältnis zu den übrigen Mitgliedern der Adoptivfamilie bestehenbleibt, ebenso wie das Erlöschen aller rechtlichen Beziehungen zur leiblichen Familie des Adoptivkindes. Lediglich die Eltern-Kind-Beziehung zwischen Annehmendem und Kind wird aufgelöst, mithin nicht etwa die Annahme als Kind als Folge der Eheschließung insgesamt aufgehoben (§ 1766 S. 3 BGB).

B. Die Annahme eines ausländischen Kindes

I. Überblick

Besitzt ein Adoptionsbewerber oder das Kind eine ausländische Staatsangehörigkeit, spricht man von einer »Adoption mit Auslandsberührung« bzw. von einer »Auslandsadoption«.

Ausländisches Kind und deutsche Annehmende

In diesem Zusammenhang ergeben sich naturgemäß mehrere Fallkonstellationen. An dieser Stelle soll jedoch nur auf die Adoption eines ausländischen, bereits im Inland lebenden Kindes durch deutsche Annehmende eingegangen werden. Eine zusätzliche Abgrenzung von hier oder bereits im Ausland geborenen – ausländischen – Kindern ist für die hier zu erörternden Fragen nicht weiter notwendig. Unterschiedliche Besonderheiten, die sich je nach Sachlage im wesentlichen auf die gesetzliche Vertretung des Kindes beziehen, werden an gegebener Stelle erörtert.

Unterschiedliche landesrechtliche Bestimmungen

Die rechtliche Darstellung anderer Fallgruppen soll nicht zuletzt deshalb unterbleiben, weil die einzelnen landesrechtlichen bzw. bilateralen Bestimmungen zu unterschiedlich bzw. zu komplex sind, um sie einerseits allgemeinverständlich, andererseits aber hinreichend konkret im Sinne der hier vorgenommenen Darstellung anzusprechen.

II. Grundsätzliche Überlegungen

Die Annahme eines ausländischen Kindes, das im Ausland geboren wurde, dort zunächst aufhältig war und mit dem Ziel der Adoption zu deutschen Adoptionsbewerbern gelangt ist, bedarf einiger grundlegender Anmerkungen.

Zunächst ist zu bedenken, daß die deutschen Adoptionsvermittlungsstellen aus eigener Kenntnis und Sachverhaltsprüfung heraus in der Regel keine – an sich unum-

Keine objektive Kindeswohlprüfung

gänglich notwendige – eigenständige Bewertung der Situation des Kindes und damit auch keine objektive Kindeswohlprüfung vornehmen können. Hinzu kommt, daß die umfassenden konkreten Vorüberlegungen und vorsichtigen Kontaktanbahnungen und die sich anschließende gesetzlich erwünschte Adoptionspflegezeit und die damit beabsichtigte Anbahnung des Eltern-Kind-Verhältnisses, das den Verbleib des Kindes in der angestrebten Adoptivfamilie im Ergebnis von der Erfüllung letzter Kriterien abhängig macht, nicht mehr möglich ist. Gerade die wichtige Feststellung und die das Adoptionsrecht beherrschende Sichtweise, ob Kind und Adoptionsbewerber – und zwar aus Sicht des Kindes – zueinander passen, wird aufgegeben zugunsten der Adoptionsbewerber, die – sicherlich zum größten Teil unter Verfolgung ehrenwerter und anerkennenswerter Gründe – entsprechend ihrer Motivationslage ein ausländisches Kind (»aus«)-suchen.

An dieser Stelle sei auch ausdrücklich darauf hingewiesen, daß es sicherlich internationale anerkannte Organisationen gibt, die ohne jeden Zweifel das ihnen entgegengebrachte Vertrauen bei der Vermittlung ausländischer Kinder an deutsche Bewerber rechtfertigen.

Tipp

Argumente für Unterstützung von Kindern in ihrem Heimatland

Jeder deutsche Adoptionsbewerber um ein ausländisches Kind mag sich jedoch – ganz persönlich – die Frage stellen, welche Argumente für ihn bei einer solchen Adoption im Vordergrund stehen und warum er nicht etwa bereit ist, anstatt der beabsichtigten Adoption mit ihren z. B. erheblichen finanziellen Folgen einen Bruchteil, vielleicht sogar auch einen größeren Teil des finanziellen Aufwandes dafür zu verwenden, einem ausländischen Kind seinen Sprach- und Kulturraum und zugleich insbesondere möglicherweise die Nähe zu seinen leiblichen Eltern zu erhalten und ihm damit in seinem gegebenen Umfeld die leibliche und seelische Versorgung und schulische Ausbildung zu sichern.

Tipp

Erinnert sei in diesem Zusammenhang z. B. an die Eingehung von Patenschaften und die Unterstützung entsprechender Organisationen, die sich der Sicherstellung des leiblichen und seelischen Wohls von Kindern z. B. durch die Errichtung von Krankenhäusern, Kindergärten, Schulen und beruflichen Ausbildungsstätten verschrieben haben.

Regelungen gegen Kinderhandel und vergleichbare Praktiken

Angesprochen werden müssen aber auch die Fallgestaltungen, die den Verdacht nahelegen, daß der Wunsch nach Adoption ein nicht mehr zu vertretendes Ausmaß annimmt und dabei desweiteren die finanzträchtige Vermittlung – besser der Handel – von Kleinkindern ins Spiel kommt. Der Gesetzgeber sah hier nach entsprechenden Informationen durch die Adoptionspraxis konkreten Handlungsbedarf und hat mit dem Kindschaftsrechtsreformgesetz 98 eine Regelung geschaffen, die bewußt dem Kinderhandel und vergleichbaren Praktiken präventiv entgegenwirken soll (§ 1741 Abs. 1 S. 2 BGB). Durch diese Bestimmung werden die Annahmevoraussetzungen für einen Adoptionsbewerber, der an einer gesetzes- oder sittenwidrigen Vermittlung oder Verbringung eines Kindes zum Zwecke der Annahme mitgewirkt oder einen Dritten hiermit beauftragt oder hierfür belohnt hat, erschwert, weil die Annahme nur noch in Betracht kommt, wenn die Annahme des Kindes gerade durch diese Person zum Wohl des Kindes erforderlich ist (§ 1741 Abs. 1 S. 2 BGB). Die Erforderlichkeit kann sich dabei im Einzelfall durch die tatsächliche Verbundenheit zwischen Annahmewilligem und Kind oder durch den Zeitablauf seit der »Beschaffung« des Kindes bis zur Entscheidung über die Annahme ergeben. Die eindeutige und kompromißlose Sichtweise des Gesetzgebers und der Fachöffentlichkeit wird sich allerdings erst noch gegenüber dem vorgeschützten und nicht weiter hinterfragten Kindeswohl allzu emotional handelnder Adoptionsbewerber durchsetzen müssen.

III. Verfahrensfragen

1. Grundsätze

a) Internationale Zuständigkeit

Gewöhnlicher Aufenthalt

Für die gerichtliche Zuständigkeit von Angelegenheiten, die die Annahme eines Kindes, also auch eines ausländischen Kindes, betreffen, sind die deutschen Vormundschaftsgerichte international zuständig, wenn der Annehmende oder einer der annehmenden Ehegatten entweder Deutscher ist oder aber seinen gewöhnlichen - also nicht nur den bloß vorübergehenden - Aufenthalt im Inland hat (§ 43 b Abs. 1 S. 1 FGG). Die internationale Zuständigkeit wird auch für den Fall bejaht, wenn dem sog. Heimatrecht des Kindes die rechtliche Möglichkeit einer Adoption fremd ist.

Diese - internationale - Zuständigkeit ist jedoch nicht ausschließlich (§ 43 b Abs. 1 S. 2 FGG), was im Gegenzug bedeutet, daß eine im Ausland durchgeführte Annahme durchaus wirksam sein kann und zwar selbst dann, wenn auch die Zuständigkeit des deutschen Gerichts zu bejahen gewesen wäre.

§§ Verfahrensrecht

Da das Gesetz ausdrücklich von den die Annahme eines Kindes betreffenden Angelegenheiten (§ 43 b Abs. 1 S. 1 FGG) spricht, ist nicht nur die Zuständigkeit über den Ausspruch der Annahme selbst gemeint, sondern alle konkret im Zusammenhang mit dem Annahmeverfahren anfallenden Verrichtungen des Gerichts, also z. B. auch das Ersetzungsverfahren (§ 1748 BGB) oder die Aufhebung des Annahmeverhältnisses (§ 1760 ff. BGB).

b) Örtliche Zuständigkeit

Für die örtliche Zuständigkeit (§ 43 b Abs. 2–4 FGG) gilt im Regelfall der Wohnsitz des Annehmenden oder bei Ehegatten der Wohnsitz eines der Ehegatten (§ 43 b Abs. 2 FGG). Die weiteren in der Praxis eher unbedeutenden Ausnahmeregelungen ergeben sich hinreichend deutlich aus der weiteren gesetzlichen Regelung (§ 43 b Abs. 2–4 FGG).

2. Welches Recht gilt: deutsches oder ausländisches Recht?

Auslandsbezug

Da bei der Annahme eines ausländischen Kindes ein sog. Auslandsbezug oder anders ausgedrückt, eine Verbindung zum Heimatrecht des Kindes als Recht zu einem ausländischen Staat vorliegt, ist sog. internationales Privatrecht anzuwenden (Art. 3 Abs. 1 EGBGB). Nach den insoweit heranzuziehenden Regelungen gilt für den hier zu erörternden Fall – deutsche Annehmende adoptieren ausländisches Kind – grundsätzlich deutsches Recht (Art. 22 S. 1 EGBGB). Erfolgt die Annahme durch einen oder beide Ehegatten, so ist das Recht anzuwenden, das für die allgemeinen Wirkungen der Ehe maßgebend ist (Art. 22 S. 2 i.V.m. Art. 14 Abs. 1 Nr. 1 EGBGB). Diese sog. allgemeinen Ehewirkungen richten sich zunächst nach dem Recht des Staates, dem beide angehören (Art. 14 Abs. 1 Nr. 1 EGBGB), weitere Einzelheiten bedürfen bei dem hier interessierenden Sachverhalt – deutsche Annehmende, ausländisches Kind – keiner Erörterung.

Adoptionsstatut

Da deutsches Recht für die Annahme (sog. Adoptionsstatut) anzuwenden ist, bestimmen sich danach auch die Voraussetzungen und Wirkungen der Annahme, das Zustandekommen und die Aufhebung der Annahme.

Ob Zustimmungserklärungen für die Annahme als Kind grundsätzlich notwendig sind und in welcher Weise sie wirksam erklärt sein müssen bzw. inwieweit sie behördlicher oder gerichtlicher Genehmigungen bedürfen, beurteilt sich, soweit es um die Zustimmung des Kindes und um die Zustimmung der Person geht, zu der das Kind in einem familienrechtlichen Verhältnis steht (in der Regel also zu den Eltern), zusätzlich auch nach dem Heimatrecht des Kindes (Art. 23 S. 1 EGBGB). Damit richtet sich die Erforderlichkeit der Zustimmungserklärung und die Erteilung von Zustimmungen und Genehmigungen des Kindes und seines gesetzlichen Vertreters neben dem deutschem Recht auch und damit also ergänzend dem Heimatrecht des Kindes.

Unangemessene Schwierigkeiten

Können diese Voraussetzungen nach dem Heimatrecht jedoch nicht oder nur mit unangemessenen Schwierigkeiten geschaffen werden, kann stattdessen allein deutsches Recht angewandt werden, soweit dies zum Wohl des Kindes erforderlich – also nicht nur dienlich – ist (Art. 23 S. 2 EGBGB). In diesem Fall kommen dann – nach deutschem Recht – auch die Regelungen über die Entbehrlichkeit von elterlichen Einwilligungen wegen z. B. dauernd unbekannten Aufenthaltes (§ 1747 Abs. 4 BGB) oder auch über die Ersetzung der elterlichen Einwilligung (§ 1748 BGB) in Betracht.

Fall

Im Dezember 1991 hielten sich die Eheleute (EL) in Peru auf, um ein Kind zu adoptieren. Im Verlaufe ihrer Bemühungen lernten sie eine Peruanerin (P) kennen, die Anfang Dezember 1991 ein nichteheliches Kind (K) geboren hatte. Nachdem P sich entschlossen hatte, ihr Kind im Rahmen eines Adoptionsverfahrens in Peru zur Adoption durch EL freizugeben, kam es zu Unruhen. Deshalb reisten P und EL mit dem Kind nach Deutschland, wo P notariell in die Adoption ihres Kindes einwilligte. Während P zurückreiste, verblieb K bei EL. Der Aufenthalt des Vaters von K ist unbekannt. Im Juli 1992 stellten EL beim Vormundschaftsgericht in notariell beurkundeter Form den Antrag, die Annahme von K durch sie als gemeinschaftliches eheliches Kind auszusprechen. Das Jugendamt hat dem Vormundschaftsgericht mitgeteilt, daß die beantragte Annahme dem Wohl des Kindes diene und zwischen den Annehmenden und dem Kind ein Eltern-Kind-Verhältnis gewachsen sei. Die Voraussetzungen für die Adoption seien gegeben.

Das Vormundschaftsgericht hat den Adoptionsantrag der Eheleute abgelehnt. Zur Begründung hat es ausgeführt, daß die Annahme dem Wohl des Kindes diene, gleichwohl hätte zunächst das peruanische Adoptionsverfahren zum Abschluß gebracht werden müssen. EL haben gegen den Beschluß Beschwerde eingelegt. Das Landgericht hat die Beschwerde zurückgewiesen. Auf die weitere Beschwerde wurden die Entscheidungen aufgehoben und die Sache an das Vormundschaftsgericht zurückverwiesen.

Deutsches Recht und Heimatrecht des Kindes

Aus den Gründen: Die Vorinstanzen durften die Anwendung des Art. 23 S. 2 EGBGB nicht ablehnen. Diese Vorschrift gestattet es, bei der Annahme eines Kindes mit ausländischer Staatsangehörigkeit die Erforderlichkeit und die Erteilung bestimmter Zustimmungserklärungen ausschließlich nach deutschem Recht zu beurteilen, selbst wenn hierauf nach dem Grundsatz des Art. 23 S. 1 EGBGB zusätzlich das Heimatrecht des Kindes anzuwenden wäre. Ziel der Bestimmung ist es insbesondere, die Eingliederung eines ausländischen Kindes in eine Pflegefamilie zu ermöglichen, in deren Obhut es sich befindet, etwa in Fällen, in denen das Kind nach Abbruch aller Beziehungen zu seiner Heimat nach Deutschland gekommen ist, um hier adoptiert zu werden. Denn durch die Anwendung des deutschen Rechts, das unter bestimmten Voraussetzungen von derartigen Zustimmungen absieht (vgl. § 1747 Abs. 4 BGB) und auch eine Ersetzung der Zustimmungen zuläßt (vgl. §§ 1746 Abs. 3, 1748 BGB), soll die Inlandsadoption minderjähriger Kinder ermöglicht werden, wenn die Zustimmungserfordernisse des gem. Art. 23 S. 1 EGBGB berufenen Heimatrechts nicht oder nur mit unverhältnismäßigen Schwierigkeiten erfüllt werden können. (...) Für die Entscheidung im Rechtsbeschwerdeverfahren ist zu unterstellen, daß die beantragte Annahme dem Wohl des Kindes entspricht. Das Amtsgericht ist hiervon ausdrücklich ausgegangen. Auch aus den Berichten des zuständigen Jugendamts ergibt sich nichts anderes. Das inzwischen fast 3 Jahre alte Kind befindet sich praktisch seit seiner Geburt bei den Adoptionsbewerbern und wird von diesen umsorgt. Es liegt auf der Hand, daß es die Adoptionsbewerber als seine Eltern empfindet. Ohne ein gesichertes rechtli-

Verzicht auf Zustimmungserfordernisse

ches Verhältnis zu ihnen würde ein andauernder Zustand rechtlicher Unsicherheit bestehenbleiben, der sich auf die weitere Entwicklung des Kindes schädlich auswirken kann. Dem kann im Interesse des Kindes dadurch begegnet werden, daß die Pflegeeltern das Kind auch im rechtlichen Sinn als solches annehmen. Unter diesen Umständen kann von einer Anwendung des Art. 23 S. 2 EGBGB nur abgesehen werden, wenn die Frage, ob nach peruanischem Recht Zustimmungserklärungen erforderlich sind, in angemessener Zeit beantwortet werden kann und/oder die danach erforderlichen Erklärungen in angemessener Zeit beschafft werden können. (...) Ist aber eine Klärung der mit den nach ausländischem Recht erforderlichen Zustimmungen verbundenen Probleme nicht innerhalb angemessener Zeit möglich, so wiegt das Interesse des Kindes an einem im Inland rechtlich gesicherten Status für seine weitere Entwicklung so schwer, daß auf die Erfüllung der möglicherweise gegebenen Zustimmungserfordernisse verzichtet werden muß. Dies gilt jedenfalls dann, wenn wie hier, die sonstigen Voraussetzungen für eine Adoption eindeutig vorliegen und eine Rückkehr des Kindes in seine ursprüngliche Heimat mit dem Kindeswohl nicht mehr zu vereinbaren wäre. (...) Nach den vom Landgericht getroffenen Feststellungen hätte es bei der Beachtung der dargestellten Grundsätze zu einer Anwendung des Art. 23 S. 2 EGBGB und damit zur Maßgeblichkeit des deutschen Rechts kommen müssen. (...) (BayObLG, 1.ZS, Beschl. v. 31.10.1994, Az 1 Z BR 100/94, FamRZ 1995, S. 634 - 637).

Zusätzlich ist bei der Einwilligung des Kindes die vormundschaftsgerichtliche Genehmigung bei unterschiedlicher Staatsangehörigkeit des Kindes und des Annehmenden erforderlich (§ 1746 Abs. 1 S. 4 BGB); dies gilt aber nicht, wenn die Annahme nach deutschem Recht erfolgt (§ 1746 Abs. 1 S. 4 BGB), weil eine wiederholte Kindeswohlprüfung durch das zum Ausspruch der Annahme berufene Vormundschaftsgericht wenig sinnvoll wäre.

3. Staatsangehörigkeit

Unproblematisch ist die Frage der Staatsangehörigkeit des Kindes nach dem Ausspruch der Adoption: Grundsätzlich erhält das ausländische Kind die deutsche Staatsangehörigkeit (§ 6 RuStAG).

4. Anzuwendendes Recht für Vorfragen der Adoption

Deutsches oder ausländisches Recht?

Sog. Vorfragen zur Adoption, also die Fragen, ob das anzunehmende Kind z. B. als minderjährig oder wer als gesetzlicher Vertreter des fraglichen Kindes oder als Elternteil (z. B. nichtehelicher Vater) anzusehen ist, richten sich allerdings nach den hierfür maßgeblichen Rechtsvorschriften. Hierbei ist zu prüfen, ob ggfls. deutsches oder ausländisches Recht anzuwenden ist. Dies kann insbesondere für die Feststellung des gesetzlichen Vertreters des Kindes rechtlich schwierig werden. Nach wohl zwischenzeitlich herrschender Rechtsmeinung ist dabei auf das deutsche internationale Privatrecht bzw. auf die sich danach ergebenden Weiterverweisungen abzustellen (Art. 3 ff. EGBGB), das bei Sachverhalten mit Auslandsbezug entsprechende Regelungen vorhält und z. B. teils auf das Heimatrecht (z. B. Art. 7 EGBGB bzgl. des Begriffs der Minderjährigkeit) z. B. teils auf das Ortsrecht (z. B. Art. 21 Rechtsverhältnis zwischen Kind und seinen Eltern) verweist.

Wegen der unterschiedlichen Fallkonstellationen soll hier keine weitere rechtliche Vertiefung erfolgen, zumal die Anwendung des innerdeutschen Privatrechts im konkreten Fall auch durch staatsvertragliche Regelungen verdrängt werden kann.

Ebenso offen bleiben muß die Beantwortung der Anerkennung der erfolgten Adoption im Heimatland des Kindes. Auch hier sind die Regelungen zu vielgestaltig, als daß eine sachangemessene Beantwortung in diesem Rahmen erfolgen kann. I. Ü. sei ausdrücklich darauf hingewiesen, daß die Rechtsfragen gerade in diesem Bereich teilweise erheblich unterschiedlichen Rechtsauffassungen unterliegen, so daß konkrete Hinweise auch von daher nicht angezeigt erscheinen.

5. Anhörungspflichten des Vormundschaftsgerichts

Landesjugendamt

Schließlich hat das Vormundschaftsgericht vor dem Ausspruch der Annahme neben der örtlichen Adoptionsvermittlungsstelle des zuständigen Jugendamtes auch die zentrale Adoptionsvermittlungsstelle des Landesjugendamtes anzuhören, wenn ein Adoptionsbewerber oder das Kind eine ausländische Staatsangehörigkeit besitzt oder staatenlos ist (§ 49 Abs. 2 S. 1 FGG i.V.m. § 11 Abs. 1 Nr. 2 AdVermiG). Diese zentrale Adoptionsvermittlungsstelle ist i. Ü. vom Beginn der Ermittlungen an durch die örtlichen Adoptionsvermittlungsstellen zu beteiligen. Wurde die zentrale Adoptionsvermittlungsstelle hingegen nicht beteiligt, tritt an ihre Stelle das für die tätig gewesene Adoptionsvermittlungsstelle örtlich zuständige Landesjugendamt (§ 49 Abs. 2 S. 2 FGG). Beiden Behörden sind i. Ü. alle Entscheidungen des Vormundschaftsgerichts bekanntzumachen, soweit diese Behörden auch anzuhören waren (§ 49 Abs. 3 FGG).

IV. Ausblick

1. Einleitende Überlegungen

Internationales Übereinkommen

Im November 1997 unterzeichnete die Bundesrepublik Deutschland das »Haager Übereinkommen vom 29. Mai 1993 über den Schutz von Kindern und die Zusammenarbeit auf dem Gebiet der internationalen Adoption«. Dieser multilaterale völkerrechtliche Vertrag bedarf noch der parlamentarischen Zustimmung durch Bundestag und Bundesrat, damit die Vereinbarungen in der Bundesrepublik Deutschland als innerstaatliches Recht übernommen werden und in Kraft treten können. Das insoweit erforderliche Zustimmungsgesetz zum Haager Übereinkommen liegt seit Januar 2000 als sog. Referentenentwurf vor.

Referentenentwurf zum Begleitgesetz

Neben dem vorerwähnten Zustimmungsgesetz ist zur Umsetzung des Übereinkommens in nationales Recht ein weiteres sog. Begleitgesetz beabsichtigt, dessen Ziel u. a. auch weitergehende ergänzende Regelungen zu dem Haager Übereinkommen sind. Dieses ebenfalls als Referentenentwurf, Stand Januar 2000, vorliegende Begleitgesetz umfaßt neben Ausführungsbestimmungen zu dem Haager Übereinkommen auch Vorschriften über die Wirkungen ausländischer Adoptionsakte sowie Änderungen zum Recht der Adoptionsvermittlung.

Vorstellung der Gesetzesvorhaben

Bei Drucklegung dieses Ratgebers ist nicht absehbar, wann die beiden Gesetzesvorhaben verabschiedet werden. Weiterhin ist insbesondere noch nicht hinreichend gesichert, welche inhaltliche Fassung die Bestimmungen des Begleitgesetzes letztlich haben werden. Da die Regelungen des Haager Übereinkommens und des Begleitgesetzes einerseits für das Gebiet der internationalen Adoption von hohem Interesse sind, andererseits eine allzu konkrete Auseinandersetzung mit einzelnen Bestimmungen des Begleitgesetzes wegen ihrer nicht absehbaren endgültigen Fassung untunlich erscheint, wird auf die Gesetzesvorhaben ausschließlich in diesem Kapitel und in der jeweils gebotenen Form eingegangen. Dabei werden die Regelungen des Haager Übereinkommens – weil bereits völkerrechtlich verbindlich beschlossen – im einzelnen näher vorgestellt, während die Bestimmungen des Begleitgesetzes nur überschlägig behandelt werden. Rein organisatorische oder das Vertragswerk selbst bzw. das völkerrechtliche Verhältnis der Vertragsstaaten zueinander berührende Punkte bleiben jedoch unerörtert.

Denkschrift und Erläutender Bericht zum Übereinkommen

Zur inhaltlichen Erläuterung der Artikel des Haager Übereinkommens wurde die Denkschrift zum Übereinkommen sowie der Erläuternde Bericht zum Übereinkommen (Anlage 2 zur Denkschrift) herangezogen; wegen des Begleitgesetzes wurde die Begründung zum Referentenentwurf ausgewertet.

2. Zum Haager Übereinkommen vom 29. Mai 1993 über den Schutz von Kindern und die Zusammenarbeit auf dem Gebiet der internationalen Adoption.

a) Allgemeine Zielsetzungen

Grenzüberschreitende Adoption

Das Adoptionsübereinkommen regelt im Einklang mit international anerkannten Grundsätzen u. a. die zwischenstaatliche Zusammenarbeit auf dem Gebiet der internationalen Adoption. Durch das Abkommen soll gewährleistet werden, daß die grenzüberschreitende Adoption dem Wohl des Kindes bestmöglich dient und dessen Rechte sicherstellt. Zur Verwirklichung dieses Ziels ist beabsichtigt, daß die Vertragsstaaten sog. Zentrale Behörden einrichten, die in einem institutionalisierten System zusammenarbeiten und entsprechend kooperieren. Dabei nehmen Heimatstaat (Vertragsstaat, in dem das Kind seinen gewöhnlichen Aufenthalt hat) und Aufnahmestaat bei der Vermittlung einer grenzüberschreitenden Adoption unterschiedliche Aufgabenschwerpunkte wahr: Während die Behörden im Heimatstaat u. a. klären, ob die Adoption dem Kind eine geeignete Lebensperspektive bieten könnte, prüfen die Behörden im Aufnahmestaat u. a. die Eignung der Adoptionsbewerber und schaffen die Möglichkeit, daß das Kind in den Aufnahmestaat einreisen und sich dort aufhalten kann. Ob die Annahme eines Kindes durch konkrete Adoptionsbewerber letztlich dem Wohl des Kindes dient, entscheiden Heimat- und Aufnahmestaat gemeinsam. Eine nach den Bestimmungen des Haager Übereinkommens durchgeführte Adoption soll zudem in allen Vertragsstaaten anerkannt sein.

b) Zu den Bestimmungen im einzelnen

Schon in der Präambel verweisen die Vertragsstaaten einleitend auf die Erkenntnis, daß ein Kind zur »vollen und harmonischen Entfaltung seiner Perönlichkeit in einer Familie und umgeben von Glück, Liebe und Verständnis aufwachsen sollte«. Diese Feststellung zielt darauf ab, die Aufgabe der Familie bei der Pflege und Entwicklung des Kindes zu unterstreichen, womit zugleich das Recht des Kindes auf eine Familie anerkannt wird, in der seine Persönlichkeit geformt und entwickelt wird. Zugleich wird jedoch deutlich hervorgehoben, daß »jeder Staat vorrangig angemessene Maßnahmen treffen sollte«, um dem Kind einen Verbleib in seiner Herkunftsfamilie zu ermöglichen.

Angemessene Maßnahmen

Sodann wird der Vorteil einer internationalen Adoption für den Fall angesprochen, daß im Heimatstaat keine geeignete Familie gefunden werden kann. Insoweit will die Präambel ausdrücklich klarstellen, daß auch die Kindesbetreuung im Rahmen einer anderen Familie als der Herkunftsfamilie eine durchaus bevorzugte Alternative sein kann und zunächst vor einer grenzüberschreitenden Adoption in Betracht zu ziehen ist, beide Möglichkeiten aber in jedem Falle der Alternative der Heimunterbringung vorzuziehen sind. Damit steht fest, daß die Unterbringung eines Kindes in einer Familie einschließlich der internationalen Adoption als die besten Möglichkeiten unter allen Formen der alternativen Betreuung anzusehen und insbesondere der Betreuung in einer Einrichtung vorzuziehen sind.

Keine Familie im Heimatstaat

Schließlich hebt die Präambel die Notwendigkeit internationaler Regelungen hervor, um sicherzustellen, daß eine grenzüberschreitende Annahme ausschließlich zum Wohle des Kindes und unter Wahrung seiner Grundrechte stattfindet, um gängige Verfahrensweisen wie Entführung und Verkauf von und Handel mit Kindern zu verhindern. Insofern ist zu bedenken, daß grenzüberschreitende Adoptionen für die Kinder mit Ortswechseln über weite geografische Entfernungen hin verbunden sind und darüberhinaus zu einem Wechsel aus einem gesellschaftlichen und kulturellen Umfeld in ein meist sehr unterschiedliches anderes Umfeld führen.

Grenzüberschreitende Vermittlung vor Heimunterbringung

Die Präambel stellt damit insgesamt heraus, daß es grundsätzlich nicht nur die Aufgabe des Herkunftsstaates ist, einem Kind den Verbleib in seiner Herkunftsfamilie zu

Subsidiarität der grenzüberschreitenden Adoption

sichern, sondern auch, falls dies nicht möglich erscheint, dem Kind in seinem Heimatland vorrangig eine Adoptivfamilie zu verschaffen. Selbst wenn das Übereinkommen die internationale Adoption regeln will, werden die Vertragsstaaten damit dennoch deutlich an ihre vorrangige Pflicht der Sicherung des Wohls ihrer Kinder erinnert. Damit wiederholt die Präambel wichtige Aussagen aus der Kinderrechte-Konvention der Vereinten Nationen vom 20. November 1989, in der ebenfalls die Subsidiarität der grenzüberschreitenden Adoption hervorgehoben wird.

Gewöhnlicher Aufenthalt in einem Vertragsstaat

Gemäß Artikel 2 ist das Haager Übereinkommen anzuwenden auf ein Kind, das aus seinem Heimatstaat in den Aufnahmestaat gebracht worden ist, gebracht wird oder gebracht werden soll und zwar entweder nach seiner Adoption im Heimatstaat durch Personen aus dem Aufnahmestaat oder im Hinblick auf eine solche Adoption im Aufnahme- oder Heimatstaat. Der Anwendungsbereich des Übereinkommens ist damit nicht auf die Staatsangehörigkeit der Parteien festgelegt, sondern vielmehr auf die Tatsache, daß sowohl das Kind wie auch die Annehmenden ihren gewöhnlichen Aufenthalt in einem Vertragsstaat (Heimatstaat oder Aufnahmestaat) haben.

Klärung von Vorfragen

Grundsätzliche Voraussetzung einer grenzüberschreitenden Adoption ist nach Artikel 4 Haager Übereinkommen, daß die zuständigen Behörden des Heimatstaats eine Reihe von Vorfragen geklärt haben. Hierzu gehört die Tatsache, daß das Kind prinzipiell adoptiert werden kann und die Behörden nach gebührender Prüfung der Unterbringungsmöglichkeiten für das Kind im Heimatstaat zu der Auffassung gelangt sind, daß eine internationale Adoption dem Wohl des Kindes dient. Die erstgenannte Feststellung, daß das Kind adoptiert werden kann (Artikel 4 Buchst. a) bedeutet eine Entscheidung der zuständigen Behörden des Heimatstaats sowohl auf der Grundlage der Erfordernisse des anzuwendenden Rechts sowie die entsprechende Feststellung anhand psycho-sozialer und kultureller Faktoren. In diesem Sinne ist es also zunächst zwingend erforderlich, eine entsprechende Adoptionsfähigkeit des Kindes festzustellen.

Unterbringungsmöglichkeiten im Heimatland

Was die Prüfung der Unterbringungsmöglichkeiten im Heimatstaat anbelangt (Artikel 4 Buchst. b), wird mit dieser Bestimmung erneut der Grundsatz der Subsidiarität internationaler Adoptionen bekräftigt. Weiterhin müssen die zuständigen Behörden des Heimatstaats sich vergewissert haben (Artikel 4 Buchst. c), daß die Personen, Institutionen und Behörden, deren Zustimmung zur Adoption notwendig ist, über die Rechtswirkungen ihrer Zustimmung – soweit erforderlich – beraten und hinreichend unterrichtet und dabei insbesondere über die Rechtsfolgen der Adoption, namentlich über das Rechtsverhältnis zwischen dem Kind und seiner Herkunftsfamilie aufgeklärt worden sind. Zudem müssen die zuständigen Behörden des Heimatstaats sich davon überzeugt haben, daß die Personen, Institutionen und Behörden ihre Zustimmung unbeeinflußt und in der gesetzlich vorgeschriebenen Form erteilt haben und diese Zustimmung schriftlich gegeben haben oder die (mündliche) Zustimmung bestätigt worden ist. Ferner soll klargestellt sein, daß die Zustimmungen nicht durch irgendeine Zahlung oder andere Gegenleistungen herbeigeführt worden sind und die Zustimmungen unwiderruflich erklärt wurden.

Grundsätzlich darf die erforderliche Zustimmung der Mutter erst nach der Geburt des Kindes erteilt worden sein. Schließlich müssen die zuständigen Behörden des Heimatstaats sich unter Berücksichtigung des Alters und der Reife des Kindes darüber vergewissert haben, ob das Kind beraten und gebührend über die Wirkungen der Adoption und seiner Zustimmung zur Adoption, soweit diese notwendig ist, unterrichtet wurde, ob die Wünsche und Meinungen des Kindes berücksichtigt worden sind und ob das Kind seine Zustimmung, soweit diese notwendig war, unbeeinflußt in der gesetzlich vorgeschriebenen Form erteilt hat und diese Zustimmung schriftlich gegeben bzw. die (mündliche) Zustimmung bestätigt worden ist. Schließlich darf die Zustimmung nicht durch irgendeine Zahlung oder andere Gegenleistungen herbeigeführt worden sein.

Grundsatz der Subsidiarität

Bei der Prüfung der Frage, ob die Annahme des Kindes nach § 1741 Abs. 1 S. 1 BGB dem Kindeswohl dient, wird deshalb im Zusammenhang mit einer internationalen Adoption zu prüfen sein, ob der Grundsatz der Subsidiarität gewahrt oder beachtet ist: Mit anderen Worten ist in diesem Zusammenhang also eindeutig auch darauf zu achten, ob nicht Unterbringungsmöglichkeiten für das Kind im Heimatstaat dem Kindeswohl dienlicher sind, als eine grenzüberschreitende Adoption durch Annehmende aus einem ausländischen Aufnahmestaat.

Erforderliche Eignung der Eltern

Gemäß Artikel 5 kann die Adoption nach dem Übereinkommen weiterhin nur dann durchgeführt werden, wenn die zuständigen Behörden des Aufnahmestaats entschieden haben, daß die künftigen Adoptiveltern für eine Adoption in Betracht kommen und die erforderliche Eignung besitzen, ferner die Behörden sich vergewissert haben, daß die künftigen Adoptiveltern beraten worden sind und die Behörden der Einreise in den Aufnahmestaat zugestimmt haben sowie der ständige Aufenthalt dort bewilligt worden ist oder einer Bewilligung nichts entgegensteht.

Artikel 6 regelt die Verpflichtung der Vertragsstaaten, eine sog. Zentrale Behörde zu bestimmen, die die nach dem Übereinkommen übertragenen Aufgaben wahrnimmt.

Zentrale Behörde

Artikel 7 legt die Zusammenarbeit unter den Zentralen Behörden der Vertragsstaaten in allgemeiner Form verbindlich fest. Dabei soll das Ziel der Arbeit auf den Schutz der Kinder und die Verwirklichung der grenzüberschreitenden Adoption i. S. des Übereinkommens gerichtet sein. Bestimmte Aufgaben haben die Zentralen Behörden gemäß Artikel 7 allerdings selbst zu erledigen. Hierzu gehören: Die Erteilung von Auskünften über die Rechtsgrundlagen des (eigenen) Staates auf dem Gebiet der Adoption sowie anderer allgemeiner Informationen und vor allem auch die - durch geeignete Maßnahmen - zu treffende Sicherstellung, daß die Bestimmungen des Haager Übereinkommens nicht unbeachtet bleiben oder gar mißachtet zu werden drohen.

Beachtung des Haager Übereinkommens

Gemäß Artikel 9 haben die Zentralen Behörden - ggfls. unter Zuhilfenahme staatlicher Stellen, möglicherweise aber auch zugelassener Organisationen - alle geeigneten Maßnahmen zu treffen, um Auskünfte über das Kind und die künftigen Adoptiveltern einzuholen, aufzubewahren und auszutauschen, soweit dies für das Zustandekommen der Adoption erforderlich ist. Hierzu gehört insbesondere auch, dafür Sorge zu tragen, das konkrete Adoptionsverfahren zum Schutz des Kindeswohls zu erleichtern, zu überwachen und zu beschleunigen. Darüberhinaus regelt die Bestimmung die Verpflichtung der Zentralen Behörden, den Aufbau von Diensten zur Beratung während und nach der Adoption in ihrem Staat zu fördern, Berichte über allgemeine Erfahrungen auf dem Gebiet der internationalen Adoption auszutauschen sowie begründete Auskunftsersuchen anderer Zentraler Behörden oder staatlicher Stellen zu einem bestimmten Adoptionsfall zu beantworten, soweit das Recht ihres Staates dies zulässt.

Mit Rücksicht auf die Tatsache, daß nach der Denkschrift zum Haager Übereinkommen »erfahrungsgemäß« die meisten Mißbräuche bei internationalen Adoptionen auf die Einschaltung »privater Vermittler« (Einzelpersonen oder private Organisationen) zurückgehen, treffen die Artikel 10–13 wichtige Sonderregelungen z. B. hinsichtlich der persönlichen Qualifikation der Adoptionsvermittler.

Gemäß Artikel 14 hat das Adoptionsverfahren zur Vermeidung von Mißbräuchen zwingend mit einem Antrag an die Zentrale Behörde (bzw. z. B. auch an eine entsprechende durch nationales Recht legitimierte staatliche Stelle) in dem Staat zu beginnen, in dem die künftigen Adoptiveltern ihren gewöhnlichen Aufenthalt haben. Die Ansprache von Zentralen Behörden des Heimatstaats des Kindes wurde damit ausdrücklich als unzulässig angesehen. Über die förmlichen Anforderungen eines – zulässigen – Antrages entscheidet das Recht des Aufenthaltsstaats. Regelmäßig muß der Antrag jedoch so gefaßt sein, daß die Adoptionsbewerber hinreichend ausgewiesen sind und alle diejenigen notwendigen Angaben machen, die die Erstellung des Eignungsberichts (Artikel 15) erleichtern und ermöglichen.

Sozio-psychologische Anforderungen

Nachdem die Zentrale Behörde des Aufnahmestaats den Antrag der Adoptionsbewerber (Artikel 14) erhalten hat, prüft sie deren Eignung (Artikel 15) – also insbesondere die Erfüllung der notwendigen sozio-psychologischen Anforderungen. Darüberhinaus hat sie festzustellen, ob alle weiteren rechtlichen Voraussetzungen für eine Adoption erfüllt sind. Sodann verfaßt die Zentrale Behörde des Aufnahmestaats einen Bericht über die künftigen Adoptiveltern. Der Bericht enthält alle notwendigen Angaben zur Person der Antragsteller, insbesondere über deren Identität, sowie über ihre Fähigkeit und Eignung zur Adoption, ihre persönlichen und familiären Umstände, ihren Werdegang, ihre Krankengeschichte, ihr soziales Umfeld, ihre Beweggründe für die Adoption, ihre Fähigkeit zur Übernahme der mit einer internationalen Adoption verbundenen Aufgaben und schließlich über »die Eigenschaften der Kinder, für die zu sorgen sie geeignet wären«.

Wünsche der Adoptionsbewerber

Die Formulierung, daß der Bericht Angaben über die Eigenschaften der Kinder, »für die zu sorgen« die künftigen Adoptiveltern »geeignet wären«, enthalten muß, beruht auf dem Gedanken, daß die Wünsche der Adoptionsbewerber eine zusätzliche Garantie für den Erfolg der grenzüberschreitenden Adoption darstellen können, wenn hiermit auf die elterlichen Fähigkeiten und Erfahrungen eingegangen werden kann. Auch dieser Prüfungspunkt ist damit ausschließlich unter dem für das Adoptionsrecht wesentlichen Gedanken zu sehen, daß die Adoption grundsätzlich das Ziel verfolgt, Eltern für ein Kind und nicht etwa ein passendes Kind für Eltern zu finden. Daß diese Wünsche allgemein auszudrücken sind, versteht sich dabei von selbst. Die Aufzählung der in dem Bericht anzusprechenden Punkte ist keinesfalls abschließend oder ausschließlich: Der Bericht kann/soll vielmehr auch andere von der Zentralen Behörde des Aufnahmestaats für wichtig angesehene Informationen enthalten. Der unter den genannten Kriterien erstellte Bericht wird sodann der Zentralen Behörde des Heimstaats übermittelt.

Zentrale Behörde des Heimatstaats

Hat die Zentrale Behörde des Heimatstaats sich davon überzeugt, daß ein (konkretes) Kind adoptiert werden kann, verfaßt sie ihrerseits einen – bestimmten Anforderungen entsprechenden – Bericht (Artikel 16). Dabei ist hervorzuheben, daß die Erstellung eines solchen Berichts keineswegs von dem Eingang eines Antrages künftiger Adoptiveltern aus dem Aufnahmestaat abhängt. Mit anderen Worten: Der Bericht ist nicht etwa deshalb zu verfassen, weil Adoptionsbewerber ein Kind suchen, sondern vielmehr deshalb, weil die Zentrale Behörde des Heimatstaats festgestellt hat, daß es ein Kind gibt, das durch eine grenzüberschreitende Adoption besser geschützt werden könnte. Aus diesem Grunde hat die Zentrale Behörde des Heimatstaats auch eine Liste mit Kindern, die adoptiert werden können, für den zügigen Nachweis im Hinblick auf die Zusammenführung mit Adoptiveltern zu führen, um hierdurch sicherzustellen, daß Kinder so bald wie möglich untergebracht und so dem Kindeswohl nachteilige Verzögerungen abgewandt werden.

Zusammenführung von Adoptivfamilie und Kind

In dem Bericht soll insbesondere die psycho-soziale Lage des Kindes näher bestimmt werden. Dies ist unabdingbare Voraussetzung dafür, um eine angemessene Entscheidung über das Zusammenführen von Adoptiveltern/-familie und Kind zu treffen, damit die Interessen aller beteiligten Personen – also des Kindes und der künftigen Adoptiveltern – hinreichend geschützt werden können. Im einzelnen hat der Bericht Angaben zur Person des Kindes und darüber, daß es adoptiert werden kann, sowie über sein soziales Umfeld, seine persönliche und familiäre Entwick-

Besondere Bedürfnisse des Kindes

lung, seine Krankheitsgeschichte einschließlich derjenigen seiner Familie und schließlich über besondere Bedürfnisse des Kindes zu enthalten. Die Aufzählung dieser Angaben ist keineswegs erschöpfend, der Bericht kann vielmehr jede weitere Angabe enthalten, die die Zentrale Behörde des Heimatstaats für ratsam oder sinnvoll hält.

Kulturelle Herkunft

Darüberhinaus hat die Zentrale Behörde des Heimatstaats bei ihrer Entscheidung der Erziehung des Kindes sowie seiner ethnischen, religiösen und kulturellen Herkunft gebührend Rechnung zu tragen. Die Beachtung dieses Aspekts ist bereits deshalb wichtig, um im Vorgriff hierauf beruhende bzw. sich möglicherweise ergebende Probleme zu vermeiden. Überdies erscheint es wichtig, auf diese Weise sicherzustellen, daß das Adoptivkind die Verbindungen zu seiner Vergangenheit aufrechterhält sowie seine Herkunft versteht.

Prüfung künftiger Adoptiveltern

Weiterhin hat die Zentrale Behörde des Heimatstaats sich zu vergewissern, daß die erforderlichen Zustimmungen zur Adoption (Artikel 4) vorliegen. Schließlich entscheidet die Zentrale Behörde des Heimatstaats aufgrund der vorliegenden Berichte über das Kind und die künftigen Adoptiveltern, ob die in Aussicht genommene Unterbringung – nicht etwa die Adoption selbst – dem Kindeswohl dient. Letzteres wird grundsätzlich erst nach der Zusammenführung des Kindes mit seinen künftigen Adoptiveltern geprüft und entschieden. Durch diese Vorgehensweise ist hinreichend gewährleistet, daß die Adoptiveltern aus dem Kreis der zugelassenen Antragsteller bestimmt werden, die auf der Grundlage der o. g. Berichte den Bedürfnissen des Kindes am besten gerecht werden. Bei der Verfahrensweise wird i. Ü. bewußt in Kauf genommen, daß eine Prüfung, ob die künftigen Adoptiveltern für eine Adoption in Betracht kommen und geeignet sind, in Bezug auf das mit ihnen zusammenzuführende Kind erst später stattfinden kann.

Schließlich übermittelt die Zentrale Behörde des Heimatstaats der Zentralen Behörde des Aufnahmestaats ihren Bericht über das fragliche Kind, den Nachweis über das Vorliegen der notwendigen Zustimmungen sowie die Gründe für ihre Entscheidung über die Unterbringung. Dabei sorgt sie dafür, daß die Identität von Vater und Mutter des Kindes nicht preisgegeben wird, wenn dies im Heimatstaat nicht erlaubt ist.

Prüfung der Verwaltungsbehörden

Artikel 17 legt die erforderlichen Voraussetzungen für die Entscheidung, ein Kind den künftigen Adoptiveltern zu übergeben und damit tatsächlich anzuvertrauen, fest. Insoweit bedarf es bereits deshalb eindeutiger Regelungen, weil die von den Verwaltungsbehörden zu regelnden Fragen mit Blick auf die abschließende gerichtliche Entscheidung über die Adoption - rein rechtlich gesehen - noch nicht als das Adoptionsverfahren definitiv beendend anzusehen sind. Die Vorschrift soll bewirken, daß die noch zu nennenden Voraussetzungen sämtlich vor der Unterbringung des Kindes bei seinen künftigen Adoptiveltern bzw. vor oder jedenfalls im Zeitpunkt der Adoption erfüllt sind.

Einverständnis der Adoptiveltern

Im einzelnen geht es darum, daß die Zentrale Behörde des Heimatstaats sich vergewissert haben muß, daß die künftigen Adoptiveltern damit einverstanden sind, daß ihnen das fragliche Kind auch tatsächlich anvertraut wird (Artikel 17 Buchst. a). Ferner muß die Zentrale Behörde des Aufnahmestaats die Entscheidung, das Kind den zukünftigen Adoptiveltern anzuvertrauen, auch gebilligt haben - allerdings nur, sofern das Recht dieses Staates oder die Zentrale Behörde des Heimatstaats dieses verlangt (Artikel 17 Buchst. b). Weiterhin ist Voraussetzung, daß die Zentralen Behörden beider Staaten der Fortsetzung des Adoptionsverfahrens zugestimmt haben (Artikel 17 Buchst. c). Dabei ist der Begriff »Fortsetzung des Adoptionsverfahrens« so zu verstehen, daß das Adoptionsverfahren - nach Meinung der Zentralen Behörden - in sein Endstadium, also in seinen Abschluß eintreten könnte. Die fragliche Zustimmung gewährleistet hingegen noch nicht, daß die Adoption tatsächlich zustandekommt, weil dies ggfls. von

Bewilligung der Einreise

der Erfüllung weiterer (aller) rechtlicher Voraussetzungen der betroffenen Staaten abhängig ist. Abschließend müssen die Zentralen Behörden des Heimatstaats sich auch vergewissern, daß die zuständigen Behörden des Aufnahmestaats nach Artikel 5 festgestellt haben, daß die künftigen Adoptiveltern für eine Adoption in Betracht kommen und dazu geeignet sind und dem Kind die Einreise in den Aufnahmestaat und der ständige Aufenthalt dort bewilligt worden sind oder jedenfalls mit Gewißheit bewilligt werden. Zur Verdeutlichung ist darauf zu verweisen, daß die Entscheidung gem. Artikel 17 (ob ein Kind den künftigen Adoptiveltern tatsächlich anvertraut werden kann) grundsätzlich die zuständigen Behörden des Heimatstaats zu treffen haben. Dies sind keinesfalls zwingend die Zentralen Behörden, so daß die Entscheidung – je nach nationaler Rechtslage – auch von einer Verwaltungsbehörde oder dem Gericht erlassen werden kann.

Reibungsloser Aufenthaltswechsel

Arikel 18 verpflichtet die Zentralen Behörden der beiden beteiligten Staaten, alle erforderlichen Maßnahmen für einen reibungslosen Aufenthaltswechsel von Heimat- in den Aufenthaltsstaat zu treffen.

Verbringung des Kindes in den Aufnahmestaat

Nur wenn die Voraussetzungen des Artikel 17 erfüllt sind, kann das Kind in den Aufnahmestaat gebracht werden (Artikel 19 Abs. 1). Wann die Voraussetzungen erfüllt werden, sei es vor oder nach der Adoption, sei es einige Zeit vor oder nach dem Anvertrauen des Kindes an seine künftigen Adoptiveltern, ist unbedeutend. Dabei haben die Zentralen Behörden beider Staaten die Pflicht, alle notwendigen Maßnahmen zu ergreifen, um sicherzustellen, daß das Verbringen des Kindes in den Aufnahmestaat unter sicheren und geeigneten Umständen stattfindet. Im Bewußtsein des Umstandes, daß die beste Art und Weise, das Kind in den Aufnahmestaat zu verbringen, die Begleitung seiner Adoptiveltern ist, wurde hervorgehoben, daß die Adoptiveltern oder die künftigen Adoptiveltern das Kind »wenn möglich« begleiten. Für den Fall, daß eine Adoption nicht stattfindet, werden die in den Artikeln 14 und 15 vorgesehenen Berichte an die absendenden Behörden (aus datenschutzrechtlichen Gründen) zurückgesandt (Artikel 19 Abs. 3).

Informationen über Verlauf der Adoptionspflegezeit

Artikel 20 regelt die gegenseitige Information der Zentralen Behörden. Diese halten einander über das Adoptionsverfahren und die zu seiner Beendigung getroffenen Maßnahmen sowie über den Verlauf der Adoptionspflegezeit, soweit eine solche vorgesehen ist, auf dem laufenden. Dabei ist gerade die gegenseitige Information über den Verlauf der Adoptionspflegezeit von besonderer Bedeutung, weil nur hierdurch die gemeinsame fachliche Einschätzung sichergestellt werden kann, ob die Integration des Kindes in die neue Familie gelingt.

Künftige Adoptiveltern

Artikel 21 befaßt sich mit der Situation, daß ein Kind in den Aufnahmestaat gebracht und künftigen Adoptiveltern anvertraut worden ist und es nach Auffassung der Zentralen Behörde des Aufnahmestaats nicht mehr dem Wohle des Kindes dient, wenn das Kind in der Aufnahmefamilie bleibt. In diesem Fall hat die Zentrale Behörde des Aufnahmestaats die erforderlichen Maßnahmen zum Schutz des Kindes zu treffen. Damit werden also Regelungen für die Situation getroffen, daß die eigentliche Adoption noch nicht vorgenommen, das Kind aber den künftigen Adoptiveltern bereits anvertraut und in den Aufnahmestaat gebracht worden ist. Kommt es in diesem Stadium, also während der Adoptionspflegezeit zu der Feststellung, daß ein weiterer Verbleib des Kindes nicht mehr seinem Wohl entspricht, hat die Zentrale Behörde des Aufnahmestaats das Kind aus der Aufnahmefamilie herauszunehmen und zunächst für eine vorläufige anderweitige Betreuung Sorge zu tragen (Artikel 21 Abs. 1 Buchst. a). Bei dieser Sachlage dürfte das Kind – je nach Alter – entweder einem neutralen Umfeld (Heim) – eher bei älteren Kindern – oder einer Pflegefamilie (z. B. bei Kleinkindern) im Aufnahmestaat anzuvertrauen sein. Soweit eine Pflegefamilie herangezogen wird, muß es sich nicht zwingend um eine solche handeln, die an einer Adoption interessiert ist. Darüber-

Rückkehr in den Heimatstaat

hinaus hat die Zentrale Behörde des Aufnahmestaats in Absprache mit der des Heimatstaats unverzüglich das Kind einer neuen Familie mit dem Ziel einer Adoption anvertrauen oder, falls dies nicht angebracht ist, für eine andere, nunmehr allerdings dauerhafte Betreuung sorgen. Eine neue Adoption kann jedoch erst dann angestrebt werden, wenn die Zentrale Behörde des Heimatstaats gebührend über die neuen Adoptiveltern unterrichtet worden ist (Artikel 21 Abs. 1 Buchst. b). Erfordert das Wohl des Kindes jedoch seine Rückkehr in den Heimatstaat, muß die Zentrale Behörde des Aufnahmestaats eine solche Entscheidung treffen. Dies kann z. B. dann notwendig sein, wenn alle Maßnahmen, eine andere dauerhafte Betreuung im Aufnahmestaat zu finden, erschöpft sind und der weitere Aufenthalt des Kindes in diesem Staat nicht mehr seinem Wohlergehen und seinen Interessen dient (Artikel 21 Abs. 1 Buchst. c). Sämtliche Maßnahmen sind nach Rücksprache mit dem Kind ggfls. auch mit seiner Zustimmung, allerdings unter Berücksichtigung insbesondere des Alters und der Reife des Kindes zu treffen (Artikel 21 Abs. 2).

Artikel 22 regelt die organisatorischen Möglichkeiten der Vertragsstaaten, Aufgaben einer Zentralen Behörde staatlichen Stellen oder ggfls. zugelassenen Organisationen zuzuweisen.

Anerkennung und Wirkung eines Auslandsadoption

Die Artikel 23 bis 27 befassen sich mit der Anerkennung und Wirkung einer nach dem Haager Übereinkommen durchgeführten Adoption. Eines der Ziele des Übereinkommens ist es, in den Vertragsstaaten die Anerkennung der gemäß dem Haager Übereinkommen zustandegekommenen Adoptionen zu sichern. Demzufolge sieht Artikel 23 ausdrücklich die Anerkennung einer Adoption kraft Gesetzes für alle Vertragsstaaten vor. Hierdurch wird sowohl die Neuvornahme einer im Heimatstaat bereits ausgesprochenen Adoption entbehrlich. Ebenso schließt diese Regelung eine inhaltliche Überprüfung der nach dem Übereinkommen durchgeführten Adoption aus. Voraussetzung hierfür ist, daß die zuständige Behörde des Staats, in dem die Adoption durchgeführt worden ist, eine Bescheinigung ausstellt und bestätigt, daß die Vorschriften des Haager Übereinkommens eingehalten und die Zustimmungen nach Artikel 17 Buchst. c erteilt worden sind (Artikel 23 Abs. 1). Dabei ist auch genau anzugeben, wann und von wem die erforderlichen Zustimmungen nach Artikel 17 Buchst. c erteilt worden sind. Zuständige Behörde im Sinne des Artikel 23 Abs. 1 braucht wiederum nicht zwingend die Zentrale Behörde zu sein. Auch soll mit der Formulierung »kraft Gesetzes« ausgedrückt werden, daß die Anerkennung ohne erforderliches Anerkennungs- oder Registrierungsverfahren stattfindet. Jeder Vertragsstaat verpflichtet sich gemäß Artikel 23 Abs. 2, den anderen Vertragsstaaten mitzuteilen, welche Behörde im Sinne dieser Bestimmung als »zuständige Behörde« anzusehen ist.

Zuständige Behörden i.S. des Haager Übereinkommens

Nach Arikel 24 kann die Adoption allerdings in einem Vertragsstaat versagt werden, wenn die Adoption seiner öffentlichen Ordnung (»ordre public«) offensichtlich widerspricht, wobei zusätzlich das Wohl des Kindes zu berücksichtigen ist. Insoweit besteht bei den Vertragsstaaten allerdings darin Übereinstimmung, daß der Begriff der öffentlichen Ordnung sehr eng auszulegen ist.

Öffentliche Ordnung

Artikel 25 befaßt sich mit organisatorischen Fragen unter den Vertragsstaaten, wonach diese befugt sind, zu erklären, daß sie nicht verpflichtet sind, aufgrund des Haager Übereinkommens Adoptionen anzuerkennen, die in Übereinstimmung mit bestimmten Vereinbarungen (Artikel 39 Abs. 2) zustande gekommen sind.

Organisatorische Fragen

Mit Rücksicht auf die verschiedenen Möglichkeiten bzw. rechtlichen Formen von Adoptionen in den Vertragsstaaten (z. B. Volladoption oder Adoption mit schwachen Wirkungen) regelt Artikel 26 Abs. 1 bestimmte (rechtliche) Mindestwirkungen, die jede nach dem Übereinkommen zustandegekommene Adoption hat, und zwar unabhängig von dem Recht, daß nach internationalem Privatrecht in dem anerkennenden Staat anzuwenden ist. Hierzu gehört

Mindestwirkungen einer zustandegekommenen Adoption

Grundsätzliche Anerkennung des Eltern-Kind-Verhältnisses

die grundsätzliche Anerkennung des Eltern-Kind-Verhältnisses zwischen dem Kind und seinen Adoptiveltern (Artikel 26 Abs. 1 Buchst. a). Damit ist gemeint, daß das durch die internationale Adoption begründete Eltern-Kind-Verhältnis in allen übrigen Vertragsstaaten anzuerkennen ist, unabhängig davon, ob das zuvor bestehende Eltern-Kind-Verhältnis zwischen dem Kind sowie seiner Mutter und seinem Vater aufgrund der Adoption fortbesteht oder beendet wird. Ferner umfaßt die Anerkennung einer Adoption die rechtliche Respektierung der elterlichen Verantwortlichkeit der Adoptiveltern für das Kind (Artikel 26 Abs. 1 Buchst. b). Der besonderen entsprechenden Hervorhebung bedurfte dies deshalb, weil die rechtlichen Wirkungen des Eltern-Kind-Verhältnisses nicht (in allen Vertragsstaaten) zwingend eine elterliche Verantwortlichkeit der Adoptiveltern für das Kind nach sich zieht und zudem mit der Volljährigkeit des Kindes zwar das Eltern-Kind-Verhältnis, nicht aber die elterliche Sorge (im Abkommen als elterliche »Gewalt« bezeichnet) fortbesteht.

Beendigung des früheren Rechtsverhältnisses

Die Anerkennung enthält schließlich auch die Feststellung der Beendigung des früheren Rechtsverhältnisses zwischen dem Kind und seiner Mutter und seinem Vater, sofern die Adoption dies in dem Vertragsstaat bewirkt, in dem sie durchgeführt worden ist (Artikel 26 Abs. 1 Buchst. c). Bewirkt die Adoption daher die Beendigung des früheren Eltern-Kind-Verhältnisses (Artikel 26 Abs. 1 Buchst. c), so stellt Artikel 26 Abs. 2 sicher, daß das durch grenzüberschreitende Adoption adoptierte Kind nach dem Übereinkommen die Rechtsstellung und den Schutz genießt, die der Rechtsstellung und dem Schutz jedes anderen im Rahmen nationaler Adoptionen geltenden Schutzvorschriften und -normen adoptierten Kind entsprechen. Sieht ein Vertragsstaat jedoch günstigere Bestimmungen für ein nach dem Übereinkommen adoptiertes Kind vor, bleiben die etwaigen günstigeren Anerkennungswirkungen unberührt (Artikel 26 Abs. 3).

Artikel 27 regelt den Fall der sog. Adoptionsumwandlung für eine im Heimatstaat vorgenommene Adoption. Führt nämlich eine im Heimatstaat durchgeführte Adoption nicht zur Beendigung des früheren Eltern-Kind-Verhältnisses zwischen dem Kind und seinen leiblichen Eltern und bewirkt die Adoption in dem sie vornehmenden Aufnahmestaat demgegenüber eine solche Beendigung (Artikel 26 Abs. 1 Buchst. c), so kann, sofern das nationale Recht des Aufnahmestaats dies gestattet, die (im Heimatstaat) durchgeführte Adoption in eine Adoption mit der Wirkung der Beendigung des früheren Rechtsverhältnisses zwischen dem Kind und seiner Mutter und seinem Vater (Artikel 26 Abs. 1 Buchst. c) umgewandelt werden. Weitere Voraussetzung ist allerdings gem. Artikel 27 Abs. 1 Buchst. b, daß auch die Voraussetzungen des Artikel 4 Buchst. c u. d gegeben sind. Artikel 27 Abs. 2 enthält die vertragliche Verpflichtung der Vertragsstaaten – also einschließlich des Heimatsstaats –, unter den Voraussetzungen des Artikel 23 (vgl. oben zu Artikel 23) die Umwandlung kraft Gesetzes anzuerkennen.

§§

Adoptionsumwandlung

Da das Haager Übereinkommen nicht das nationale Adoptionsrecht der Vertragsstaaten vereinheitlichen will, bestimmt Artikel 28, daß das Übereinkommen den Rechtsvorschriften des Heimatstaats nicht entgegensteht, nach denen die Adoption eines Kindes mit gewöhnlichem Aufenthalt in diesem Staat auch dort durchgeführt werden muß oder nach denen es untersagt ist, vor einer Adoption das Kind in einer Familie im Aufnahmestaat unterzubringen oder es in diesen Staat zu bringen.

Keine Vereinheitlichung des nationalen Adoptionsrechts

Nach Artikel 29 sind Kontakte zwischen den künftigen Adoptiveltern und den Eltern des Kindes oder jeder anderen Person, welche die Sorge für das Kind hat, untersagt. Dies gilt jedoch nicht ausnahmslos. Zum einen sind Kontakte bei Adoptionen innerhalb einer Familie und unter den vom Recht des Heimatstaats aufgestellten Voraussetzungen zulässig. Zum anderen ist das Verbot zeitlich beschränkt. Die Kontakte sind nämlich nach der Feststellung zulässig, daß

- das Kind adoptiert werden kann
- eine internationale Adoption dem Wohl des Kindes dient

✓

- die erforderlichen Zustimmungen eingeholt worden sind und
- die zuständigen Behörden des Aufnahmestaats entschieden haben, daß die künftigen Adoptiveltern für eine Adoption in Betracht kommen und dazu geeignet sind (Artikel 4 Buchst. a, b, c, Artikel 5 Buchst. a).

Kontaktverbote und ihre Ausnahmen

Schließlich sind Kontakte nicht verboten, bevor das Kind seine Zustimmung, Wünsche oder Meinungen geäußert hat (Artikel 4 Buchst. d). Hintergrund dieser Regelung ist das Ziel, Methoden und Praktiken jeglicher Art auszuschließen, die den Zielen des Übereinkommens zuwiderlaufen. Insbesondere soll hierdurch verhindet werden, daß die zur Durchführung der Adoption erforderlichen Zustimmungen durch Zahlungen oder Gegenleistungen herbeigeführt werden. Zu den angesprochenen Kontaktverboten gehören nicht nur unmittelbare Kontakte ohne Aufsicht, sondern auch mittelbare oder unter Aufsicht beabsichtigte Kontakte.

Aufbewahrungspflichten der zuständigen Behörden

Artikel 30 Abs. 1 verpflichtet die zuständigen Behörden aller Vertragsstaaten (also einschließlich des Heimat- und des Aufnahmestaats), die ihnen vorliegenden Angaben über die Herkunft des Kindes, insbesondere über die Identität seiner Eltern, sowie über die Krankheitsgeschichte des Kindes und seiner Familie aufzubewahren. Trotz der möglichen Bedeutung der Aufbewahrung für das Kind, kann der die Angaben verwahrende Staat jedoch selbst entscheiden, welche Angaben aufzubewahren sind und wie lange er sie aufbewahrt. Gemäß Artikel 30 Abs. 2 haben die Vertragsstaaten zu gewährleisten, daß das Kind oder sein Vertreter (damit also auch der gesetzliche Vertreter des Kindes bis zur dessen Volljährigkeit) »unter angemessener Anleitung« Zugang zu diesen Angaben haben. Die Einschränkung »unter angemessener Anleitung« soll der Vermeidung nachteiliger emotionaler oder anderweitiger Folgen für das Kind dienen. Zudem soll hierdurch sichergestellt werden, daß die Information nur erteilt wird, nachdem alle geeigneten Maßnahmen unter Berücksichtigung des

Alters des Adoptivkindes und seiner anderen persönlichen Verhältnisse ergriffen worden sind, die besondere Vorsichtsmaßregeln erforderlich machen könnten. Eine weitere Einschränkung hinsichtlich des Zugangsrechts zu den Angaben besteht darin, daß der Zugang zu den fraglichen Angaben nur zu gewährleisten ist, soweit das Recht des betreffenden Staates dies zuläßt.

Einschränkung des Zugangsrechts

Artikel 31 schreibt vor, daß die zusammengestellten oder während des Adoptionsverfahrens übermittelten und zur Vorbereitung der Berichte erforderlichen personenbezogenen Daten nur für diese Zwecke verwendet werden dürfen. Mit dieser Regelung werden nicht nur die im Heimatstaat oder in dem Aufnahmestaat zusammengestellten personenbezogenen Daten geschützt, sondern auch die für Zwecke internationaler Adoptionen von einem Staat in einen anderen übermittelten Informationen.

Schutz personenbezogener Daten

Artikel 32 verbietet die Erlangung unstatthafter Vermögens- oder sonstiger Vorteile aus einer Tätigkeit im Zusammenhang mit einer internationalen Adoption. Damit sind ausdrücklich »statthafte« Vorteile für zulässig erklärt, weshalb Artikel 32 Abs. 2 nicht nur die Erstattung der aufgewendeten direkten oder indirekten Kosten und Auslagen erlaubt, sondern auch auf die Zahlung angemessener Honorare an die an der Adoption beteiligten Personen einschließlich der Rechtsanwälte. Artikel 32 sieht keine etwaigen Sanktionen für die Verletzung dieser Vorschrift vor. Gemäß Artikel 32 Abs. 3 dürfen Leiter, Verwaltungsmitglieder und Angestellte von Organisationen, die an einer Adoption beteiligt sind, keine im Verhältnis zu den gleisteten Diensten unangemessen hohe Vergütungen erhalten. Was im einzelnen als eine unangemessene hohe Vergütung anzusehen ist, bleibt jedoch den Vertragsstaaten überlassen.

Verbot unstatthafter Vermögensvorteile

Stellt die zuständige Behörde eines Vertragsstaats fest, daß eine der Bestimmungen des Haager Übereinkommens nicht beachtet worden ist oder mißachtet zu werden

Maßnahmen zur Einhaltung des Übereinkommens

droht, so hat sie gemäß Artikel 33 von amtswegen die Pflicht, sofort die Zentrale Behörde ihres Staates zu unterrichten. Dabei hat die Zentrale Behörde dafür einzustehen, daß geeignete Maßnahmen zur Einhaltung des Übereinkommens getroffen werden. Welche Maßnahmen im einzelnen zu treffen sind, läßt das Übereinkommen offen.

Übersetzungskosten

Gemäß Artikel 34 kann die zuständige Behörde des Bestimmungsstaats eines Schriftstücks darum ersuchen, eine beglaubigte Übersetzung beizubringen. Die Kosten der Übersetzung sind von den künftigen Adoptiveltern zu tragen. Die Geltung des Artikels 34 ist auf die Fälle beschränkt, in denen der Bestimmungsstaat die Übersetzung des Dokuments verlangt. Ungeachtet dessen sind in der Praxis die Übersetzungskosten im allgemeinen in den Adoptionsauslagen enthalten, die z. B. von den zuständigen Behörden in Rechnung gestellt werden.

Gebotene Eile

Artikel 35 verpflichtet die zuständigen Behörden der Vertragsstaaten, in Adoptionsverfahren mit der gebotenen Eile zu handeln. Damit sind nicht nur die Zentralen Behörden der Vertragsstaaten zu zügigem Handeln aufgefordert, vielmehr sind alle mit Adoptionen befaßten Stellen einschließlich der Gerichte einbezogen.

Organisatorische Fragen

Artikel 36 regelt organisatorische Fragen für den Fall, daß ein Vertragsstaat aus zwei oder mehr Gebietseinheiten besteht, die jeweils ihr eigenes Adoptionsrechtssystem aufweisen. Artikel 37 befaßt sich mit auftretenen Problemen in Staaten mit zwei oder mehr Rechtssystemen, die für verschiedene Personenkreise gelten (als Beispielsfall seien hier z. B. in einem Staat nebeneinander bestehende islamische und christliche Gemeinschaften genannt). Artikel 38 regelt die Behandlung von rechtlichen Konflikten zwischen den geltenden internen Rechtsordnungen in einem Staat, in dem verschiedene Gebietseinheiten eigene Rechtsvorschriften auf dem Gebiet der Adoption haben. Gemäß Artikel 39 bleiben durch das Haager Übereinkommen internationale Übereinkünfte unberührt, denen die

Vertragsstaaten als Vertragsparteien bereits angehören und die Bestimmungen über die in dem Übereinkommen geregelten Angelegenheiten enthalten. Einer weiteren Erläuterung dieses Artikels bedarf es an diesem Ort nicht. Artikel 40 bis 42 regeln Verfahrensfragen zu dem Haager Übereinkommen. Die Artikel 43 bis 48 enthalten Schlußbestimmungen z. B. für den Beitritt zu dem Übereinkommen bzw. zu seinem Inkrafttreten.

Verfahrensfragen

3. Zum Entwurf eines Gesetzes zur Regelung von Rechtsfragen auf dem Gebiet der internationalen Adoption

a) Allgemeine Zielsetzungen

Grenzüberschreitende Adoptionsvermittlung

Nach dem Haager Übereinkommen arbeiten die Vertragsstaaten bei einer grenzüberschreitenden Adoptionsvermittlung mit dem Ziel zusammen, das Kindeswohl bestmöglich zu wahren und zu fördern. Zur Umsetzung dieses Übereinkommens in das deutsche Recht bedarf es der Bestimmung Zentraler Behörden. Zusätzlich müssen die Verfahrensschritte bei einer internationalen Adoptionsvermittlung im einzelnen geregelt werden. Auch außerhalb des Geltungsbereichs des Haager Übereinkommens sollen Vorschriften über im Ausland vollzogene Adoptionen die Rechtslage der betroffenen Familien in der Bundesrepublik Deutschland verbessern. So soll insbesondere die häufig für notwendig befundene Wiederholung einer im Ausland vollzogenen Adoption unter gewissen Voraussetzungen entbehrlich gemacht werden.

Der Entwurf des Gesetzes zur Regelung von Rechtsfragen auf dem Gebiet der internationalen Adoption sieht deshalb mehrere sog. Artikelgesetze vor:

- Artikel 1 enthält das Gesetz zur Ausführung des Haager Übereinkommens vom 29. Mai 1993 über den Schutz von Kindern und die Zusammenarbeit auf dem Gebiet der internationalen Adoption (Adoptionsübereinkommens-Ausführungsgesetz-AdÜbkAG)

- Artikel 2 enthält das Gesetz über Wirkungen der Annahme als Kind nach ausländischem Recht (Adoptionswirkungsgesetz-AdWirkG)
- Artikel 3 betrifft die Änderungen des Adoptionsvermittlungsgesetzes
- Artikel 4 enthält die Änderungen sonstigen Bundesrechts.

b) Zu dem Adoptionsübereinkommens-Ausführungsgesetz

Verfahrensrechtliche Umsetzung des Haager Übereinkommens

Das Ausführungsgesetz zum Übereinkommen ist in 4 Kapitel gegliedert. Dabei regelt das 1. Kapitel, welche deutschen Stellen die Aufgaben der Zentralen Behörden wahrnehmen und an welchen Vorschriften sich ihre Tätigkeit orientiert (Adoptionsvermittlungsgesetz). Das 2. Kapitel behandelt die Verfahrensschritte, die bei einer grenzüberschreitenden Adoptionsvermittlung nach den Bestimmungen des Haager Übereinkommens einzuhalten sind. Im 3. Kapitel sind die Vorschriften über die Bescheinigung einer nach dem Übereinkommen zustandegekommenen Annahme oder Umwandlung geregelt. Das 4. Kapitel enthält ergänzende Bestimmungen über den zeitlichen Anwendungsbereich der Kapitel 2 und 3.

Im einzelnen:

Generalbundesanwalt und Zentrale Adoptionsstellen der Landesjugendämter

§ 1 sieht die Schaffung Zentraler Behörden gem. dem Haager Übereinkommen vor. Zur Zentralen Behörde soll der Generalbundesanwalt beim Bundesgerichtshof bestimmt werden sowie die Zentralen Adoptionsstellen der Landesjugendämter. Dabei kommt dem Generalbundesanwalt insbesondere die übergreifende Koordinierung der Arbeit der übrigen Behörden und Organisationen zu; zugleich dient er als feststehender Ansprechpartner für die ausländischen Behörden.

Nach dem Gesetzentwurf ist ebenfalls vorgesehen, Adoptionsvermittlungsstellen in freier Trägerschaft als zugelasse-

Adoptionsvermittlungsstellen in freier Trägerschaft

nen Organisationen ggfls. Funktionen zu übertragen, die auch von Zentralen Adoptionsstellen der Landesjugendämter ausgeübt werden (§2). §3 regelt die Bestimmungen über die Zusammenarbeit zwischen dem Generalbundesanwalt und den Zentralen Adoptionsstellen der Landesjugendämter sowie u. U. auch von Adoptionsvermittlungsstellen in freier Trägerschaft. Zur Wahrnehmung der Koordinierungsaufgaben erhält die Zentrale Behörde des Bundes ein entsprechendes Informationsrecht.

Besondere staatliche Zulassung und Aufsicht freier Träger

Zur Sicherstellung bzw. Absicherung der fallbezogenen Aufgaben durch zugelassene Organisationen unterliegen diese sowohl besonderer staatlicher Zulassung wie auch Aufsicht. Wie schon in den Erläuterungen zum Haager Übereinkommen dargelegt, muß es sich um eine gemeinnützige Institution handeln, die durch integres und fachlich qualifiziertes Personal geleitet und verwaltet wird. Die staatliche Aufsicht umfaßt Zusammensetzung, Arbeitsweise und Finanzlage. Die Organisation muß nachweisen können, daß sie für die Dauer ihrer Zulassung die ihr übertragenen Aufgaben auch ordnungsgemäß erfüllen kann. Die Einbindung freier Träger in die internationale Adoptionsvermittlung macht es nach Meinung des Gesetzgebers insbesondere ferner erforderlich, die bestehenden Regelungen über Zulassung und Beaufsichtigung nichtstaatlicher Adoptionsvermittlungsstellen grundlegend zu überarbeiten. Demzufolge werden durch Neuregelungen auch im Adoptionsvermittlungsgesetz (§3 u. 4 AdVermiG) Neufassungen notwendig.

Soweit eine Adoptionsvermittlungsstelle in freier Trägerschaft anerkannt und als entsprechende Organisation auch zugelassen worden ist, kann sie eine grenzüberschreitende Adoptionsvermittlung in eigener Verantwortung betreuen. Diese Regelung gilt jedoch ausdrücklich nur für die Vermittlung eines Kindes mit gewöhnlichem Aufenthalt im Ausland an inländische Adoptionsbewerber. Die Vermittlung eines Kindes aus dem Inland an Adoptionsbewerber im Ausland bleibt dagegen wegen der Bedeutung der

Aufgabe wiederum bewußt den staatlichen Adoptionsvermittlungsstellen vorbehalten.

Bewerbung für grenzüberschreitende Adoption

§3 befaßt sich im wesentlichen mit verfahrensrechtlichen Regelungen und stellt zudem klar, daß auch die grenzüberschreitende Adoptionsvermittlung den Bestimmungen des Adoptionsvermittlungsgesetzes unterliegt (vgl. hierzu später). Gemäß §4 Abs. 1 richten Adoptionsbewerber ihre Bewerbung an die Zentrale Adoptionsstelle, in deren Bereich sie sich gewöhnlich aufhalten bzw. ggfls. an eine zugelassene Organisation. Örtlich zuständig ist die Zentrale Adoptionssstelle, in deren Bereich sich die Adoptionsbewerber gewöhnlich aufhalten. Die Adoptionsbewerber haben der internationalen Vermittlungsstelle anzugeben, aus welchem Heimatstaat sie vorzugsweise ein Kind annehmen möchten (§4 Abs. 2 Nr. 1). Diese Angabe ist vor allem z. B. deshalb notwendig, um die Eignung der Bewerber zur Annahme gerade eines Kindes aus dem betreffenden Kulturkreis beurteilen zu können. Ferner haben die Adoptionsbewerber einen Bericht nach §7 Abs. 2 des Adoptionsvermittlungsgesetzes vorzulegen. Der gem. §4 Abs. 2 Nr. 2 vorgesehene sog. Eignungsbericht über die Bewerber ist der wohl wichtigste Bestandteil der Adoptionsbewerbung. Die diesbezügliche zukünftige Vorschrift des §7 Abs. 2 AdVermiG sieht vor, die Eignung von Bewerbern für eine Auslandsadoption unabhängig von dem Bezug auf die Annahme eines bestimmten Kindes zu prüfen (Einzelheiten hierzu später).

Schließlich müssen die Adoptionsbewerber gemäß §4 Abs. 2 Nr. 3 in die Weiterleitung der für die Vermittlung benötigten personenbezogenen Daten an die Zentrale Behörde des Heimatstaats einwilligen.

Weiterleitung persönlicher Daten

Die Bereitschaft zur Weiterleitung der mit dem Eignungsbericht erhobenen persönlichen Daten an die zuständigen Stellen im Heimatstaat bedeutet, daß – abweichend von §1758 BGB – das Inkognito der Adoptiveltern gegenüber der Ursprungsfamilie des Kindes nicht als sichergestellt angesehen werden kann. Vielmehr werden die Heimatbehörden im Rahmen einer bestimmungsgemäßen Verwendung im Sinne des Artikel 31 des Haager Übereinkommens zu einer Offenlegung dieser Information berechtigt sein.

Besonderheiten bei der Annahme eines Kindes

Die internationale Vermittlungsstelle hat die Adoptionsbewerber zu beraten (§4 Abs. 3). Die Beratung soll sich auf Besonderheiten bei der Annahme eines Kindes aus dem Ausland, auf die Auswahl eines Herkunftsstaats, aber auch auf die voraussichtlich entstehenden Auslagen erstrecken. Das gleiche gilt hinsichtlich der nicht gewährleisteten Wahrung des Adoptionsinkognitos im Heimatstaat. Die internationale Vermittlungsstelle hat ferner die Möglichkeit, die persönlichen Verhältnisse der Adoptionsbewerber eigenständig zu prüfen. Sie muß dies nicht tuen, sondern kann entsprechend der beabsichtigten Neuregelung des §7 Abs. 2 AdVermiG die Adoptionseignung der Bewerber von der örtlichen (staatlichen) Adoptionsvermittlungsstelle untersuchen lassen. Sie kann ferner den Eignungsbericht selbst erstellen oder aber eine eigene fachliche Einschätzung neben den Adoptionseignungsbericht der örtlichen Adoptionsvermittlungsstelle setzen. Sofern die internationale Vermittlungsstelle von der Eignung der Adoptionsbewerber überzeugt ist, übersendet sie einen entsprechenden Bericht der Zentralen Behörde des Heimatstaats (§4 Abs. 4).

Vermittlungsvorschlag der Zentralen Behörde

Für den Fall eines Vermittlungsvorschlags der Zentralen Behörde des Heimatstaats regelt §5 weitere Mitwirkungsaufgaben der zuständigen deutschen Stellen im Rahmen einer internationalen Adoptionsvermittlung. Neben der Prüfung, ob die Annahme dem Wohl des Kindes dient, also der Überlegung, ob dem Vorschlag der Zentralen Behörde des Heimatstaats mit der Zuordnung eines bestimmten Kindes zu bestimmten Adoptionsbewerbern zugestimmt werden kann, beziehen sich die Feststellungen gem. §5 Abs. 1 Nr. 1 insbesondere auf die Frage, ob mit dem Ausspruch der Annahme durch ein deutsches Vormundschaftsgericht zu rechnen ist. Soll die Annahme im Aus-

Anerkennungshindernis

land vollzogen werden, prüft die internationale Vermittlungsstelle, ob die Adoption nicht zu einem Ergebnis führt, das – unter Berücksichtigung des Kindeswohls – mit wesentlichen Grundsätzen des deutschen Rechts offensichtlich unvereinbar, insbesondere mit den Grundrechten unvereinbar ist (§5 Abs. 1 Nr. 2). Bei der Prüfung dieser Frage geht es in erster Linie darum, sicherzustellen, ob die im Heimatstaat vorzunehmende Adoption im Inland anerkannt werden wird. In diesem Zusammenhang ist ein Verstoß gegen die deutsche öffentliche Ordnung (»ordre public«) grundsätzlich das einzige Anerkennungshindernis.

Vorbereitende Begegnungen

Gemäß §5 Abs. 2 hat die internationale Vermittlungsstelle die Adoptionsbewerber über den von den Heimatbehörden des Kindes gemachten Vermittlungsvorschlag umfassend zu informieren und zu beraten. Allerdings bleiben Identität und Aufenthaltsort des Kindes, seiner Eltern und sonstiger Inhaber des Sorgerechts vor Erteilung der Zustimmungen gem. Artikel 17 Buchst. c des Haager Übereinkommens vertraulich. Etwas anderes gilt nur, soweit die Zentrale Behörde des Heimatstaats einer Offenbarung zugestimmt hat. Ungeachtet dessen ist eine vorbereitende Begegnung im Einzelfall zwischen den Adoptionsbewerbern und dem Kind möglich, bevor das Kind den Adoptionsbewerbern anvertraut wird. Nach Erteilung der beiderseitigen Zustimmungen endet die Geheimhaltungspflicht.

Öffentliche Beurkundung der Erklärung der Adoptionsbewerber

Sind die Voraussetzungen des §5 Abs. 1 erfüllt und ist eine Beratung nach §5 Abs. 2 erfolgt, so fordert die internationale Vermittlungsstelle die Adoptionsbewerber auf, innerhalb einer zu bestimmenden Frist zu erklären, ob sie bereit sind, das vorgeschlagene Kind anzunehmen (§5 Abs. 3). Für die abzugebende Erklärung der Adoptionsbewerber ist eine öffentliche Beurkundung vorgesehen (§5 Abs. 3 S. 2). Zwar hat die Abgabe dieser Erklärung keine unmittelbaren materiell-rechtlichen Konsequenzen und ist insbesondere auch nicht einem Annahmeantrag gem. §1752 BGB gleichzusetzen. Aus diesem Grunde bedarf es für die Erklärung auch keiner notariellen Beurkundung. Mit Zugang

Bewilligung der Einreise und des Aufenthalts im Aufnahmestaat

der öffentlich beurkundeten Erklärung der Adoptionsbewerber »gilt das vorgeschlagene Kind« in Bezug auf seine Einreise und seinen Aufenthalt im Bundesgebiet als Kind der Adoptionsbewerber. Auf Antrag der Adoptionsbewerber sichert die Ausländerbehörde bei Vorliegen der – ausschließlich formellen – Voraussetzungen die Erteilung einer Aufenthaltserlaubnis zu (§5 Abs. 4). Bevor die zuständigen Behörden des Aufnahmestaats die entsprechende Entscheidung getroffen haben, daß dem Kind die Einreise und der ständige Aufenthalt im Aufnahmestaat bewilligt wird, darf das Kind den Adoptionsbewerbern weder im Heimatstaat anvertraut, noch die Adoption im Heimat- oder im Aufnahmestaat durchgeführt werden (vgl. Artikel 17 Buchst. d i.V.m. Artikel 5 Buchst. c des Haager Übereinkommens).

Rechtsfolgen der Einverständniserklärung

Hervorhebenswert erscheint ferner, daß die von den Adoptionsbewerbern abzugebene und öffentlich beurkundete Erklärung nur dann die in §5 Abs. 4 geregelte Rechtsfolge hat (gesetzliche Fiktion, daß das Kind im Bundesgebiet als Kind der Adoptionsbewerber gilt), wenn die abgegebene Einverständniserklärung »auf Aufforderung« durch die zuständige deutsche internationale Vermittlungsstelle erfolgte. Eine aus eigener Initiative abgegebene Einverständniserklärung der Adoptionsbewerber kann die fragliche Rechtsfolge hingegen nicht auslösen. Hintergrund dieser Regelung ist die Tatsache, daß die Aufforderung der internationalen Vermittlungsstelle gem. §5 Abs. 3 erst ergehen darf, nachdem die Vermittlungsstelle sich davon überzeugt hat, daß die Voraussetzungen einer internationalen Adoption erfüllt sind. Sofern die Ausländerbehörde auf Antrag der Adoptionsbewerber die Erteilung einer Aufenthaltserlaubnis zusichert (§5 Abs. 4 S. 2), ergibt sich hieraus, daß die Zusicherung nicht etwa die Erteilung einer Aufenthaltserlaubnis selbst bedeutet, sondern die Aufenthaltserlaubnis vor Einreise in Form eines Visums einzuholen ist (§3 Abs. 3 S. 1 AuslG).

Gem. §5 Abs. 5 S. 1 erteilt die deutsche internationale Vermittlungsstelle ihre Zustimmung sowohl zum Anvertrauen

Deutsche Auslandsvertretung

des Kindes an die Adoptionsbewerber (Artikel 17 Buchst. b) sowie zur Fortsetzung des Adoptionsverfahrens (Artikel 17 Buchst. c). Darüberhinaus teilt sie der Zentralen Behörde des Heimatstaats mit, daß die Einreise nach Deutschland und der Aufenthalt in Deutschland für das künftige Adoptivkind gewährleistet sind (Artikel 17 Buchst. d). Die zuständige deutsche Auslandsvertretung erteilt desweiteren auf Grund der nach §5 Abs. 4 S. 2 erteilten Zusicherung den erforderlichen Sichtvermerk (§5 Abs. 5 S. 2). Gem. §5 Abs. 6 S. 2 unterrichtet die internationale Vermittlungsstelle das für den gewöhnlichen Aufenthaltsort der Adoptionsbewerber zuständige Jugendamt über die gem. §5 Abs. 5 S. 1 abgegebenen Erklärungen. Darüberhinaus ermöglicht §5 Abs. 6 S. 1 einen frühzeitigen Informations- und Meinungsaustausch mit dem gem. §87 c Abs. 4 SGB VIII zuständigen Jugendamt (Jugendamt des gewöhnlichen Aufenthaltsorts der Adoptionsbewerber). Gem. §5 Abs. 7 setzt sich das zuständige Jugendamt, das gem. §1751 Abs. 1 S. 2 BGB Amtsvormund geworden ist oder das die künftige Adoptivfamilie nachsorgend betreut (§§9, 9 a AdVermiG zukünftiger Fassung) mit der internationalen Vermittlungsstelle in Verbindung. Das gleiche gilt selbstverständlich für die Adoptionsvermittlungsstellen, die im Einzelfall Aufgaben der Adoptionshilfe oder der Adoptionsbegleitung wahrnehmen. Durch die Vorschrift soll sichergestellt sein, daß eine gegenseitige Unterrichtung über alle Erkenntnisse in Bezug auf die Entwicklung des Kindes erfolgt. Dabei sollen die jeweiligen Erfahrungen der internationalen Adoptionsvermittlungsstelle wie auch der örtlichen Vermittlungsstelle genutzt werden.

Scheitern des Vermittlungsverfahrens

§6 regelt die Rechtsfolgen für den Fall, daß das Vermittlungsverfahren scheitert und die angebahnte Adoption mithin nicht vollzogen wird. Aufgrund der relativ genauen Vorgaben des Haager Übereinkommens zum Scheitern einer Vermittlung (Artikel 19 Abs. 3 und Artikel 21) befaßt sich §6 im wesentlichen nur mit den Fragen, unter welchen Voraussetzungen die Tätigkeit der deutschen internationalen Vermittlungsstelle als gescheitert anzusehen ist und welche Auswirkungen das Scheitern der Vermittlung auf die Rechtsstellung des Kindes hat.

§§

Fehlende Eignung der Adoptionsbewerber

Die entsprechenden Gründe sind in § 6 Abs. 1 Nr. 1–5 aufgezählt: Hiernach scheitert das Vermittlungsverfahren, wenn die Adoptionsbewerber ihren Mitwirkungsobliegenheiten nicht nachkommen (z. B. das abschließende Einverständnis mit dem unterbreiteten Vermittlungsvorschlag gem. § 5 Abs. 3 nicht erteilen oder im Zusammenhang mit der Mitwirkung bei der Erstellung des Eignungsberichts). Das Verfahren kann ferner abgebrochen werden, wenn sich die Eignung der Adoptionsbewerber nicht mit der erforderlichen Sicherheit feststellen läßt. Hervorhebenswert ist in diesem Zusammenhang, daß die Darlegungs- und Beweislast für die entsprechende Eignung zur Adoption grundsätzlich bei den Adoptionsbewerbern liegt und im Interesse des Kindes etwa auftretende Zweifel grundsätzlich zu Lasten der Adoptionsbewerber gehen. Das Vermittlungsverfahren endet ferner, wenn die Zentrale Behörde des Heimatstaats ihre erforderliche Mitwirkung unterläßt. Gemeint ist hier, daß mit einer gewissen Sicherheit nicht mehr mit einem Verfahrensfortschritt zugunsten einer Adoption mit Blick auf das konkrete Vermittlungsverfahren gerechnet werden kann. Ferner kommt eine Vermittlung nicht in Betracht, wenn das Kind nach Übersiedlung in die Obhut der Adoptionsbewerber wieder aus der Adoptivfamilie herausgenommen wird. Schließlich wird ein Scheitern der Vermittlung dann angenommen, wenn aus anderen Gründen nicht mehr mit der Begründung eines Annahmeverhältnisses zu rechnen ist.

Widerspruch und Anfechtungsklage

Die internationale Vermittlungsstelle teilt das Scheitern des Vermittlungsverfahrens den beteiligten Stellen und den Adoptionsbewerbern schriftlich mit, ein etwaiger hiergegen gerichteter Widerspruch bzw. eine Anfechtungsklage haben keine aufschiebende Wirkung (§ 6 Abs. 2 S. 1). Diese Mitteilung stellt mithin einen anfechtbaren Verwaltungsakt dar, der jedoch kraft Gesetzes sofort vollziehbar ist. Durch die Mitteilung entfällt die Fiktion eines Kind-

Rückkehr in Heimatstaat nur letzte Möglichkeit

schaftsverhältnisses zwischen den Adoptionsbewerbern und dem vermittelten Kind. Sofern das Kind sich bereits in Deutschland befindet und aus der Obhut der Adoptionsbewerber ausscheiden muss (§6 Abs. 1 Nr. 4), soll dem Kind ein erneuter Wechsel seiner Lebensumwelt möglichst erspart werden, sodaß die Rückkehr des einmal in den Aufnahmestaat übergesiedelten Kindes in seinen Heimatstaat nur als letzte Möglichkeit vorgesehen ist. Solange mithin das Wohl des Kindes nicht dessen Rückführung erfordert, soll es im Aufnahmestaat angemessen betreut und gefördert werden.

Verlängerung der Aufenthaltserlaubnis

Damit wird dem Kind ein eigenständiges Aufenthaltsrecht verliehen, damit es nach §1 Abs. 1 u. §6 Abs. 2 SGB VIII für Leistungen aus der Kinder- und Jugendhilfe berechtigt wird. Zu diesem Zweck wird die Aufenthaltserlaubnis für das Kind in entsprechender Anwendung von §16 Abs. 4 AuslG ohne Rücksicht auf die Inanspruchnahme öffentlicher Mittel jeweils befristet verlängert. Das Aufenthaltsrecht entfällt lediglich dann, sobald sich herausstellt, daß das Wohl des Kindes dessen Rückkehr in seinen Heimatstaat notwendig macht. Zu den beteiligten Stellen, denen die internationale Vermittlungsstelle das Scheitern des Vermittlungsverfahrens mitteilt, gehören naturgemäß die ausländischen Partnerstellen, ferner das für den gewöhnlichen Aufenthaltsort der Adoptionsbewerber zuständige Jugendamt, die Ausländerbehörde sowie die zuständige deutsche Auslandsvertretung, sofern die Adoptionsbewerber bereits eine Erklärung gem. §5 Abs. 3 abgegeben hatten (§6 Abs. 2 S. 1).

Rücksendung übermittelter Unterlagen

Gem. §6 Abs. 2 S. 3 kann von einer Rücksendung übermittelter Unterlagen mit Zustimmung der Zentralen Behörde des Heimatstaats abgesehen werden, wenn für daßelbe Kind ein neuer Unterbringungsvorschlag gemacht werden soll. Kommt eine Annahme des Kindes durch andere als die ursprünglich ausgewählten Adoptionsbewerber in Betracht und wird das Kind demzufolge im Inland anderen Adoptionsbewerbern nach entsprechender Unterrichtung der Zentralen Behörde des Heimatstaats anvertraut, so ist die Vermittlungsstelle verpflichtet, den neuen Adoptionsbewerbern hierüber eine schriftliche Bestätigung zur Vorlage beim Vormundschaftsgericht zu erteilen.

Bescheinigung über das Zustandekommen oder die Umwandlung eines Annahmeverhältnisses

§§ 7 u. 8 befassen sich mit Ausführungsbestimmungen zu den Artikeln 23 u. 27 Abs. 2 des Haager Übereinkommens und regeln die Bescheinigungen über das Zustandekommen oder die Umwandlung eines Annahmeverhältnisses. Gem. § 7 Abs. 1 ist die zentrale Adoptionsstelle verpflichtet, eine Bescheinigung über die gem. Artikel 17 Buchst. c des Haager Übereinkommens notwendige Zustimmung zu erteilen. Um die internationale Akzeptanz einer in Deutschland ausgestellten Bescheinigung zu gewährleisten, ist eine zugelassene Organisation naturgemäß zur Erteilung einer solchen Bescheinigung nicht berechtigt. Insoweit ist vielmehr die zentrale Adoptionsstelle zuständig, in deren Bereich die zugelassene Organisation ihren Sitz hat (§ 7 Abs. 1 S. 2).

Höhe der Gebühren

Für die Tätigkeit der zentralen Adoptionsstellen wird ferner gem. § 7 Abs. 2 festgelegt, daß die Gebühr für eine Bescheinigung 100,00 Deutsche Mark nicht übersteigen darf. Auslagen können daneben erhoben werden. Die Regelung des § 8 hat zum Ziel, die Verwendung von Bescheinigungen über eine vollzogene Annahme oder die Umwandlung eines Annahmeverhältnisses, die in anderen Vertragsstaaten über dort gem. dem Haager Übereinkommen zustandegekommene Adoptionen ausgestellt sind, im Inland zu erleichtern.

c) Zum Gesetz über Wirkungen der Annahme als Kind nach ausländischem Recht (Adoptionswirkungsgesetz – AdWirkG)

Während das Ausführungsgesetz zum Haager Übereinkommen (Artikel 1 des Begleitgesetzes) lediglich die Durchführung des Haager Übereinkommens zum Gegenstand hat, will das Adoptionswirkungsgesetz ein gerichtli-

Anwendungsbereich des Haager Übereinkommens

ches Verfahren regeln, mit dem die Wirkungen einer auf der Anwendung ausländischen Rechts beruhenden Annahme eines minderjährigen Kindes im Inland geklärt werden. Damit soll das Annahmeverhältnis soweit wie möglich an die Gegebenheiten der deutschen Rechtsordnung angepaßt werden, um dadurch dem Kind die Integration in eine Lebensumwelt zu erleichtern. Das Gesetz über Wirkungen der Annahme als Kind nach ausländischem Recht soll ausdrücklich sowohl Adoptionen innerhalb wie auch außerhalb des Anwendungsbereichs des Haager Übereinkommens regeln. Da die Bestimmungen des Haager Übereinkommens durch das Zustimmungsgesetz zum Haager Übereinkommen unmittelbar geltendes innerstaatliches Recht werden, haben Beschlüsse, die eine Adoption betreffen, die wiederum in den Anwendungsbereich des Haager Übereinkommens fällt, lediglich klarstellende und »rechtsbekräftigende« Bedeutung.

Wirkungsausspruch

Gem. §1 gelten die Vorschriften über den Wirkungsausspruch bzw. das Verfahren (§2 u. 3) für eine Annahme als Kind, die auf einer ausländischen Entscheidung oder nach ausländischen Sachvorschriften auf einem Rechtsgeschäft beruht und im Inland anzuerkennen oder wirksam ist. Voraussetzung ist, daß der Angenommene zur Zeit der Annahme das 18. Lebensjahr nicht vollendet hat (§1 Abs. 1 u. Abs. 2). Das Annahmeverhältnis kann ausdrücklich durch eine gerichtliche oder behördliche Entscheidung, ebenso aber auch durch ein Rechtsgeschäft zwischen den Annehmenden und dem Kind oder dem Inhaber der Sorge (Vertragsadoption) zustandegekommen sein. Der ausländische Adoptionsakt über die Annahme als Kind ist auf seine Anerkennung nach staatsvertraglichen Bestimmungen oder nach eigenständigem Staatsrecht zu prüfen. Die Darstellung weiterer Einzelheiten verbietet sich bei dem derzeitigen Verfahrensstand und in diesem Zusammenhang.

§2 behandelt Regelungen über die Wirkungen eines nach ausländischem Recht begründeten Annahmeverhältnisses. Dabei handelt es sich grundsätzlich um ein Antragsverfah-

Personenkreis beschränkt

ren, bei dem antragsberechtigt nur der Annehmende oder die annehmenden Ehegatten gemeinsam sowie das angenommene Kind sind. Mit der Beschränkung der Antragsberechtigung auf diesen Personenkreis sowie die Tatsache, daß das Verfahren grundsätzlich nur auf Antrag durchgeführt wird, soll sichergestellt sein, daß der Adoptivfamilie ein gerichtliches Verfahren, verbunden mit der Anhörung des Kindes, nicht von dritter Seite aufgezwungen werden kann. Handelt es sich um eine ausländische Volladoption, wird das adoptierte Kind einem nach deutschen Vorschriften angenommenen Kind gleichgestellt (§2 Abs. 1). In diesem Falle hat die vormundschaftsgerichtliche Entscheidung im Rahmen einer nach dem Haager Übereinkommen durchgeführten Adoption lediglich deklaratorische Bedeutung, sofern die Adoption nicht in einem Vertragsstaat durchgeführt wurde, hingegen rechtsgestaltende, also konstitutive Wirkung.

Umwandlung einer sog. schwachen Adoption

§2 Abs. 2 ermöglicht die Umwandlung einer sog. schwachen Adoption ausländischen Rechts in eine Volladoption nach deutschem Recht. Soweit diese Adoption nach dem Haager Übereinkommen durchgeführt wurde, enthält die fragliche Regelung eine Ausführungsvorschrift, mit der die Bundesrepublik Deutschland eine derartige Umwandlung gestattet. Dieser Ausspruch ist mithin sowohl für Adoptionsfälle innerhalb wie außerhalb des Haager Übereinkommens rechtsgestaltend (konstitutiv). Wegen der weitreichenden Rechtsfolge einer solchen Umwandlung sind an eine solche Entscheidung entsprechende Voraussetzungen geknüpft: Antrag der Annehmenden und notarielle Beurkundung dieses Antrags. Ferner muß das Vormundschaftsgericht prüfen, ob die erforderlichen Zustimmungen des Kindes und seiner leiblichen Eltern vorliegen. Dabei ist zu prüfen, ob die Zustimmung der Eltern auch dahin ausgelegt werden kann, daß sie inhaltlich einer Volladoption zustimmen wollten oder ob die entsprechenden Zustimmungen zu einer sog. schwachen Adoption nachträglich mit Blick auf die Rechtsfolge einer Volladoption erweitert worden sind.

Gerichtlicher Wirkungsausspruch

Für den Fall, daß es bei einer sog. schwachen Adoption verbleibt, ermöglicht §5 Abs. 3 als Auffangregelung einen gerichtlichen Wirkungsausspruch für die Rechtsbereiche der elterlichen Sorge und der Unterhaltspflicht des Annehmenden gegenüber dem Kind, wodurch ein wesentlicher Kernbereich der Annahmewirkungen klargestellt wird, um eine Wiederholungsadoption im Inland möglichst entbehrlich zu machen. Hintergrund dieser Regelung ist i. Ü. auch, die Besonderheit des Annahmeverhältnisses als sog. schwache Adoption zu respektieren und weitergehende Rechte der Beteiligten durch den Ausspruch nicht zu verletzen.

Verfahrensfragen

§3 regelt Verfahrensfragen, wobei insbesondere von Bedeutung ist, daß es einer Anhörung der Eltern, von denen das Kind abstammt, nicht mehr bedarf. Der vom Vormundschaftsgericht im Verfahren der freiwilligen Gerichtsbarkeit zu erlassene Beschluss wirkt für und gegen alle, jedoch mit Ausnahme der Eltern, von denen das Kind abstammt.

d) Änderung des Adoptionsvermittlungsgesetzes

Geltungsbereich des Adoptionsvermittlungsgesetzes

Artikel 3 des Begleitgesetzes enthält Änderungen und Ergänzungen des Adoptionsvermittlungsgesetzes. Diese – neuen – Bestimmungen haben nicht nur für grenzüberschreitende Adoptionen im Anwendungsbereich des Haager Übereinkommens Bedeutung, sondern generell für Auslandsadoptionen sowie darüberhinaus auch für Inlandsadoptionen. Die diversen Neuregelungen betreffen insbesondere die Begutachtung von Adoptionsbewerbern im Vorfeld einer Auslandsadoption, die Beobachtung eines aus dem Ausland stammenden Kindes nach einer im Ausland vollzogenen Annahme, die Zusammenarbeit der Adoptionsvermittlungsstellen mit der Zentralen Behörde des Bundes bei grenzüberschreitender Adoption sowie die Aufbewahrung von und den Zugang zu Vermittlungsakten. Darüberhinaus regeln sie den Datenschutz, die Anerkennung und den – wichtigen – Bereich der Beaufsichtigung von Adoptionsvermittlungsstellen in freier Trägerschaft sowie die Modalitäten der Vermittlung und Nachsorge sowie verschiedene Mitteilungspflichten.

Im einzelnen:

Präzisierung der Qualifikation

An den geltenden § 2 wird ein neuer Absatz 4 angefügt. Im wesentlichen dient diese Vorschrift der Koordination der Aufgaben des Generalbundesanwalts als Zentraler Behörde des Bundes nach dem Haager Übereinkommen. Die Vorschriften sind organisatorischer Natur und bedürfen daher im Rahmen dieser Ausführungen keiner weiteren Erläuterung. Die beabsichtigte Neufassung des § 3 will die Anforderungen an die mit der Adoptionsvermittlung befaßten Personen präzisieren. In Anlehnung an die Regelungen des Haager Übereinkommens wird nunmehr hinsichtlich der Qualifikation der Fachkraft in der Adoptionsvermittlung das Merkmal der »Persönlichkeit« hinzugefügt. Dieses Merkmal begreift nicht nur das Kriterium der Zuverlässigkeit, sondern will bewußt Anforderungen etwa an die Emphatie und Kommunikationsfähigkeit der Vermittlungsperson einbeziehen. Der Gesetzgeber setzt i. Ü. hinsichtlich der fachlichen und persönlichen Anforderungen der mit Vermittlungsaufgaben betrauten Mitarbeiter voraus, daß die mit internationaler Vermittlung befaßten Mitarbeiter einer in der Praxis erworbenen – also langjährigen – speziellen Qualifikation bedürfen. Mit Rücksicht auf die neuen Bestimmungen, die sich im wesentlichen an die bewährte nationale Adoptionsvermittlungspraxis anlehnen, kann damit (eindeutig) lediglich auf langjährige Erfahrungen bei Inlandsadoptionen einschließlich solcher mit Auslandsberührung abgehoben werden.

Besetzung der Adoptionsvermittlungsstelle

Der neu gefaßte § 3 Abs. 3 erweitert zudem die Besetzung einer Adoptionsvermittlungsstelle auf mindestens zwei Vollzeitfachkräfte. Bei Teilzeitfachkräften ist die Stelle mit einer entsprechenden Anzahl zu besetzen. Die Fachkräfte dürfen nicht in nennenswertem Umfang mit vermitt-

Organisation der Adoptinsvermittlung

lungsfremden Aufgaben befaßt sein (§3 Abs. 2 S. 1). Im Ergebnis soll durch diese Regelung gewährleistet werden, daß in jeder Adoptionsvermittlungsstelle zumindest zwei Vermittlerinnen oder Vermittler tätig sind, die sich untereinander austauschen und auf diese Weise die Qualität ihrer Vermittlungsarbeit sichern und verbessern können. Diese Regelungen gelten für staatliche Adoptionsvermittlungsstellen wie für anerkannte Adoptionsvermittlungsstellen in freier Trägerschaft gleichermaßen. §3 Abs. 2 S. 2 regelt die Qualifikationsanforderungen für die Leitung einer Adoptionsvermittlungsstelle, sofern eine solche Leitung vorgesehen ist. §4 erweitert in seiner Neufassung die schon bisher in dieser Vorschrift enthaltenen Bestimmungen über die Anerkennung freier Adoptionsvermittlungsstellen und regelt weiterhin im einzelnen deren staatliche Aufsicht. Die Vorschriften sind organisatorischer Natur und bedürfen daher in diesem Rahmen keiner weiteren Erläuterung.

Eignungsprüfung auf Antrag

In §7 Abs. 1 wird ein neuer Satz 4 eingefügt, mit dem sichergestellt wird, daß die Adoptionsbewerber über das Ergebnis der bei ihnen durchgeführten sachdienlichen Ermittlungen unterrichtet werden. Über diese Handhabung bestanden in der Praxis unterschiedliche Auffassungen. Weiterhin wird in §7 der Abs. 2 neu gefaßt. Er regelt die Möglichkeit, Adoptionsbewerber im Hinblick auf die beabsichtigte Bewerbung um eine Auslandsadoption auf ihre generelle Eignung hin zu überprüfen. Die entsprechende Eignungsprüfung wird nur auf Antrag gewährt und zielt auf die Prüfung der allgemeinen Eignung der Bewerber zur Adoption eines Kindes aus einem bestimmten Herkunftsstaat ab (§7 Abs. 2 S. 1). Gem. §7 Abs. 2 S. 2 hat die Adoptionsvermittlungsstelle das Ergebnis ihrer Prüfung in einem Bericht festzuhalten, der den Standards des Haager Übereinkommens genügt. Der Bericht äußert sich nicht nur über die Eignung der Adoptionsbewerber für die Annahme und die Erfüllung der gesetzlichen Voraussetzungen, sondern er enthält insbesondere auch Angaben über die Person der Adoptionsbewerber, über deren persönliche und familiäre Umstände, ihre Krankheitsgeschichte, ihr soziales Umfeld, ihre Beweggründe für die beabsichtigte Annahme, ihre Fähigkeit zur Übernahme der mit einer internationalen Adoption verbundenen Aufgaben und über die Eigenschaften der Kinder »für die zu sorgen sie geeignet wären«. Dabei obliegt es den Adoptionsbewerbern, die für den Bericht benötigten Angaben zu machen und geeignete Nachweise zu erbringen (§7 Abs. 2 S. 3); hiermit ist zum Ausdruck gebracht, daß die Adoptionsbewerber im Rahmen der Eignungsprüfung die Darlegungs- und Beweislast tragen.

§7 Abs. 2 S. 4 u. 5 regeln die Unterrichtungsverpflichtung der Adoptionsvermittlungsstelle hinsichtlich der Adoptionsbewerber und der in Frage kommenden Adoptionsvermittlungsstelle. Gem. §7 Abs. 3 (Neuregelung) verweist der Gesetzgeber darauf, daß die Jugendämter die Wahrnehmung der Aufgaben nach §7 Abs. 1 u. Abs. 2 als Pflichtaufgabe zu erbringen haben.

Beobachtung des Kindes und seiner Entwicklung

Durch die neu eingefügte Regelung des §9 Buchst. a soll dem gesetzgeberischen Anliegen, im Ausland durchgeführte Adoptionen unter dem Blickwinkel des Kindeswohls stärker zu kontrollieren, Rechnung getragen werden. Nach dieser Bestimmung ist vorgesehen, ein im Ausland angenommenes Kind im Inland für einen Zeitraum von zwei Jahren der Beobachtung durch das Jugendamt, das für seinen Wohnort oder den Ort seines gewöhnlichen Aufenthalts zuständig ist, zu unterziehen. Damit findet nunmehr kraft Gesetzes für solche im Ausland durchgeführten Adoptionen eine Beobachtung des Kindes und seiner Entwicklung statt. Zugleich wird hierdurch dem Mißbrauch durch ausländische Adoptionspraxis entgegengewirkt und das Fehlen einer Adoptionspflegezeit, wie sie bei Inlandsadoptionen prinzipiell gem. §1744 BGB vorgeschrieben ist, in gewissem Maße kompensiert. Die Beobachtung ermöglicht es dem Jugendamt ferner, Fälle aufzudecken, in denen die Adoption im Ausland entgegen dem Kindeswohl durchgeführt wurde und deshalb gegen grundlegende

Prinzipien des deutschen Adoptionsrechts verstößt. Entgegen einer Kindesannahme im Inland, die in aller Regel durch eine sorgfältige Vorbereitung und das Erfordernis einer Adoptionspflegezeit (§ 1744 BGB) bei entsprechender Aufsicht durch die zuständige Adoptionsvermittlungsstelle gekennzeichnet ist, ist der ausländischen Adoptionsentscheidung zumeist keine, geschweige denn eine längere Adoptionspflegezeit vorausgegangen.

Beginn der Beobachtungszeit

Gem. § 9 a Abs. 1 S. 2 beginnt die Beobachtungszeit erst mit Kenntnis des zuständigen Jugendamts von dem Aufenthalt des Kindes. Die Verkürzung des Zeitraums der Beobachtung durch Verbergen der Adoption ist damit nicht mehr möglich. Zudem sind Behörden und Gerichte verpflichtet, Erkenntnisse über den möglichen Aufenthalt eines im Ausland adoptierten Kindes dem Generalbundesanwalt mitzuteilen, dieser unterrichtet wiederum das zuständige Jugendamt.

Hausbesuche

Über die nähere Ausgestaltung der Beobachtung schweigt das Gesetz. Hausbesuche oder Einzelkontakte zu dem Kind in regelmäßigen Abständen dürften aber jedenfalls angezeigt sein. Gem. § 9 a Abs. 1 S. 4 ist eine Delegation der Beobachtungsaufgaben auf andere Adoptionsvermittlungsstellen erlaubt.

Öffentlich-rechtlicher Vertrag über Beobachtung

§ 9 a Abs. 2 S. 1 erlaubt den Abschluß eines öffentlich-rechtlichen Vertrages zwischen den Adoptionsbewerbern und der Adoptionsvermittlungsstelle über eine Beobachtung des Kindes auch nach vollzogener Annahme und über die Weitergabe der gewonnen Erkenntnisse an die zuständigen Stellen des Herkunftsstaats. Konkrete Anforderungen über die Erstattung von Entwicklungsberichten enthält die Regelung hingegen nicht. Die erörterte Bestimmung kommt jedoch nur dann zur Anwendung, wenn die Beobachtung und der Entwicklungsbericht erforderlich sind, um die von einem ausländischen Staat aufgestellten Annahmevoraussetzungen zu erfüllen. Um solche Annahmevoraussetzungen handelt es sich allerdings nur dann, wenn ohne deren Erfüllung die Adoption voraussichtlich nicht verwirklicht werden könnte. Insgesamt bezweckt die Vorschrift eine Verbesserung der Rechtslage bei grenzüberschreitender Adoption, weil viele Herkunftsstaaten verlangen, daß deutsche Vermittlungsstellen eine Verpflichtung zur Berichterstattung über die Entwicklung des Kindes nach dessen Übersiedlung eingehen. Die Übernahme einer solchen Verpflichtung setzt aber voraus, daß die Vermittlungsstelle auch sicher davon ausgehen kann, über die Entwicklung des Kindes in der Aufnahmefamilie informiert zu werden. Allerdings tritt die Beobachtung des Kindes nach Abs. 2 nicht neben, sondern an die Stelle der Regelbeobachtungen nach § 9 a Abs. 1.

Verpflichtung zum Entwicklungsbericht

Über Streitigkeiten, die bei der Anwendung der Absätze 1 oder 2 auftreten, entscheidet das Vormundschaftsgericht. Das Vormundschaftsgericht kann ferner den Zeitraum der Beobachtung nach Abs. 1 abkürzen oder auf bis zu 3 Jahre verlängern bzw. anordnen, daß eine Beobachtung nach § 9 a Abs. 1 nicht eintritt (§ 9 a Abs. 3 S. 1 u. 2).

Vormundschaftsgericht

Die ebenfalls neu eingefügte Vorschrift des § 9 b regelt die Aufbewahrung von Vermittlungsakten und die Gewährung von Einsicht in diese Unterlagen. Aufzubewahren sind – im engeren Sinne – Aufzeichnungen über sachdienliche Ermittlungen nach § 7. Durch die beabsichtigte Neuregelung des § 7 sind also auch die Aufzeichnungen über die Eignungsprüfung aufzubewahren. § 9 b Abs. 2 regelt den Zugang zu den Aufzeichnungen i. S. des Abs. 1. Mit der Vorschrift soll sowohl dem Interesse der leiblichen Eltern als auch der Erziehungsverantwortung der Adoptiveltern mit Blick auf das Recht des Kindes auf Kenntnis seiner Abstammung Rechnung getragen werden. Die Regelung stellt die Aufzeichnungen über die Herkunft und die Lebensgeschichte des Kindes sowie andere für das Kind erhebliche Angaben über seine Ursprungsfamilie in den Vordergrund und will dem Kind insoweit ein Recht auf Zugang zu diesen Daten geben. Voraussetzung hierfür ist, daß das Kind entweder das 16. Lebensjahr vollendet hat

Aufzeichnungen über die Eignungsprüfung

Akteneinsicht

oder der gesetzliche Vertreter des Kindes Einblick in die Aufzeichnungen beantragt. Soweit das Kind selbst den Anspruch verfolgt, soll ihm unter angemessener Anleitung Einsicht in die Daten gewährt werden (§9 b Abs. 2). Schließlich kann die Adoptionsvermittlungsstelle, bevor sie Akteneinsicht gewährt, vorbereitende Gespräche mit Angehörigen der Ursprungsfamilie vermitteln, sofern hierdurch die Belastung, die für die Ursprungsfamilie mit der Offenlegung persönlicher Verhältnisse verbunden ist, abgemildert werden kann (§9 b Abs. 2 S. 3). Sofern überwiegende Belange eines Betroffenen entgegenstehen, ist die Einsichtnahme jedoch zu verweigern (§9 b Abs. 2 S. 3).

Erlaß einer Durchführungsverordnung?

Weiterhin ist beabsichtigt, die Regelung des §9 c einzufügen. Mit dieser Vorschrift soll die bisher in §7 Abs. 2 enthaltene Ermächtigung zum Erlaß einer Durchführungsverordnung erweitert werden. Von dieser Ermächtigung war während der Zeit des Bestehens des geltenden §7 Abs. 2 nicht Gebrauch gemacht worden. Es erscheint mehr als fraglich, ob das zuständige Bundesministerium nunmehr eine entsprechende Durchführungsverordnung erläßt. Eine Erörterung dieser Bestimmung unterbleibt daher mit Rücksicht auf diese Sachlage.

Datenschutz

Die ebenfalls neu eingeführte Vorschrift des §9 d trifft Regelungen über den Schutz der nach dem Adoptionsvermittlungsgesetz zu erhebenen personenbezogenen Daten.

An dieser Stelle sei der Deutlichkeit halber nochmals darauf hingewiesen, daß auch die soeben erörterten geplanten Änderungen des Adoptionsvermittlungsgesetzes erst zukünftig Gesetz werden sollen; die nachfolgend (in Teil C) kommentierten und erläuterten Bestimmungen des Adoptionsvermittlungsgesetzes sind hingegen derzeit geltendes Recht.

C. Das Verfahren der Adoptionsvermittlung

I. Grundsätzliche Überlegungen des Gesetzgebers

Rechtlicher Handlungsrahmen für Zusammenführen von Kindern mit Adoptionsbewerbern

Um die entscheidende Zielsetzung einer Adoption auch optimal zu verwirklichen – Schaffung der Voraussetzungen für eine gesunde körperliche und seelische Entwicklung des Kindes einschließlich der Entwicklung der sozialen Beziehungen mit dem Gefühl der Geborgenheit und dem Gefühl der beständigen und ungestörten Zugehörigkeit zur Adoptivfamilie als einem eigenen Zuhause – bedarf es eines rechtlichen Handlungsrahmens, um die Zusammenführung von Kindern mit Adoptionsbewerbern unter den genannten Vorgaben und auf der Grundlage des materiellen Adoptionsrechts entsprechend günstig zu gestalten.

Diesen rechtlichen Handlungsrahmen bietet das Adoptionsvermittlungsgesetz (vgl. hierzu Einleitung), das zeitgleich mit dem Adoptionsgesetz 1976 reformiert und später wiederholt ergänzt, angepaßt und verändert wurde.

1. Schwerpunkte der Adoptionsvermittlung

§§

Elternhaus für Heimkinder

Dabei ließ der Gesetzgeber keinen Zweifel daran, was ihm bei der Adoptionsvermittlung besonders wichtig erschien: So sollte insbesondere durch eine umfassende Neuordnung der organisatorischen und personellen Voraussetzungen die Zusammenführung von »Kindern ohne Eltern« mit zu ihnen passenden »Eltern ohne Kinder« (auf den diesbezüglichen Auffassungswandel wurde bereits an anderer Stelle hingewiesen), verbessert und die Grundlage für eine optimale Praxis der Adoptionsvermittlung bereitet werden. Zudem sollte mit Hilfe des Adoptionsvermittlungsgesetzes die Möglichkeit erweitert werden, gerade für Heimkinder frühzeitig Adoptiveltern und damit ein Elternhaus zu finden. Durch die beiden vom Gesetzgeber hervorgehobenen Schwerpunkte wurde die Adoptionsvermittlung als solche zu einem wichtigen und bedeutungsvollen Instrument spezifischer Jugendhilfe, die nach Einschätzung des Gesetzgebers eine besondere fachliche Leistung der Jugendhilfe darstellt.

2. Fachlichkeit der Mitarbeiter

Besonderes fachliches Verständnis

Die Fülle der insoweit anfallenden Aufgaben sind ebenso umfangreich wie komplex und erfordern aus Sicht des Gesetzgebers in aller Regel vielfältige Kenntnisse des sozialen, psychologischen, pädagogischen und juristischen Bereichs. Sie verlangen fachliches Verständnis für die Probleme der »abgebenden« Eltern, Fähigkeit zu gezielter Gesprächsführung sowie zu sachgerechter Wertung der Motive der Adoptionsbewerber.

Persönliche Qualifikationen

Die Steigerung der Effektivität der Vermittlung und die Verbesserung ihrer fachlichen Durchführung war dementsprechend ein Hauptziel der Reform des Adoptionsvermittlungsgesetzes. Der Gesetzgeber glaubte, dieses Ziel insbesondere durch die mit dem Adoptionsvermittlungsgesetz gemachten Vorgaben an die fachliche personelle Besetzung und die Organisation der Adoptionsvermittlung gewährleisten zu können. Gerade das Erfordernis der besonderen fachlichen und persönlichen Qualifikation entsprach i. Ü. wiederum den Bestimmungen des Europäischen Übereinkommens über die Adoption von Kindern (Art. 9 Abs. 3 EuropÜbereink), das vorschreibt, daß vor einer Adoption die notwendigen Ermittlungen über den Annehmenden, das Kind und seine Familie von infolge ihrer Ausbildung oder ihrer Erfahrung befähigten Fachkräften durchzuführen sind.

3. Sprachgebrauch

Im Gegensatz zum materiellen Adoptionsrecht (BGB), das lediglich von der »Annahme als Kind« und nicht z. B. von »Adoption« spricht, verwendet das Adoptionsvermittlungsgesetz die in der Praxis gebräuchlichen Begriffe »Adoptionsvermittlung«, »Adoptiveltern« oder auch »Adoptionsbewerber«. Insofern finden diese Begriffe trotz des nahen Sachzusammenhangs zwischen beiden Gesetzesmaterien also in uneinheitlicher Formulierung Anwendung.

II. Die Organisation der Adoptionsvermittlung

1. Definition der Adoptionsvermittlung

§§

Zunächst definiert das Gesetz den Begriff der Adoptionsvermittlung als das Zusammenführen minderjähriger Kinder mit Personen, die ein Kind – mit dem Ziel der »Annahme als Kind« – annehmen wollen – letztere auch genannt Adoptionsbewerber (§ 1 S. 1 AdVermiG). Insoweit relativiert das Gesetz bereits die eigenen einleitenden Gedanken des Gesetzgebers zum Adoptionsvermittlungsgesetz, mit denen er – sicherlich etwas mißverständlich und zugleich plakativ – von der Zusammenführung von »Kindern ohne Eltern« mit »Eltern ohne Kinder« spricht.

Gefälligkeitsvermittlung

Zur Adoptionsvermittlung im Sinne des Gesetzes gehört damit grundsätzlich auch die sog. Gefälligkeitsvermittlung durch Privatpersonen, die – ungeachtet gewisser Ausnahmetatbestände vom ausdrücklichen Vermittlungsverbot – jedoch prinzipiell als unerwünscht angesehen wird, weil die Tätigkeit der Adoptionsvermittlung im Grundsatz nur von Fachkräften betrieben werden soll.

Nachweis von Gelegenheiten

Klarstellend heißt es weiter (§ 1 S. 2 AdVermiG), daß zur Adoptionsvermittlung auch der Nachweis von Gelegenheiten gehört, ein Kind anzunehmen oder annehmen zu lassen und darüberhinaus auch den Fall umfaßt, daß das Kind noch nicht geboren oder noch nicht gezeugt ist. Gemeint sind hiermit also alle Tätigkeiten im Zusammenhang mit der Vermittlung eines Kindes, mithin auch Tätigkeiten, die eine Adoption konkret vorbereiten oder anbahnen sollen.

Darüberhinaus regelt das Gesetz mit Rücksicht auf die eigenständigen Vorschriften zur Ersatzmutterschaft (§§ 13 a–13 d

Ersatzmutterschaft

AdVermiG, vgl. hierzu S. 184 ff.), daß die – untersagte – Ersatzmuttervermittlung (§ 13 b AdVermiG), nicht als Adoptionsvermittlung einzuordnen ist und deshalb Gegenstand eigener Bestimmungen (§§ 13 a–13 d AdVermiG) ist.

2. Behördliche Zuordnung und Besetzung von Adoptionsvermittlungsstellen

§§

Die Adoptionsvermittlung ist dem Bereich der Jugendhilfe zugeordnet und ist Pflichtaufgabe des Jugendamtes, wobei die Berechtigung zur Adoptionsvermittlung nur besteht, sofern das Jugendamt auch eine gesonderte Adoptionsvermittlungsstelle (unselbständige Verwaltungsstelle des Jugendamts mit primärer Adoptionsvermittlung) eingerichtet hat (§ 2 S. 1 u. S. 2 AdVermiG), was zweifelsohne in jeder bedeutenden Stadt der Fall wird.

Besondere berufliche Erfahrung verbindlich vorgeschrieben

In der Adoptionsvermittlungsstelle dürfen nur Fachkräfte tätig sein, die für die Adoptionsvermittlung aufgrund ihrer Ausbildung und ihrer beruflichen Erfahrung hierzu auch geeignet sind (§ 3 S. 1 AdVermiG). Damit sollte zwar kein besonderer Beruf oder ein besonderes Berufsbild geschaffen werden. Der Gesetzgeber wollte aber sicherstellen und verdeutlichen, daß mit der gesetzlichen Regelung (§ 3 S. 1 AdVermiG) die besondere Fachlichkeit und die berufliche Erfahrung der Mitarbeiter einer Adoptionsvermittlungsstelle verbindlich vorgeschrieben ist.

Mindestbesetzung

Die weitere gesetzliche Vorgabe der Mindestbesetzung mit einer hauptamtlichen Fachkraft (§ 3 S. 2 AdVermiG) schließt es nicht aus, daß die Fachkraft zusätzlich mit anderen Aufgaben, die in einem entsprechenden Sinn- oder Sachzusammenhang stehen, betraut wird. Andererseits handelt es sich bereits nach dem Gesetzeswortlaut um eine absolute Mindestanforderung für die Stellenbesetzung, weil anderenfalls z. B. keine ordnungsgemäße Vertretung im Falle der Verhinderung der Fachkraft vorläge, es sei denn, die fragliche Stelle wird mit 2 Fachkräften besetzt.

Auch das Landesjugendamt ist zur Adoptionsvermittlung befugt, sofern es über eine zentrale Adoptionsstelle verfügt (vgl. hierzu S. 186 ff.). Ebenso die örtlichen und zentralen Stellen des Diakonischen Werks, des Deutschen Caritasverbandes, der Arbeiterwohlfahrt und der diesen Verbänden angeschlossenen Fachverbände sowie sonstiger Organisationen, sofern die jeweilige Stelle von der nach Landesrecht zuständigen Behörde als Adoptionsvermittlungsstelle anerkannt worden ist (§ 2 Abs. 2 AdVermiG).

III. Vermittlungsverbote und Ausnahmetatbestände

1. Grundsatz

Will ein Adoptionsbewerber mithin ein minderjähriges Kind adoptieren, muß er sich an eine gesetzlich bezeichnete oder anerkannte Adoptionsvermittlungsstelle wenden. Privatpersonen oder andere Einrichtungen sind zur Adoptionsvermittlung hingegen nicht befugt.

2. Ausnahmen vom Vermittlungsverbot

Vermittlungsmonopol der Adoptionsvermittlungsstelle

Ungeachtet dessen gilt das – bußgeldbewehrte – Vermittlungsverbot (§§ 5, 14 AdVermiG) unter eng umgrenzten Bedingungen nicht. So ist ausnahmsweise die Vermittlungstätigkeit einer anderen Person erlaubt, soweit diese Person mit dem Adoptionsbewerber oder mit dem Kind bis zum 3. Grad verwandt oder verschwägert ist (§ 5 Abs. 2 Nr. 1 AdVermiG). Ferner gilt das Vermittlungsverbot nicht für solche Personen, die in einem Einzelfall und unentgeltlich die Gelegenheit nachweisen, ein Kind anzunehmen oder annehmen zu lassen, vorausgesetzt, sie benachrichtigen hiervon unverzüglich eine Adoptionsvermittlungsstelle oder ein Jugendamt (§ 5 Abs. 2 Nr. 2 AdVermiG).

In beiden vorerwähnten Fällen handelt es sich aber lediglich um Ausnahmen von dem ansonsten grundsätzlich bestehenden Ordnungswidrigkeitstatbestand des Verstoßes gegen das Vermittlungsmonopol der Adoptionsvermittlungsstelle bzw. der zentralen Adoptionsstelle bzw. einer anderen genannten anerkannten Vermittlungsstelle (§§5 Abs. 1, 2 AdVermiG). Der Gesetzgeber wollte damit zum Ausdruck bringen, daß auch Gefälligkeitsvermittlungen durch Privatpersonen einerseits unerwünscht sind, andererseits aber Fallkonstellationen von Adoptionsvermittlungen denkbar sind, die die Ahndung einer Vermittlungstätigkeit als Ordnungswidrigkeit ungerechtfertigt erscheinen lassen.

3. Umgehungstatbestände vom Vermittlungsverbot

Umgehung von Vermittlungstätigkeiten

In die gleiche Richtung – Beschränkung der Adoptionsvermittlung auf Jugendamt bzw. Landesjugendamt oder sonstige anerkannte Vermittlungsstelle – geht die Untersagung von »Vermittlungstätigkeiten«, die sich im Ergebnis als Umgehung des Vermittlungsverbotes darstellen (§5 Abs. 3 u. Abs. 4 AdVermiG). So ist es weiterhin bei Meidung einer Geldbuße untersagt, Schwangere aus dem Inland gewerbs- oder geschäftsmäßig durch Gewähren oder Verschaffen von Gelegenheiten zur Entbindung außerhalb der Bundesrepublik Deutschland dazu anzuhalten, dort ihr Kind wegzugeben und/oder ihnen zu einer solchen Weggabe Hilfe zu leisten (§5 Abs. 3 AdVermiG).

z.B.

Unverantwortliche Handlungsweisen

Ferner sind »Vermittlungstätigkeiten« untersagt, die zum Ziel haben, daß ein Dritter ein Kind auf Dauer bei sich aufnimmt, insbesondere dadurch, daß ein Mann die Vaterschaft für ein Kind, das er nicht gezeugt hat, anerkennt (§5 Abs. 4 S. 1 AdVermiG). Während die zunächst genannte Praxis zu Zeiten der Schaffung des Adoptionsgesetzes und des Adoptionsvermittlungsgesetzes zunahm (bis zu 60.000 US-Dollar je Kind bei freiem Flug und Aufenthalt der Mutter einschließlich »Rückgaberecht bei Nichtgefallen« an den Vermittler), ist die letztgenannte Variante der Vermittlungstätigkeit auch heute nicht unüblich, wobei den betreffenden »Vätern« häufig nicht einmal Zweifel an ihrer Handlungsweise kommen.

Wer die Ordnungswidrigkeitstatbestände bestimmter untersagter Vermittlungstätigkeiten (§ 14 Abs. 1 Nr. 1 bzw. Nr. 2 AdVermiG) zusätzlich mit dem Streben nach Vermögensvorteilen verbindet, macht sich darüberhinaus strafbar und muß mit Geldstrafe oder Freiheitsstrafe bis zu 3 Jahren rechnen (§ 236 StGB).

Ordnungswidrigkeitstatbestände und Straftatbestände

4. Sonderfall: Adoptionsanzeigen

Adoptionsvermitttlung durch Adoptionsanzeigen

Schließlich enthält das Gesetz auch für den weiteren Sonderfall der Adoptionsvermittlung durch Adoptionsanzeigen ein – bußgeldbewehrtes – Verbot (§§ 6, 14 AdVermiG). So ist es ebenfalls ausdrücklich untersagt, Kinder zur Annahme als Kind oder aber Adoptionsbewerber durch Zeitungsanzeigen oder auch im Rahmen bloßer redaktioneller Beiträge bzw. überhaupt durch öffentliche Erklärungen zu suchen oder anzubieten (§ 6 Abs. 1 S. 1 AdVermiG).

Initiativen in Zeitschrifften und Zeitungen

Enthalten die Zeitungsberichte, Zeitungsanzeigen oder sonstige öffentliche Erklärungen hingegen den Hinweis, Angebote oder Anfragen an eine anschriftsmäßig näher bezeichnete Adoptionsvermittlungsstelle oder zentrale Adoptionsstelle zu richten und wird in der Erklärung jegliche Privatanschrift (von Kind oder Adoptionsbewerber) vermieden, fällt ein solcher öffentlicher Hinweis nicht unter das Adoptionsvermittlungsverbot (§ 6 Abs. 1 S. 2 Nr. 1 u. Nr. 2 AdVermiG), weil in einem solchen Fall bei der Adoption die sachkundige Beteiligung der Adoptionsvermittlungsstelle gewahrt ist. Der Gesetzgeber wollte insofern bewußt die Initiative von Zeitschriften und Zeitungen ermöglichen, mit denen in der Öffentlichkeit das Bewußtsein für Heim- und Problemkinder geweckt wird.

Darüberhinaus ist die Veröffentlichung der oben beschriebenen Erklärung (§ 6 Abs. 1 AdVermiG) als Chiffre-Anzeige, also z. B. unter Angabe eines Kennzeichens oder unter KennBuchst. bzw. unter Tarn- und Decknamen, untersagt (§ 6 Abs. 2 AdVermiG). Dies gilt auch dann, wenn die Erklärung unter Angabe der weiteren Hinweise (§ 6 Abs. 1 S.

2 Nr.1 u. Nr. 2 AdVermiG) an sich zulässig wäre. In diesem Falle wäre jedoch nicht gewährleistet, daß die Adoptionsvermittlungsstelle eingeschaltet wird, weil die Kontaktaufnahme zwischen Inserent und Interessent unmittelbar erfolgt.

IV. Exkurs: Verbot der Ersatzmuttervermittlung

1. Überlegungen des Gesetzgebers zum Verbot der Ersatzmuttervermittlung

§§

Persönlichkeitsentwicklung des Kindes

Das Adoptionsvermittlungsgesetz befaßt sich in einigen Vorschriften auch mit der sog. Ersatzmuttervermittlung. Diese ist ausdrücklich untersagt (§ 13 c AdVermiG). Der Gesetzgeber begründet dies einerseits damit, daß Vereinbarungen über die Ersatzmutterschaft wesentliche Belange der auf diese Weise entstehenden Kinder mißachteten, da die Bedeutung der Entwicklung im Mutterleib für die Persönlichkeitsentwicklung des Kindes und der bedeutende Beitrag der biologischen und psychischen Beziehung zwischen der Schwangeren und dem Kind zu dieser Entwicklung außer acht gelassen würde. Zudem verbiete die besonders geartete Beziehung des ungeborenen Lebens mit der Mutter eine Übernahme von Schwangerschaften als eine Art »Dienstleistung«, da die für die Entwicklung des Kindes wesentliche enge persönliche Beziehung zwischen der Schwangeren und dem Kind unter diesen Umständen kaum zustandekommen könne.

Schwangerschaft als »Dienstleistung«

Andererseits sei es ebenso bedeutsam, den Schutz der betroffenen Frauen und Kinder gegen gesundheitliche und psychische Gefährdungen nach der Geburt sicherzustellen. Dabei gehe es bei den Frauen vor allem darum, menschenunwürdige Konflikte aus einer Übernahme von Schwangerschaften als »Dienstleistung« und nicht zuletzt die Möglichkeit von Streitigkeiten um die Herausgabe des Kindes auszuschließen. Bei den Kindern gehe es hingegen um eine ungestörte Identitätsfindung sowie um eine gesicherte familiäre Zuordnung.

2. Definitionen

a) Wann liegt eine Ersatzmutterschaft vor?

Begriffe

Die Ersatzmutter (§ 13 a AdVermiG) ist gesetzlich definiert. Danach ist als Ersatzmutter eine Frau anzusehen, die bereit ist, über die Entstehung eines von ihr zu gebärenden Kindes sowie über dessen Verbleib nach der Geburt eine rechtsgeschäftliche Vereinbarung abzuschließen und damit das Kind zum Gegenstand eines »Warenaustausches« zu machen.

Bestelleltern

Das Entstehen der Schwangerschaft wird vom Gesetz in Form künstlicher oder natürlicher Befruchtung (§ 13 a Nr. 1 AdVermiG) bzw. in Form der Übertragung eines genetisch nicht von ihr stammenden Embryos (namentlich eines solchen von den sog. Bestelleltern) bzw. im Falle gleichzeitiger Übertragung von Samen und Eizelle auf die Ersatzmutter angesprochen (§ 13 a Nr. 2 AdVermiG). Hinzu kommt, daß das Kind nach der Geburt sodann Dritten überlassen wird, sei es im Wege der Adoption, sei es dauerhaft auf andere Weise. Eine Ersatzmutterschaft wird also auch dann angenommen, wenn der Dritte, dem das Kind dauerhaft überlassen wird, nicht derjenige ist, mit dem die fragliche Vereinbarung getroffen wurde. Entscheidend ist vielmehr, daß der Dritte durch die Vereinbarung begünstigt werden sollte.

b) Wann liegt eine Ersatzmuttervermittlung vor?

Verschiedene Tatbestände bei Ersatzmuttervermittlung

Zur Klarstellung definiert das Gesetz zwei Tatbestände der Ersatzmuttervermittlung (§ 13 b AdVermiG). Hierunter fällt das Zusammenführen von Personen, die – als sog. Bestelleltern – das aus einer Ersatzmutterschaft entstandene Kind annehmen oder in sonstiger Weise auf Dauer bei sich aufnehmen wollen, mit einer Frau, die zur Übernahme einer Ersatzmutterschaft bereit ist.

Der Nachweis einer Gelegenheit der vorgenannten Vereinbarung (vgl. zuvor a)) fällt ebenfalls unter die Ersatzmuttervermittlung (§ 13 b S. 2 AdVermiG) und ist deshalb ebenso untersagt (§ 13 c AdVermiG).

3. Bußgeld- und Strafandrohungen

Unterbindung von Ersatzmutterschaften

Ergänzend ist es unter Androhung eines Bußgeldes untersagt, Ersatzmütter oder Bestelleltern durch öffentliche Erklärungen, namentlich durch Zeitungsanzeigen oder Zeitungsberichte, zu suchen oder anzubieten (§§ 13 d, 14 Abs. 1 Ziff. 2 AdVermiG), um möglichst frühzeitig das Zustandekommen von Ersatzmutterschaften zu unterbinden. Strafrechtlich verantworten muß sich überdies, wer entgegen dem Verbot der Ersatzmuttervermittlung (§ 13 c AdVermiG) eine solche betreibt (§ 14 b Abs. 1 AdVermiG), wobei das Versprechen von Vermögensvorteilen oder die geschäftsmäßige Betreibung mit erschwerten Strafsanktionen verfolgt wird.

§§

Soweit das Gesetz i. Ü. gesondert darauf verweist, daß die Ersatzmuttervermittlung nicht als Adoptionsvermittlung gilt (§ 1 S. 2 AdVermiG) bzw. klarstellt, daß sich bestimmte Tätigkeiten nicht auf die Ersatzmutterschaft beziehen (§ 6 Abs. 4 AdVermiG), hat dies lediglich die Bedeutung, daß der Gesetzgeber die Ersatzmutterschaft den eigenständigen, zuvor aufgezeigten Bestimmungen unterstellen wollte.

V. Überregionale Aufgaben und Tätigkeiten der zentralen Adoptionstelle des Landesjugendamtes

1. Die zentrale Adoptionsstelle und ihre Aufgaben

Landesjugendamt

Ungeachtet der allgemein gefaßten Aufgabenzuweisung der Adoptionsvermittlung auch an das Landesjugendamt (§ 2 Abs. 1 S. 1 AdVermiG), darf das Landesjugendamt Adoptionsvermittlungen ebenfalls nur durchführen, wenn es über eine zentrale Adoptionsstelle verfügt (§ 2 Abs. 1 S. 2 AdVermiG).

z.B. **Aufgaben des Landesjugendamts**

Sinn und Zweck dieser zentralen Adoptionsstelle beim Landesjugendamt ist die interdisziplinäre Beratung und Unterstützung der örtlichen Adoptionsvermittlungsstellen, denen der Gesetzgeber aus Zweckmäßigkeitsgesichtspunkten die Durchführung der eigentlichen Vermittlung weitgehend überlassen wollte. Deshalb wurden die Aufgaben des Landesjugendamtes im Hinblick auf bestimmte Schwerpunkte und Fallgruppen gesetzlich konkretisiert (§ 11 AdVermiG): Zunächst ist hier zu nennen die Verpflichtung zu fachlicher Beratung bei schwer zu vermittelnden Kindern, womit gerade dieser Kreis von sog. Problemkindern in größerem Umfang und damit erfolgreicher vermittelt werden sollte. Gemeint sind hier insbesondere geistig oder körperlich behinderte oder psychisch geschädigte Kinder, die vor einer Vermittlung einer eingehenden Diagnose unterzogen werden sollen, um damit abzuklären, ob und welche Familie geeignet ist, die etwa erforderliche individuelle, teils auch therapeutische oder medizinische Betreuung sicherzustellen.

z.B. **Rechtsfragen des Internationalen Privatrechts**

Ferner wurde die Verpflichtung zu fachlicher Beratung einschließlich der Erteilung von Rechtsauskünften bei Adoptionen mit Auslandsberührung oder bei sog. grenzüberschreitenden Adoptionen festgeschrieben, weil die örtlichen Adoptionsvermittlungsstellen bei den in diesem Zusammenhang auftretenden sozialen, humanitären und politischen Fragen, einschließlich der Rechtsfragen des Internationalen Privatrechts und des Staatsangehörigkeitsrechts angesichts ihres umfassenden Aufgabenfeldes möglicherweise überfordert sein könnten, wobei gerade in Fällen mit Auslandsberührung die zentrale Adoptionsstelle vom Beginn der Ermittlungen an obligatorisch zu beteiligen ist (§ 11 Abs. 2 AdVermiG u. § 49 Abs. 2 u. Abs. 3 FGG).

Überregionaler Ausgleich

Darüberhinaus soll die zentrale Adoptionsstelle beim Landesjugendamt gerade auch den überregionalen Ausgleich bei der Zusammenführung von Adoptionsbewerbern und Kindern ermöglichen.

2. Unterrichtungspflichten der örtlichen Adoptionsvermittlungsstelle

Unterrichtungspflicht der zentralen Adoptionsstelle

Um die Vermittlung von – namentlich schwer zu vermittelnden – Kindern zu beschleunigen, schreibt das Gesetz eine Unterrichtungspflicht der zentralen Adoptionsstelle durch die örtlichen Adoptionsvermittlungsstellen vor, wenn ein Kind nicht innerhalb von drei Monaten nach Abschluß der bei ihm durchgeführten Ermittlungen zu Adoptionsbewerbern in Adoptionspflege gegeben werden kann (§ 10 Abs. 1 S. 1 AdVermiG). Ist die Inpflegegabe des Kindes bei Fristablauf allerdings sichergestellt, bedarf es keiner weiteren oder zusätzlichen Unterrichtung der zentralen Adoptionsstelle (§ 10 Abs. 1 S. 2 AdVermiG).

Pflicht der freien Wohlfahrtsverbände

Die Pflicht zur Unterrichtung der zentralen Adoptionsstelle trifft alle Adoptionsvermittlungsstellen, also insbesondere auch die der freien Wohlfahrtsverbände. Ferner regelt das Gesetz, daß Adoptionsbewerber, denen nicht innerhalb von sechs Monaten nach Abschluß der bei ihnen durchgeführten Ermittlungen ein Kind vermittelt werden kann, der zentralen Adoptionsstelle zu melden sind, wenn die Adoptionsbewerber der Unterrichtung zugestimmt haben und ihren Wohnsitz im Bereich der Adoptionsvermittlungsstelle haben (§ 10 Abs. 2 AdVermiG).

Gefahr von Doppelvermittlungen

Daß durch diese Regelungen für schwer zu vermittelnde Kinder tatsächlich eine erweiterte Möglichkeit zur Annahme als Kind geschafffen wurde, ist in der Praxis unumstritten. Durch die Pflicht gegenseitiger Unterrichtung von Adoptionsvermittlungsstelle und zentraler Adoptionsstelle (§ 10 Abs. 3 AdVermiG) wird einerseits der Gefahr von Doppelvermittlungen durch parallele Vermittlungsbemühungen begegnet, andererseits aber auch die Verantwortung für die Vermittlung in den genannten Fällen auf beide Stellen erweitert.

Die gegenseitige Unterrichtung erfolgt i. Ü. auch durch überörtliche Team- und Kontaktgespräche sämtlicher Mitarbeiter, die neben dem Erfahrungsaustausch insbesondere auch dem konkreten Informationsaustausch dienen sollen.

3. Problemfall: Heimkinder

Kindheit im Heim

Ein weiteres ausdrückliches Anliegen des Gesetzgebers war die Intensivierung der Adoptionsvermittlung für solche Kinder, die ohne Adoption eine lange Zeit oder ihre gesamte Kindheit im Heim verbringen müssen. Diese ausdrücklich genannte Zielsetzung sollte die Adoptionsvermittlung zu einem wichtigen Instrument spezifischer Jugendhilfe für Kinder aus diesem Problembereich machen.

Kinder im frühkindlichen Alter

Ungeachtet der seinerzeit vom Gesetzgeber bei Schaffung des Adoptionsvermittlungsgesetzes getroffenen Feststellung, daß Kinder vor allem im frühkindlichen Alter durch einen längerdauernden Heimaufenthalt erhebliche, zum Teil irreparable Entwicklungsschäden erleiden (Mangel an personaler Zuwendung und äußeren Entwicklungsanreizen, häufiger Wechsel der Bezugspersonen), ist die Ermächtigung der zentralen Adoptionsstelle zur Vermittlung von Kindern in Heimen (§ 12 AdVermiG) nach wie vor, vielleicht sogar besonders zu heutiger Zeit, von großer und wichtiger Bedeutung: Nur so kann dem – immer noch gehandhabten – Abschieben von Kindern in Heime und dem durch unausgesprochene Schaffung von Fakten geförderten Verbleib von Kindern in Heimen gezielt entgegengearbeitet werden. Dabei ist bekannt, daß bereits ältere Kinder, die längere Zeit in einem Heim gelebt haben, aus den verschiedensten Gründen schwierig zu vermitteln sind. Ein wesentlicher Grund ist insoweit erwiesenermaßen das Alter des Kindes, wobei die Schwierigkeiten nach wissenschaftlichen Erkenntnissen etwa ab dem 6. Lebensjahr deutlich zunehmen. Gleichwohl beweist die Praxis, daß die sorgfältige Auswahl der Adoptionsbewerber und die entsprechende gezielte Suche sowie die gründliche vor- und nachgehende Beratung bei einer Vermittlung älterer Kinder, ja selbst von Kindern im Schulalter durchaus erfolgreich ist.

§§ **Zutrittsrecht in Heimen**

Dies alles veranlaßte den Gesetzgeber zu der ausdrücklichen Aufgabenstellung für die zentrale Adoptionsstelle in Zusammenarbeit mit der für die Heimaufsicht örtlich zuständigen Stelle, sachdienliche Ermittlungen darüber anzustellen, für welche Heimkinder eine Annahme als Kind in Betracht kommt (§12 S. 1 u. S. 2 AdVermiG). Werden die örtlichen Stellen nicht in der gebotenen Weise tätig, kann die zentrale Adoptionsstelle selbst die entsprechenden Untersuchungen durchführen. Hierzu hat die zentrale Adoptionsstelle sogar ein eigenes Zutrittsrecht in Heime (§12 S. 2 u. S. 3 AdVermiG). Von diesem Recht macht die zentrale Adoptionsstelle allerdings – wie die Erfahrungen immer wieder zeigen – bei weitem zu wenig Gebrauch, so daß die Erwartungshaltung des Gesetzgebers und das gesetzgeberische Ziel in der Praxis wohl weit auseinanderklaffen, wie nicht zuletzt die Zahl der Heimkinder in der Bundesrepublik Deutschland belegt.

§§ **Meldepflicht für voll untergebrachte Kinder**

Um die Aufgabenstellung der zentralen Adoptionsstelle in diesem Bereich weiter zu verdeutlichen und abzusichern, wurde für Träger von erlaubnispflichtigen Einrichtungen die Meldepflicht für voll untergebrachte Kinder normiert (§47 Abs. 2 SGB VIII). Die Benachrichtigung muß insbesondere auch die Äußerung darüber enthalten, ob für das – dauernd und ganztägig in der Einrichtung betreute – Kind die Annahme als Kind in Betracht kommt und ob Vermittlungsbemühungen bereits unternommen wurden (§47 Abs. 2 S. 1 Nr. 4 SGB VIII). Diese Angaben sind jährlich zu wiederholen (§47 Abs. 2 S. 2 SGB VIII). Bedauerlicherweise hat der Gesetzgeber – offenbar ohne Detailkenntnis in der Heimpraxis – Ausnahmemöglichkeiten geschaffen, was sich in der Praxis insbesondere in Bezug auf die Befreiung von der Wiederholungsmeldung (§47 Abs. 3 SGB VIII) als entscheidender Fehler zum Nachteil älterer Kinder ausgewirkt hat und ständig auswirkt.

Damit die zentrale Adoptionsstelle die ihr zugewiesenen wichtigen Aufgaben auch erfüllen kann, sollen ihr mindestens ein Kinderarzt oder Kinderpsychiater, ein Psychologe mit Erfahrungen auf dem Gebiet der Kinderpsychologie und ein Jurist sowie Sozialarbeiter oder Sozialpädagogen mit mehrjähriger Berufserfahrung zur Verfügung stehen (§ 13 AdVermiG). Damit wurden die personellen Mindestvoraussetzungen für die Zusammenarbeit eines interdisziplinären Teams normiert und geschaffen.

VI. Inhaltliche Grundsätze zur Adoptionsvermittlung

1. Das Schicksal der Rechtsverordnung zu den »sachdienlichen Ermittlungen«

Inhaltliche Ausgestaltung der Vermittlungstätigkeit

Auch das Adoptionsvermittlungsgesetz befaßt sich nur in wenigen Bestimmungen mit der inhaltlichen Ausgestaltung der Vermittlungstätigkeit (§§ 7 – 9 AdVermiG). Auf die geringen inhaltlichen gesetzlichen Vorgaben für die Adoption und die Vermittlungstätigkeit wurde i. Ü. an anderer Stelle eingegangen.

Keine Detailregelung

Der Gesetzgeber ging zwar noch bei Schaffung des Adoptionsvermittlungsgesetzes davon aus, daß es u.a. zur Durchführung der sachdienlichen Ermittlungen im Rahmen der Vorbereitung der Vermittlung (§ 7 Abs. 1 AdVermiG) zusätzlich einer – seinerzeit bereits als Referentenentwurf formulierten, aber noch zu erlassenden – Rechtsverordnung bedürfe, um für die damals angestrebte – und auch später erfolgte – Ratifikation des Europäischen Übereinkommens über die Adoption von Kindern die entsprechenden rechtlichen Voraussetzungen zu schaffen. Nachdem schon die Festlegung der Grundsätze für die sachdienlichen Ermittlungen im Adoptionsvermittlungsgesetz selbst für nicht zweckmäßig gehalten wurde, setzten sich auch die Auffassungen durch, die eine Regelung selbst in Form einer Rechtsverordnung ablehnten, weil auch eine Rechtsverordnung zu wenig flexibel sei.

Das Ergebnis ist, daß das Adoptionsvermittlungsgesetz bis heute keine nähere Detailregelung über die sachdienlichen Ermittlungen i.S. des Gesetzes (§ 7 Abs. 1 AdVermiG) enthält,

Adoptionsrichtlinien der Landesjugendämter

obwohl der Gesetzgeber dies ausdrücklich vorgesehen hatte (§ 7 Abs. 2 AdVermiG) und die Rechtsverordnung, wie erwähnt, als Entwurf vorlag. Allerdings sahen die Überlegungen des Gesetzgebers zu der Rechtsverordnung auch keine völlig neuen Gedanken oder Gesichtspunkte vor. Vielmehr sollte sich die fragliche Verordnung im wesentlichen auf eine Übernahme und Fortschreibung der Adoptionsrichtlinien der Landesjugendämter aus dem Jahre 1962 beschränken.

2. Inhaltliche Quellen für die »sachdienlichen Ermittlungen«

Tipp

Neben den sich für den Inhalt der sachdienlichen Ermittlungen ergebenden Anhaltspunkten aus dem bloßen Rechtsverordnungs-Entwurf und den Vorgaben des im Jahre 1980 ratifizierten Europäischen Übereinkommens über die Adoption von Kindern zu den Ermittlungen der Umstände des Einzelfalles (Art. 9 Abs. 2 Buchst. a)–g) EuropÜbereink, vgl. hierzu später), sind mithin zunächst die Aussagen des Adoptionsvermittlungsgesetzes selbst (§§ 7–9 AdVermiG) heranzuziehen.

a) Zu den Aussagen des Adoptionsvermittlungsgesetzes selbst

Kenntnis der Adoptionsvermittlungsstellen

So soll die Adoptionsvermittlungsstelle, sobald ihr bekannt wird, daß für ein Kind die Adoption in Betracht kommt, unverzüglich ihre Tätigkeit zur Vorbereitung der Vermittlung aufnehmen. Die Kenntnis der Adoptionsvermittlungsstelle kann aus verschiedenen Quellen herrühren, so von den abgabewilligen Eltern oder alleinstehenden Müttern selbst, die sich im Rahmen von Beratungshilfen zur Abgabe entschließen, oder aber auch von Kinderheimen, Krankenhäusern usw.. Schließlich ist auch an Hinweise von der zentralen Adoptionsstelle des Landesjugendamtes zu denken.

Gesicherte Kenntnis erhält die Adoptionsvermittlungsstelle aber vor allem durch die gesetzlich vorgeschriebene Beratung des Personensorgeberechtigten im Rahmen der Entscheidung über die Inanspruchnahme von langfristig zu leistenden Hilfen außerhalb der eigenen Familie, wobei gesondert die Frage der Annahme als Kind problematisiert werden muß (§ 36 Abs. 1 S. 2 SGB VIII), wie das Gesetz ausdrücklich hervorhebt. Ist deshalb bereits im Rahmen der Hilfeplanung eine Rückkehr des Kindes in die Herkunftsfamilie nicht mehr zu erwarten, wird in aller Regel die Prüfung einer Adoption für das unterzubringende Kind zwingend erfolgen müssen, was sinnvollerweise durch eine direkte Beteiligung der Adoptionsfachkraft bei dem Hilfeplanverfahren geschieht. Eine entsprechende Handhabung ist deshalb aus fachlicher Sicht ganz allgemein unbestritten, hat sich aber immer noch nicht in der Praxis ausreichend durchgesetzt.

§§

Beteiligung der Adoptionsfachkraft

b) Hilfe und Beratung auch bei Abgabewilligen

Tipp

Sofern die Eltern oder eine alleinstehende Mutter sich an die Adoptionsvermittlungsstelle wegen der Abgabe ihres Kindes zu einer Adoption wenden, ist hervorzuheben, daß die Adoptionsvermittlungsstelle, die sich ja als spezifische Form der Jugendhilfe zu begreifen hat, insbesondere auch über die Möglichkeiten und Hilfen berät, mit denen die leiblichen Eltern die Verantwortung für die Pflege und die Erziehung ihres Kindes trotzdem zukünftig weiterhin übernehmen können. Ebenso wie bei der gerichtlichen Anordnung von Trennungsmaßnahmen, die nur zulässig sind, wenn keine Abhilfe der Gefahrensituation für das Kind durch öffentliche Hilfen möglich ist, muß die Beratung der Adoptionsvermittlungsstelle (oder einer von ihr hierzu benannten weiteren Stelle des Trägers der Jugendhilfe) das gesamte öffentliche Hilfespektrum (einschließlich BSHG) ansprechen, also von Hilfen wirtschaftlicher Art bis hin zu Hilfen zur Erziehung (SGB VIII), um den Verbleib des Kindes in seiner Herkunftsfamilie zu ermöglichen. Das Kinder- und Jugendhilfegesetz (SGB VIII) sieht dementsprechend auch umfassende Beratungspflichten und Leistungshinweise vor (vgl. z. B. §§ 16, 18, 52 a SGB VIII).

Damit müssen die genannten Hilfen keineswegs zwingend in den Vordergrund der Beratungen gestellt werden. Es soll lediglich ausgeschlossen sein und auch verhindert werden, daß es in Problemlagen, die mit Angeboten oder Hilfen des Trägers der Jugendhilfe gelöst werden könnten, zu einer Adoption kommt, die bei entsprechender Hilfestellung nicht notwendig gewesen wäre.

c) Gesetzliche Aussagen zu den »sachdienlichen Ermittlungen«

Ermittlungen vor Geburt des Kindes

Die durchzuführenden sachdienlichen Ermittlungen der Adoptionsvermittlungsstelle beziehen sich auf die Adoptionsbewerber, das Kind und seine Familie (§7 Abs. 1 S. 1 AdVermiG). Dabei ist insbesondere zu prüfen, ob die Adoptionsbewerber unter Berücksichtigung der Persönlichkeit des Kindes und seiner besonderen Bedürfnisse für die Annahme des Kindes geeignet sind (§7 Abs. 1 S. 2 AdVermiG). Bei den Adoptionsbewerbern soll schon vor der Geburt des Kindes mit den Ermittlungen begonnen werden, wenn die Einwilligung zur Annahme als Kind zu erwarten ist (§7 Abs. 1 S. 3 AdVermiG).

Prüfung des Adoptionsbewerbers

Die Hervorhebung der Prüfung des Adoptionsbewerbers (§7 Abs. 1 S. 2 AdVermiG) mit Blick auf die Persönlichkeit des Kindes und seine besonderen Bedürfnisse gibt den Prüfungsansatz vor, der zuallererst und in jedem Falle das Kind mit seinen individuellen und emotionalen Bedürfnissen in den Vordergrund der Vermittlung stellt – und nicht etwa die Interessen der Annehmenden. Dies entspricht i. Ü. auch dem gesamten bislang dargestellten materiellen Adoptionsrecht.

Hinterfragung näherer Einzelumstände

Die Berücksichtigung der Persönlichkeit des Kindes und seiner besonderen Bedürfnisse (§7 Abs. 1 S. 2 AdVermiG) erfordert naturgemäß eine umfassende, fachlich gesicherte Hinterfragung näherer Einzelumstände, die die Adoptionsvermittlungsstelle in der Regel zunächst auf der Basis eines Fragebogens vornimmt, der wiederum als Grundlage für

Ungestörte Entwicklung der Persönlichkeit

weitere ausführliche Gespräche dient. Zu den individuellen Bedürfnissen des Kindes i. S. der genannten Bestimmung gehören insbesondere auch seine emotionalen Bedürfnisse, was bereits hervorgehoben wurde. Soweit die Persönlichkeit des Kindes zu berücksichtigen ist, muß, namentlich bei Kindern aus dem Kleinkindalter, bei denen eine Persönlichkeitsbildung und -verfestigung noch nicht stattgefunden hat, die Möglichkeit einer ungestörten Entwicklung der Persönlichkeit abgesichert sein.

3. Inhalte der Prüfung nach dem Europäischen Übereinkommen über die Adoption von Kindern

Wesentliche Punkte in dem angesprochenen Sinne, auf die sich die sachdienlichen Ermittlungen erstrecken sollen, sind demnach die Persönlichkeit, der Gesundheitszustand und die wirtschaftlichen Verhältnisse des Annehmenden, sein Familienleben einschließlich seines häuslichen Lebens sowie seine Eignung zur Erziehung des Kindes. Ferner die Gründe, warum der Annehmende ein Kind adoptieren möchte, bei Ehegatten, weshalb einer die Adoption vorrangig wünscht, die Gründe, weshalb sich der andere Ehegatte dem Antrag letztlich nur anschließt. Weiterhin die Frage, ob das konkrete Kind und die Annehmenden zueinander passen, sowie die Zeitdauer, in der das Kind der Pflege des Annehmenden anvertraut gewesen ist, die Persönlichkeit, der Gesundheitszustand und, falls kein rechtliches Verbot entgegensteht, die Herkunft des Kindes. Schließlich die Einstellung des Kindes zur vorgesehenen Adoption und ggfls. die Religionszugehörigkeit des Annehmenden und des Kindes (vgl. Art. 9 Abs. 2 Buchst. a)-g) EuropÜbereink).

Verschaffung von Beweisen

Überdies sollen die zuständigen Adoptionsvermittlungsstellen sich ggfls. auch »alle für nützlich erachteten Auskünfte und Beweise« verschaffen können (Art. 9 Abs. 4 EuropÜbereink). Die genannten Ermittlungen stehen ausdrücklich unter der Zweckbestimmung, daß die Adoption dem Wohl des Kind dient wie auch der Sicherstellung, daß die Adoption dem Kind ein beständiges und ausgeglichenes Zuhause verschafft (Art. 8 Abs. 1 u. Abs. 2 EuropÜbereink).

4. Die Prüfungsinhalte nach dem Entwurf der Rechtsverordnung zum Adoptionsvermittlungsgesetz

Entstehung eines Eltern-Kind-Verhältnisses

Im Ergebnis das gleiche Ziel verfolgt der Entwurf der Rechtsverordnung zur Adoptionsvermittlung (vgl. hierzu aber S. 191 ff.), der – in Anlehnung an das Europäische Übereinkommen über die Adoption von Kindern und an das Adoptionsgesetz – ausführt, daß die Ermittlungen bei den Adoptionsbewerbern, dem Kind und seiner Familie für die Adoptionsvermittlungsstelle die Beurteilung ermöglichen sollen, ob die Adoptionsbewerber und das Kind für die Annahme geeignet sind, und ob sie so zueinander passen, daß die Annahme dem Wohl des Kindes dient und die Entstehung eines Eltern-Kind-Verhältnisses zu erwarten ist (§ 1 Entwurf der AdVermiVO).

Im Hinblick auf den Inhalt der sachdienlichen Ermittlungen wird in dem fraglichen Entwurf unterschieden nach sachdienlichen Ermittlungen bei den Adoptionsbewerbern, dem Kind und seiner Familie.

a) Feststellungen hinsichtlich der Adoptionsbewerber

Wesentliche Persönlichkeitsmerkmale

Hinsichtlich der Adoptionsbewerber heißt es, daß die Eignung der Adoptionsbewerber für die Annahme besonders eingehend zu prüfen ist. Danach sind vor allem Feststellungen erforderlich über die Motive der Adoptionsbewerber für die Annahme, über die wesentlichen Persönlichkeitsmerkmale der Adoptionsbewerber und ihre Befähigung, den besonderen Bedürfnissen des anzunehmenden Kindes zu entsprechen, ihre Familiensituation und ihre soziale Lage. Bestehen nach Durchführung der Ermittlungen noch Zweifel, ob die Adoptionsbewerber für die Annahme geeignet sind, soll die Adoptionsvermittlungsstelle auch den fachlichen Rat der zentralen Adopti-

Führungszeugnis

onsstelle einholen. Ferner haben die Adoptionsbewerber der Adoptionsvermittlungsstelle ein Führungszeugnis vorzulegen (§2 Entwurf der AdVermiVO).

Amtsärztliche Untersuchung

Weiterhin sind Feststellungen über den Gesundheitszustand der Adoptionsbewerber zu treffen. Die Adoptionsbewerber haben deshalb der Adoptionsvermittlungsstelle einen ausreichenden Nachweis über ihren Gesundheitszustand und den Gesundheitszustand der mit ihnen im Haushalt lebenden Personen zu erbringen. Dazu sollen sie den behandelnden Ärzten gestatten, der Adoptionsvermittlungsstelle die erforderlichen Auskünfte zu erteilen. Die Adoptionsvermittlungsstelle kann zusätzlich eine amtsärztliche Untersuchung verlangen, wenn der von den Adoptionsbewerbern erbrachte Nachweis nicht ausreicht (§3 Entwurf der AdVermiVO).

Unterstützung der Annehmenden

Schließlich heißt es, daß die Annehmenden rechtzeitig und umfassend über die tatsächlichen und rechtlichen Voraussetzungen der Annahme als Kind zu unterrichten sind. Die Beratung soll den Annehmenden im Zusammenhang mit der Vermittlung und der Annahme insbesondere dabei helfen, die voraussichtlichen Auswirkungen der Annahme auf ihre Familie und ihr soziales Umfeld zu erkennen, ferner ihnen helfen, ihre Entscheidung, ob sie ein Kind annehmen wollen, angemessen zu würdigen und sie dabei unterstützen, Schwierigkeiten zu überwinden, die sich im Zusammenhang mit der Adoptionspflege und der Annahme ergeben.

Künftige Entwicklung des Kindes

Das Ergebnis der Ermittlungen bei dem Kind, und, soweit es für künftige Entwicklung des Kindes von Bedeutung sein kann, auch das Ergebnis der Ermittlungen bei seinen Eltern, ist den Annehmenden in geeigneter Form und vollständig mitzuteilen. Die Annehmenden sind vor allem über die körperlichen und geistig-seelischen Besonderheiten des Kindes und die sich daraus ergebenden Anforderungen an seine Pflege und Erziehung so eingehend zu unterrichten und zu beraten, daß sie erkennen können, ob sie in der Lage sind, den besonderen Bedürfnissen des Kindes zu entsprechen (§8 Abs. 1, 2 u. 4 Entwurf der AdVermiVO).

b) Feststellungen im Hinblick auf das Kind und seine Eltern

Vorgeschichte des Kindes

Bezüglich des Kindes und seiner Eltern enthält der Entwurf der Rechtsverordnung wiederum besondere Vorschriften. So heißt es hinsichtlich der Ermittlungen bei dem Kind und seinen Eltern, daß die Adoptionsvermittlungsstelle die Vorgeschichte des Kindes und die für seine körperliche und geistig-seelische Entwicklung wesentlichen Tatsachen möglichst umfassend zu ermitteln hat. Dabei sind vor allem Feststellungen erforderlich über Besonderheiten der frühkindlichen Entwicklung, das bisherige soziale Umfeld des Kindes, seine früheren und gegenwärtigen sozialen Beziehungen und Bindungen sowie seine besonderen Anforderungen an Pflege und Erziehung. In die Ermittlungen sind, soweit erforderlich, Angehörige, Pflegepersonen, Pfleger, Vormünder und sonstige wichtige Bezugspersonen des Kindes einzubeziehen. Kenntnisse und Erfahrungen anderer Stellen und Personen sind nach Möglichkeit ebenfalls zu berücksichtigen. Soweit dies für die Beurteilung des Kindes erforderlich ist, hat die Adoptionsvermittlungsstelle nach Möglichkeit auch die Vorgeschichte seiner Eltern zu ermitteln (§4 Entwurf der AdVermiVO).

Gesundheitszustand des Kindes

Weiter heißt es hinsichtlich der Feststellungen über den Gesundheitszustand des Kindes und seiner Eltern, daß ein ärztliches Zeugnis über den Gesundheitszustand des Kindes und seine bisherige Entwicklung einzuholen ist. Es soll in der Regel von einem Kinderarzt erstellt werden, soweit nicht andere fachärztliche Untersuchungen oder eine stationäre Beobachtung zu veranlassen sind. Außerdem soll die Diagnose eines Psychologen mit Erfahrungen in der Kinderpsychologie eingeholt werden, wenn dies für die Beurteilung im Sinne der Eignung der Adoptionsbewerber und des Kindes für die Annahme erforderlich ist. Soweit

Gesundheitszustand der Eltern

möglich, soll auch der Gesundheitszustand der Eltern des Kindes ermittelt werden. Dabei sind vor allem Feststellungen zu treffen über den Gesundheitszustand der Mutter während der Schwangerschaft und über Komplikationen des Geburtsverlaufs, die Auswirkungen auf die Entwicklung des Kindes haben können. Die Feststellungen beim Kind und seinen Eltern sollen sich auch darauf beziehen, ob Anhaltspunkte für erbliche Leiden bestehen. Bestehen nach Durchführung der Ermittlungen noch Zweifel, ob ein Kind mit körperlichen oder geistig-seelischen Behinderungen oder Störungen für die Annahme geeignet ist, soll die Adoptionsvermittlungsstelle auch den fachlichen Rat der zentralen Adoptionsstelle einholen (§ 5 Entwurf der AdVermiVO).

c) Beratung und Unterstützung der abgebenden Eltern

Adoptionshilfe für Eltern

I. Ü. befaßt sich der Entwurf der Rechtsverordnung auch mit der Beratung und Unterstützung der »abgebenden« Eltern im Rahmen der Adoptionsvermittlung. Insoweit regelt der Entwurf hinsichtlich der Adoptionshilfe für Eltern, daß die Frage der Adoptionsvermittlung des Kindes erst in die Beratung einbezogen werden soll, wenn nach eingehender Prüfung des Einzelfalles und nach Erörterung mit den Eltern oder dem alleinstehenden Elternteil feststeht, daß auch durch Beratung und durch Unterstützung bei der Inanspruchnahme angemessener sozialer Hilfen nicht dauerhafte Voraussetzungen für das Aufwachsen des Kindes in seiner eigenen Familie geschaffen werden können. Soweit erforderlich, hat die Adoptionsvermittlungsstelle bei der Beratung und Unterstützung andere Fachstellen und Beratungsdienste einzuschalten. Die Gründe, die für eine Adoptionsvermittlung des Kindes sprechen und die Rechtsfolgen der Annahme als Kind, sind den Eltern oder dem alleinstehenden Elternteil in geeigneter Form und vollständig darzulegen und so eingehend mit ihm zu erörtern, daß sie eine am Wohl des Kindes ausgerichtete Entscheidung treffen können (§ 7 Entwurf der AdVermiVO).

d) Adoptionshilfe für das anzunehmende Kind

Einstellung des Kindes zur beabsichtigten Annahme

Zur Adoptionshilfe für das Kind führt der Entwurf der Verordnung aus, daß das Kind in einer seinem Alter und seinem Entwicklungsstand gemäßen Weise zu beraten und auf die Vermittlung und die Annahme vorzubereiten ist. Wenn das Kind aufgrund seines Alters zu einer selbständigen Beurteilung eigener Angelegenheiten fähig sein kann, hat die Adoptionsvermittlungsstelle bei dieser Beratung auch seine Einstellung zu der beabsichtigten Annahme festzustellen und bei der Beurteilung, ob die Adoptionsbewerber und das Kind für die Annahme geeignet sind, zu berücksichtigen (§ 9 Entwurf der AdVermiVO).

e) Verbindlichkeit des Entwurfs der Rechtsverordnung zum Adoptionsvermittlungsgesetz

Bestandskraft des Ermittlungsergebnisses

Wie bereits ausgeführt, ist die Rechtsverordnung nicht mit entsprechender Rechtsverbindlichkeit durch den zuständigen Bundesminister erlassen worden. Die Beachtung des Verordnungsinhaltes ist deshalb keineswegs zwingend. Die Tatsache, daß es sich hierbei allerdings um die Ausprägung entsprechender Vorschriften des Europäischen Übereinkommens über die Adoption von Kindern handelt und andererseits um wesentliche Punkte, die offenbar in den Adoptionsrichtlinien der Landesjugendämter aus dem Jahre 1962 enthalten waren, erscheint eine Anwendung der empfohlenen Überprüfungen und Feststellungen durchaus sinnvoll und naheliegend. Dementsprechend ist auch festzustellen, daß die sachdienlichen Ermittlungen der Adoptionsvermittlungsstellen inhaltlich in aller Regel – teils mehr und teils weniger – in die aufgezeigte Richtung gehen, selbstverständlich geprägt von den Umständen des Einzelfalles und dem Anspruch der einzelnen Adoptionsvermittlungskraft an ihre eigene Fachlichkeit. Dabei liegt es auf der Hand, daß das Ergebnis der Ermittlungen um so bestandskräftiger ist, je mehr sich die Feststellungen an die gesamten zuvor angeschnitten Fragen annähern (vgl. zum Inhalt der Prüfung insbesondere auch S. 37 ff.).

Daß die Adoptionsvermittlungsstelle schließlich neben den angeschnittenen sachdienlichen Ermittlungen auch die rechtlichen Voraussetzungen der Adoption im Vorfeld prüft und abklärt (Einwilligungen der Beteiligten, unbekannter Aufenthalt eines Elternteils, Geschäftsunfähigkeit eines Elternteils, Ersetzung einer elterlichen Einwilligung), sei an dieser Stelle noch einmal erwähnt.

VII. Abgrenzung: Vorbereitung der Vermittlung und Adoptionshilfe

Definitionen

Von der Vorbereitung der Vermittlung (§7 AdVermiG) ist die gesetzlich vorgeschriebene Adoptionshilfe (§9 AdVermiG) nicht ohne weiteres inhaltlich abzugrenzen. Letztere ist, wie die bereits zuvor zitierten Vorschriften des Entwurfs zur Rechtsverordnung zum Adoptionsvermittlungsgesetz zeigen, mit der Vorbereitung der Vermittlung vielmehr eng verbunden.

Tipp
Unterstützungspflichten der Adoptionsvermittlungsstelle

Der Gesetzgeber hat mit der vorgeschriebenen Adoptionshilfe der Adoptionsvermittlungsstelle ausdrücklich aufgegeben, im Zusammenhang mit der Vermittlung und der Annahme die Annehmenden, das Kind und seine Eltern eingehend zu beraten und zu unterstützen – naturgemäß jeweils mit Einverständnis des Betreffenden (§9 Abs. 1 AdVermiG). Die Beratungs- und Unterstützungspflicht besteht insbesondere, bevor das Kind in Pflege genommen wird und während der Eingewöhnungszeit (§9 Abs. 1 AdVermiG). Das Gesetz verpflichtet die Adoptionsvermittlungsstelle dabei ausdrücklich, die gebotene vor- und nachgehende Beratung und Unterstützung sicherzustellen (§9 Abs. 2 AdVermiG). Der Gesetzgeber wollte insoweit bewußt einen Rechtsanspruch der Betroffenen auf Beratung und Unterstützung schaffen, um die im Zusammenhang mit der Vermittlung und der Annahme erforderliche vor- und nachgehende Beratung und Unterstützung der Anspruchsberechtigten abzusichern.

Inhaltlich hatte der Gesetzgeber bei dieser Bestimmung wiederum insbesondere Problemkinder vor Augen, die in aller Regel nur bei gezielter Betreuung sowie nachgehender Beratung und Betreuung der Adoptiveltern erfolgreich vermittelt werden können. Der Gesetzgeber wollte schließlich mit dieser Bestimmung nicht nur eine eingehende fachspezifische Beratung und Unterstützung durch die Adoptionsvermittlungsstelle sicherstellen. Die Regelung sollte vielmehr ausdrücklich auch die Beratung und Unterstützung durch andere Stellen (Erziehungsberatungsstelle, Eltern-Schule) einschließen, damit folglich ggfls. auch konkrete therapeutische Hilfen.

VIII. Adoptionspflege und Abgrenzungen

Adoptionspflege und Pflegeverhältnis

Auf die Adoptionspflege (§8 AdVermiG) wurde bereits an anderer Stelle eingegangen (vgl. hierzu S. 28 ff.). Steht die Eignung eines Adoptionsbewerbers für die Annahme des Kindes fest, darf das Kind zur Eingewöhnung bei dem Adoptionsbewerber in Pflege gegeben werden (§8 AdVermiG). Damit unterscheidet sich die Adoptionspflege von einem Pflegeverhältnis allgemeiner Art durch die Zielsetzung der Entstehung eines Eltern-Kind-Verhältnisses. Sinn der Adoptionspflege ist damit nicht etwa die Prüfung der Eignung der Adoptionsbewerber, sondern ausschließlich die Stärkung des Verhältnisses der – überprüften und für geeignet befundenen – Adoptionsbewerber zu dem Kind. Erst wenn die Adoptionsbewerber das Kind – wie leibliche Eltern – vor der eigentlichen Adoption in tatsächlicher Hinsicht selbst betreut haben, ist die Adoptionsvermittlungsstelle imstande, die Entwicklung der Eltern-Kind-Beziehung zu beobachten und zu beurteilen, letztlich eine, wenn nicht die entscheidende Frage bei der vorzunehmenden gutachtlichen Äußerung gegenüber dem Vormundschaftsgericht (§56 d FGG).

Die Bestimmung über die Adoptionspflege (§8 AdVermiG) ist i. Ü. wiederum auf dem Hintergrund der entsprechenden materiellrechtlichen Regelung zu sehen, nach der die Annahme in der Regel erst ausgesprochen werden soll, wenn der Annehmende das Kind eine angemessene Zeit in Pflege gehabt hat (§1744 BGB). Die diesbezügliche Vorschrift des Europäischen Übereinkommens über die Adoption von Kindern formuliert etwas deutlicher in Richtung der Adoptionsvermittlungsstelle, indem es dort heißt, daß die Adoption nur ausgesprochen werden darf, wenn das Kind der Pflege der Annehmenden während eines Zeitraums anvertraut gewesen ist, der ausreicht, damit die zuständige Behörde die Beziehungen zwischen dem Kind und dem Annehmenden im Falle einer Adoption richtig einzuschätzen vermag (Art. 17 EuropÜbereink).

Die Inpflegegabe erfolgt durch den Inhaber des Personensorgerechtes. In aller Regel ist dies das Jugendamt (§1751 Abs. 1 S. 2 BGB).

D. Die Annahme Volljähriger

I. Grundsätze

§§

Auch ein Volljähriger kann »als Kind« angenommen werden (§ 1767 Abs. 1 BGB). Dabei regelt das Gesetz die Annahme eines Volljährigen im wesentlichen durch sinngemäße Bezugnahme auf die Vorschriften über die Adoption eines Minderjährigen, es sei denn, es ergeben sich aus der besonderen Lage »als Volljähriger« Anlaß zu Sonderregelungen (§ 1767 Abs. 2 BGB). Die Vorschriften über die Annahme eines Volljährigen enthalten also nur Sondervorschriften für die Volljährigenadoption, was die Verständlichkeit dieses Regelungsbereichs naturgemäß nicht erleichtert. Die Adoptionsvermittlungsstelle ist an dem Verfahren über die Annahme eines Volljährigen grundsätzlich nicht beteiligt.

Eltern-Kind-Verhältnis

Die Annahme eines Volljährigen ist zulässig, wenn die Annahme sittlich gerechtfertigt ist. Dies ist nach dem Gesetz »insbesondere« anzunehmen, wenn zwischen dem Annehmenden und dem anzunehmenden Volljährigen ein Eltern-Kind-Verhältnis bereits entstanden ist (§ 1767 Abs. 1 S. 1 BGB).

1. Sittliche Rechtfertigung

Definition

Durch die gesetzliche Definition der sittlichen Rechtfertigung (§ 1767 Abs. 1 BGB) ist zunächst vorgegeben, was der Gesetzgeber bei der Adoption eines Volljährigen vor Augen hatte: Ist z. B. die Adoption eines minderjährigen Pflegekindes unterblieben, so soll zu späterer Zeit bei dessen Volljährigkeit die Adoption »sittlich gerechtfertigt« sein. Ebenso, wenn mehrere Kinder adoptiert werden sollen, die teils minderjährig, teils volljährig sind. Schließlich erachtete der Gesetzgeber es aber ebenfalls nicht für ausgeschlossen, daß auch zwischen einem Volljährigen – nicht zuletzt wegen eines bestehenden natürlichen Altersunterschiedes – ein Eltern-Kind-Verhältnis entstehen kann, das die Adoption des Volljährigen als sittlich gerechtfertigt erscheinen lassen kann.

Keine freie Disposition der Beteiligten

Die Prüfung dieses besonderen Erfordernisses hielt der Gesetzgeber allein schon deshalb für notwendig, um sicherzustellen, daß die Herstellung familienrechtlicher Beziehungen zwischen Volljährigen im Wege der Adoption nicht der freien Disposition der Beteiligten überlassen bleibt, sondern der Grund für die Annahme als Kind – neben den allgemeinen Voraussetzungen – in der sittlich gerechtfertigten Annahme liegen muß.

2. Weitere Voraussetzungen

Kindeswohlprüfung

Zusätzliche Erfordernisse ergeben sich aus der »sinngemäßen Anwendung« der Bestimmungen über die Annahme Minderjähriger als Kind, weshalb auch die Grundvoraussetzungen gegeben sein müssen, die darin liegen, daß die Annahme dem Wohl des Kindes dient und zwischen Kind und Annehmendem ein Eltern-Kind-Verhältnis entsteht.

a) Kindeswohl

Nachvollziehbare Darlegung

Eine Kindeswohlprüfung im eigentlichen Sinn – wie bei der Minderjährigenadoption – wird im Regelfall kaum vom Vormundschaftsgericht vorgenommen werden können. Vielmehr ist es insoweit Sache des Volljährigen, zu entscheiden und dem Gericht nachvollziehbar darzulegen, ob oder warum die Annahme als Kind als kindeswohldienlich anzusehen ist. Etwas anderes gilt selbstverständlich für den Fall, daß der volljährige Anzunehmende geschäftsunfähig ist oder etwa unter Betreuung steht. Hier sind eigenständige Prüfungspflichten des Vormundschaftsgerichts selbstverständlich und notwendig.

b) Eltern-Kind-Verhältnis

§§

Familiäre Verbundenheit

Ist ein Eltern-Kind-Verhältnis nicht bereits entstanden (§ 1767 Abs. 1 BGB), prüft das Vormundschaftsgericht, ob ein solches zu erwarten ist. Auch bei der Annahme eines Volljährigen stehen nämlich die Familienbindungen im Vordergrund. Ist daher letztlich keine Bereitschaft der Beteiligten ersichtlich, eine solche familiäre Verbundenheit entstehen zu lassen, scheidet auch die Annahme eines Eltern-Kind-Verhältnisses und damit eine wesentliche Voraussetzung für die Adoption aus. Ganz allgemein wird bei der entsprechenden Feststellung auf konkrete äußere Umstände abgehoben, die die Erwartung des Eltern-Kind-Verhältnisses nachvollziehbar machen oder nahelegen.

Fall

Die volljährige Ausländerin (A) und die Beteiligten zu 1. und 2. beantragten übereinstimmend die Annahme der A als Kind. Der Anhörung aller Beteiligten war zu entnehmen, daß die Versorgung der Beteiligten zu 1. und 2. sowie das Aufenthaltsrecht von A im Vordergrund der Motivation zur Kindesannahme stand, wobei die Beteiligten zu 1. und 2. die Adoption von A für den Fall von deren Ausweisung letztlich nicht wollten.

Das Vormundschaftsgericht hat die Anträge abgelehnt. Das Landgericht hat die hiergegen gerichtete Beschwerde zurückgewiesen. Das Oberlandesgericht hat die hiergegen gerichtete weitere Beschwerde ebenfalls zurückgewiesen.

Natürliches Eltern-Kind-Verhältnis

Aus den Gründen: Selbst wenn bei der Erwachsenenadoption zu berücksichtigen ist, daß bei Personen in höherem Alter eine weniger enge Familiengemeinschaft besteht, ist auch bei der Adoption eines volljährigen Ausländers der unbestimmte Rechtsbegriff der sittlichen Rechtfertigung nur dann erfüllt, wenn zwischen den erwachsenen Beteiligten ein echtes, dem natürlichen Eltern-Kind-Verhältnis nachgebildetes Familienband im Sinne einer dauernden seelisch-geistigen Bindung besteht oder zu erwarten ist. Die dafür sprechenden Umstände müssen die dagegen

Versorgungsgesichtspunkte

sprechenden deutlich überwiegen; verbleibende Zweifel gehen zu Lasten der Antragsteller. (...) Aus den Anhörungen wird erkennbar, daß A nicht um ihrer selbst willen adoptiert werden soll, sondern in erster Linie aus Versorgungsgesichtspunkten. Dies hat auch das Landgericht ausdrücken wollen, wenn es ausführt, daß bei einem echten Eltern-Kind-Verhältnis die Eltern ihr erwachsenes Kind nicht unbedingt an sich binden wollen. Eine solche Motivation steht aber, obwohl mit der Betreuung grundsätzlich auch familienbezogene Zwecke verfolgt werden können, der Annahme einer dauerhaften Beziehung in einem entstandenen oder zu erwartenden echten Eltern-Kind-Verhältnis entgegen. Ein vorhandenes herzliches Verhältnis zwischen den Beteiligten, das über ein Dienstvertragsverhältnis hinausgeht, kann die Adoption allein noch nicht rechtfertigen, zumal A – bei dem gegebenen Altersunterschied verständlich – sich dahingehend geäußert hat, daß die Beteiligten zu 1. und 2. sie an ihre Großeltern erinnerten (OLG Frankfurt/M., 20. ZS, Beschl. v. 24.10.1996, AZ 20 W 355/96, FamRZ 1997, S. 638).

Zusätzliche mit der Adoption verbundene Zwecke

Dabei ist es unerheblich, ob die Beteiligten noch weitere Zwecke (Steuerersparnis, Sicherung der Geschäftsfortführung) verfolgen. Entscheidend ist, daß der eigentliche Zweck der Adoption – Schaffung von familienrechtlichen Beziehungen aus Kindeswohlgründen unter Entstehenlassen einer Eltern-Kind-Beziehung – überwiegt und dies der prägende Grund der Adoption ist.

Fall

A ist 1946 in der Volksrepublik China geboren. Er lebt seit 1967 in der Bundesrepublik Deutschland und erwarb im Jahre 1993 die deutsche Staatsangehörigkeit durch Einbürgerung. Er ist von Beruf Koch, nicht verheiratet und kinderlos. B ist der Sohn einer Cousine von A. B ist ebenfalls in der Volksrepublik China geboren und besitzt die chinesische Staatsangehörigkeit. Die Eltern von B sind verstorben, er hat keine Geschwister, ist nicht verheiratet und kinderlos. B hält sich seit 1990 als Asylbewerber in Deutschland auf.

Das Vormundschaftsgericht hat im Jahre 1993 den Adoptionsantrag von A, B als Kind anzunehmen, zurückgewiesen. Die hiergegen gerichtete Beschwerde von A und B wurde durch Beschluß des Landgerichts zurückgewiesen. Die hiergegen gerichteten weiteren Beschwerden hat das Oberlandesgericht ebenfalls zurückgewiesen.

Drohende Abschiebung

Aus den Gründen: Das Fehlen einer ernsthaften Absicht, Beziehungen zu schaffen, die denen zwischen Eltern und Kind gleichen, braucht nicht nachgewiesen zu sein; es genügt zur Ablehnung der Adoption, wenn das Gericht begründete Zweifel daran hat, ob ein dem Eltern-Kind-Verhältnis entsprechendes Familienband hergestellt werden soll. Der Ausspruch der Annahme ist zu versagen, wenn nur bei einem Teil die Absicht fehlt, solche Beziehungen herzustellen. Das Landgericht hat sich die Ausführungen des Vormundschaftsgerichts zu eigen gemacht, es gehe A und B in Wahrheit nicht um die rechtliche Absicherung eines Familienbandes, sondern in erster Linie darum, den B vor einer möglicherweise drohenden Abschiebung zu schützen und ihm ein Aufenthaltsrecht in der Bundesrepublik Deutschland zu sichern. Diese Absicht, die von der Rechtsbeschwerde nicht in Abrede gestellt wird, mag vom Standpunkt der beiden Antragsteller aus verständlich und nicht unlauter sein. Sie ist jedoch nach der herrschenden Grundanschauung ein familienfremder Zweck und ein Umstand, der eine Erwachsenenadoption nicht tragen kann. (...) (BayObLG, 1. ZS, Beschl. v. 29.03.1995, Az 1 Z BR 72/94, FamRZ 1996, S. 183 – 185).

II. Antragserfordernisse

Antrag des Annehmenden

Die Annahme eines Volljährigen setzt den Antrag des Annehmenden und des Anzunehmenden voraus (§ 1768 Abs. 1 BGB), also nicht nur dessen Einwilligung, wie bei der Adoption als Minderjähriger.

Ist der anzunehmende Volljährige allerdings geschäftsunfähig, kann der Antrag nur von seinem gesetzlichen Ver-

Bestellung eines Ergänzungspflegers

treter gestellt werden (§ 1768 Abs. 2 BGB). Will der gesetzliche Vertreter selbst den geschäftsunfähigen Volljährigen als Kind annehmen, bedarf es der Bestellung eines Ergänzungspflegers. Ist für den anzunehmenden Volljährigen eine Betreuung eingerichtet, bleibt er selbst antragsberechtigt, sofern er geschäftsfähig ist.

III. Unanwendbare Vorschriften aus der Minderjährigenadoption

Das Gesetz regelt weiterhin, daß bestimmte Vorschriften aus dem Bereich der Minderjährigenadoption ausdrücklich nicht anwendbar sind (§ 1768 Abs. 1 S. 2 BGB). Gemeint sind hier: Verbot der Mehrfachadoption (§ 1742 BGB); Adoptionspflege (§ 1744 BGB), so daß es einer vorherigen Aufnahme in die Familie des Annehmenden nicht bedarf; die Prüfung entgegenstehender Kindesinteressen (§ 1745 BGB) ist ebenfalls nicht vorgesehen, weil insoweit eine Sonderregelung für die Volljährigenadoption besteht (§ 1769 BGB); die Einwilligungsvorschrift bzgl. des zu Adoptierenden (§ 1746 BGB) ist unanwendbar, da der Volljährige ohnehin einen eigenen Adoptionsantrag stellen muß; schließlich ist die Einwilligung seiner Eltern (§ 1747 BGB) entbehrlich, weil der zu Adoptierende volljährig ist und die Interessen seiner Eltern über eine Sonderregelung abgesichert sind, soweit dies zwingend erforderlich ist (§ 1772 Abs. 1 S. 2 BGB; vgl. hierzu i. Ü. später).

IV. Annahmehindernisse wegen entgegenstehender Kindesinteressen

Anhörung anderer Kinder

Die Annahme eines Volljährigen scheidet aus, wenn ihr überwiegende Interessen der Kinder des Annehmenden oder des Anzunehmenden entgegenstehen (§ 1769 BGB). Die jeweiligen Kinder sollten, obwohl entsprechende gesetzliche Anhörungsregelungen nicht bestehen, grundsätzlich angehört werden, sofern sie altersmäßig imstande sind, zu dem Verfahren aus ihrer Sicht Stellung zu nehmen.

1. Überwiegende Interessen der Kinder

Vermögensrechtliche Interessen

Anlaß für die Sonderregelung ist zunächst, daß – im Gegensatz zu der entsprechenden Regelung bei der Minderjährigenadoption (§ 1745 S. 2 BGB) – bei der Adoption eines Volljährigen vermögensrechtliche Interessen der beteiligten Kinder durchaus zu berücksichtigen sind. Über die insoweit anzustellende Prüfung der Interessen der Kinder hinaus sieht das Gesetz jedoch bewußt weder eine Erschwerung der Adoption Volljähriger dadurch vor, daß der Annehmende etwa kinderlos sein müsste, noch, daß die Kinder etwa förmlich einwilligen müssen.

2. Umfang der Interessenabwägung

Erbrecht

I. Ü. ist der Umfang und das Ausmaß der zu berücksichtigenden Interessen aber genausowenig eingeschränkt, wie bei der Interessenabwägung vorhandener Kinder bei der Minderjährigenadoption. So kann im Einzelfall namentlich von Bedeutung sein, daß das Erbrecht oder sonstige vermögensrechtliche Interessen, also insbesondere auch gesicherte unbeeinträchtigte Unterhaltsansprüche vorhandener Kinder, unangemessen benachteiligt werden. Die insoweit vorzunehmende Abwägung ist jedoch letztlich Sache des Einzelfalles.

V. Die Wirkungen der Annahme eines Volljährigen

1. Die Auswirkungen auf Verwandtschaft und Verschwägerung

§§

Die Rechtswirkungen der Annahme eines Volljährigen erstrecken sich nach dem Gesetzeswortlaut ausdrücklich nicht auf die Verwandten des Annehmenden (§ 1770 Abs. 1 S. 1 BGB). Da das Gesetz insoweit nur den Volljährigen erwähnt, nicht aber dessen Abkömmlinge, bedarf es der

Rechtswirkungen auf Verwandte

Klarstellung und Hervorhebung, daß der Ausschluß der Rechtswirkungen auf die Verwandten des Annehmenden keinesfalls etwa auch einen Ausschluß der Rechtswirkungen auf die Abkömmlinge des Angenommenen bedeutet. Diese werden vielmehr - unabhängig ob sie bereits vor oder nach der Annahme geboren waren bzw. werden - Enkelkinder des Annehmenden, gleichviel, ob sie eheliche oder nichteheliche Abkömmlinge des Angenommenen sind.

z.B.

Hingegen tritt eine Verschwägerung des Ehegatten des Annehmenden mit dem Angenommenen oder dessen Ehegatten mit dem Annehmenden nicht ein (§1770 Abs. 1 S. 2 BGB). Gleichwohl ist zur Annahme grundsätzlich die Einwilligung der etwaigen jeweiligen Ehegatten (also des Annehmenden oder des verheirateten Anzunehmenden, der falls verheiratet, in der Regel auch volljährig sein wird) erforderlich (§1749 Abs. 1 u. Abs. 2 BGB).

2. Unterschiedliche Adoptionswirkungen und ihre Folgen

Begrenzung der Adoptionswirkungen

Die dargestellte Begrenzung der Adoptionswirkungen bei der Annahme als Volljähriger bezeichnet man als Annahme mit »minderen« bzw. »schwachen« Wirkungen, - im Gegensatz zur Volladoption eines Minderjährigen, die deshalb auch als Adoption mit »starken« bzw. mit »gesteigerten« Wirkungen bezeichnet wird.

I. Ü. wird der angenommene Volljährige - wie bei der Annahme eines Minderjährigen - das eheliche Kind des Annehmenden (§1754 Abs. 1 u. Abs. 2 BGB). Hieraus folgt, daß die Rechtswirkungen bei der Annahme eines Volljährigen - soweit das Gesetz sie in dem begrenzten Personenkreis eintreten läßt - in vollem Umfang entstehen, wenn auch in modifizierter Form, wie nachfolgend auszuführen ist.

a) Unterhaltsrechtliche Folgen

Unterhaltspflicht leiblicher Eltern

In unterhaltsrechtlicher Hinsicht gilt, daß die Unterhaltsberechtigung und die Unterhaltsverpflichtung des Angenommenen und seiner Abkömmlinge gegenüber ihren leiblichen Verwandten bestehenbleiben. Der Angenommene wird zusätzlich gegenüber dem Annehmenden unterhaltspflichtig. Die Unterhaltspflicht der leiblichen Eltern des Angenommenen wird eingeschränkt, indem der Annehmende dem Angenommenen und dessen Abkömmlingen gegenüber vorrangig unterhaltspflichtig wird (§ 1770 Abs. 2 u. Abs. 3 BGB).

b) Erbrechtliche Folgen

Erbrecht

Durch den Erhalt der verwandtschaftlichen Beziehungen zu seinen Verwandten (§ 1770 Abs. 2 BGB) und die ansonsten uneingeschränkte verwandtschaftliche Beziehung zwischen dem Annehmendem und dem Angenommenen ergibt sich deshalb, daß im Falle des Todes eines kinderlosen Angenommenen dieser von seinen leiblichen Eltern und dem Annehmenden (ggfls. auch den Adoptiveltern) als Erben 2. Ordnung nebeneinander beerbt wird (§§ 1925, 1930 BGB).

c) Namensrechtliche Folgen

Die namensrechtlichen Konsequenzen folgen den entsprechenden Bestimmungen der Minderjährigenadoption (§§ 1757 Abs. 1 – 3 i.V.m. 1767 Abs. 2 BGB). Für eine Änderung des Vornamens (§ 1757 Abs. 4 S. 1 Nr. 1 BGB) dürfte wohl regelmäßig kein Raum sein, ebensowenig für eine Familiennamensänderung aus schwerwiegenden Gründen des Kindeswohls (§ 1757 Abs. 4 S. 1 Nr. 2 BGB). Im Gegensatz zur Minderjährigenadoption erwirbt der Volljährige bei der Annahme nicht die deutsche Staatsangehörigkeit (§ 6 S. 1 RuStAG). Andererseits gilt der verfassungsrechtlich garantierte Schutz der Familie (Art. 6 Abs. 1 GG) auch für den adoptierten Volljährigen und seine Adoptiveltern.

Auch in steuerrechtlicher Hinsicht wirkt sich die Adoption des Volljährigen mit allen Rechtswirkungen einer Annahme als Kind aus.

3. Ausnahmefall: Annahme mit »starken« Wirkungen

Heranzuziehende Vorschriften

In bestimmten Ausnahmefällen sieht das Gesetz jedoch vor, die Annahme eines Volljährigen mit »starken Wirkungen« – also entsprechend der Annahme eines Minderjährigen – zu verbinden, auch Volladoption genannt (§ 1772 BGB). Dementsprechend verweist das Gesetz auch ausdrücklich auf die heranzuziehenden Vorschriften über die Wirkungen der Annahme eines Minderjährigen (§ 1772 S. 1 i.V.m. § 1754 – 1756 BGB). Die insoweit genannten Bestimmungen gelten mithin nicht mehr nur »sinngemäß« (§ 1767 Abs. 2 BGB).

a) Die Sonderfälle der Annahme mit »starken« Wirkungen

Im einzelnen handelt es sich um folgende Fallgestaltungen. War von den Adoptiveltern ein minderjähriges Geschwisterkind des anzunehmenden Volljährigen angenommen worden oder wird ein solches Kind gleichzeitig angenommen, so soll auch für den Volljährigen die Möglichkeit bestehen, ihm die gleiche rechtliche Stellung zu verschaffen, wie dem Geschwisterkind (§ 1772 S. 1 Buchst. a) BGB).

War der Volljährige bereits als Minderjähriger (z. B. als Pflegekind) des Annehmenden in die Familie aufgenommen worden, so soll es möglich sein, ungeachtet der eingetretenen Volljährigkeit, eine Annahme mit »starken Wirkungen« zu verbinden (§ 1772 S. 1 Buchst. b) BGB). Gerade diese Alternative erlaubt die Durchführung einer Adoption mit »starken« Wirkungen auch noch nach Volljährigkeit des Kindes, wenn z. B. die leiblichen Eltern in die Adoption ihres Kindes nicht einwilligen wollten und eine Ersetzung der Einwilligung nicht durchsetzbar war oder nicht durchsetzbar erschien.

Schließlich besteht eine besondere Interessenlage, soweit der Annehmende das volljährige Kind seines Ehegatten annimmt (§ 1772 S. 1 Buchst. c) BGB) oder der Anzunehmende zum Zeitpunkt des Antrages auf Annahme noch nicht volljährig ist (§ 1772 S. 1 Buchst. d) BGB). Auch die beiden letztgenannten Sachverhalte rechtfertigen eine Annahme mit »starken« Wirkungen, weil der Anzunehmende im erstgenannten Fall als Minderjähriger aufgrund besonderer persönlicher Beziehung frühzeitig im weitesten Sinne zur Familie des Annehmenden gehörte oder er sich in der letztgenannten Alternative im Grenzbereich zwischen Minderjährigkeit und Volljährigkeit befindet und auch in dieser Situation das in der Regel länger währende Adoptionsverfahren zu den Bedingungen einer Minderjährigenadoption weiter betrieben werden soll.

b) Antragserfordernisse bei der Annahme mit »starken« Wirkungen

Auswirkungen im Annahmebeschluß

Neben den Annahmeanträgen des Annehmenden und des Anzunehmenden (§ 1768 Abs. 1 S. 1 BGB) bedarf es zur Annahme mit »starken« Wirkungen auch der – entsprechenden vorherigen – Anträge des Annehmenden und des Anzunehmenden (§ 1772 S. 1 BGB). Die vorgenannte Vorschrift ist wegen der mit ihr verbundenen wichtigen Auswirkungen im Annahmebeschluß ebenfalls anzugeben (§ 56 e S. 1 FGG). Die Form des Antrages entspricht der des Annahmeantrages eines Volljährigen (§ 1768 BGB).

c) Weitere Voraussetzungen der Volladoption

Ermessen des Vormundschaftsgerichts

Da die Anordnung der Volladoption im pflichtgemäßen Ermessen des Vormundschaftsgerichts steht und keinesfalls auf entsprechende Anträge der Beteiligten hin vom Gericht beschlossen werden muß, ist im Rahmen der gerichtlichen Prüfung weiterhin die Feststellung zu treffen, ob die Annahme mit »starken« Wirkungen ebenfalls »sittlich gerechtfertigt« ist (§ 1767 Abs. 1 BGB).

§§

Die Tatsache, daß das Gesetz den Ausspruch der Annahme mit »starken« Wirkungen in das Ermessen des Vormundschaftsgerichts stellt, spricht – ungeachtet der im Gesetz aufgezählten Ausnahmetatbestände – eindeutig für eine Begründetheitprüfung. Hieraus folgt, daß sachfremde Motive oder rechtlich oder tatsächlich nicht anerkennens- bzw. nicht schützenswerte Gründe eine Annahme mit »starken« Wirkungen nicht rechtfertigen können.

Prüfungspflichten des Gerichts

Da auch die Annahme eines Volljährigen mit »starken« Wirkungen – und den damit verbundenen gesteigerten Auswirkungen gegenüber der Volljährigenadoption mit ihren regelmäßig nur »schwachen« Wirkungen (§1770 Abs. 1–3 BGB) nur auf Antrag der unmittelbar Beteiligten und ohne Einwilligung der leiblichen Eltern des Anzunehmenden erfolgt, bestimmt das Gesetz weiter, daß die Anordnng der »starken« Wirkungen nicht ausgesprochen werden darf, wenn ihr überwiegende Interessen der Eltern des Anzunehmenden entgegenstehen (§1772 S. 2 BGB). Mit dieser Regelung sollen die konkreten Prüfungspflichten des Gerichts bzgl. der Wahrung der Interessen der leiblichen Eltern an der Beibehaltung der verwandtschaftlichen Beziehungen verdeutlicht werden. Deshalb sind die leiblichen Eltern an einem Annahmeverfahren mit »starken« Wirkungen zu beteiligen und ihnen der entsprechende Beschluß vom Gericht bekannt zu machen.

d) Aufhebung eines Annahmeverhältnisses mit »starken« Wirkungen

Sinngemäße Anwendung der Aufhebungsvorschriften

Den Prinzipien der Volladoption entspricht es schließlich, daß die Adoption mit »starken« Wirkungen nur in sinngemäßer Anwendung der Vorschriften über die Aufhebung der Minderjährigenadoption aufgehoben werden kann (§§1772 Abs. 2, 1760 Abs. 1–5 BGB), wobei an die Stelle der Einwilligung des Kindes selbstverständlich der Antrag des Anzunehmenden tritt (§1772 Abs. 2 S. 2).

4. Aufhebung eines Annahmeverhältnisses mit »schwachen« Wirkungen

Demgegenüber kann das Annahmeverhältnis, das mit »schwachen« Wirkungen begründet worden ist, auf Antrag des Annehmenden und des Anzunehmenden aus wichtigem Grund aufgehoben werden (§ 1771 Abs. 1 S. 1 BGB).

Die Frage, wann ein »wichtiger Grund« im Sinne der vorerwähnten Bestimmung gegeben ist, ist unter den gleichen Gesichtspunkten zu prüfen, wie bei einer von Amtswegen aufzuhebenden Minderjährigenadoption (§ 1763 Abs. 1 BGB).

Neben einer Aufhebung aus »wichtigem Grund« kommt auch eine Aufhebung unter sinngemäßer Anwendung der Aufhebungsgründe über die Minderjährigenadoption in Betracht (§ 1771 S. 2 i.V.m. § 1760 Abs. 1 – 5 BGB), wobei an die Stelle der Einwilligung des Kindes – an sich selbstverständlich – der Antrag des Anzunehmenden tritt (§ 1771 S. 3 BGB).

§§

Die Wirkungen der Aufhebung sowie die Verfahrensvorschriften über die Aufhebung ergeben sich ebenfalls wegen sinngemäßer Anwendung der Adoptionsvorschriften für Minderjährige (§ 1767 Abs. 2 BGB) aus den entsprechenden Bestimmungen über die Aufhebung der Minderjährigenadoption (§§ 1759 ff., 1764, 1765 BGB).

Anhang

I. Überblick über die notwendigen Unterlagen zu einer Adoption

Annehmender

a) Von dem/den Annehmenden vorzulegen:
   1. Polizeiliches Führungszeugnis des/der Annehmenden
   2. Amtsärztliches Zeugnis des/der Annehmenden
   3. Staatsangehörigkeitsnachweis des/der Annehmenden
   4. Geburtsurkunde des/der Annehmenden
   5. Heiratsurkunde des/der Annehmenden

Kind oder gesetzlicher Vertreter

b) Vom Kind bzw. dessen gesetzlichen Vertreter vorzulegen:
   1. Geburtsurkunde des Kindes
   2. Staatsangehörigkeitsnachweis des Kindes
   3. Amtsärztliches Zeugnis des Kindes
   4. (u. U.) Heiratsurkunde bzw. Familienbuch des Kindes
   5. Heiratsurkunde der Eltern eines (ehelichen) Kindes oder Geburtsurkunde der Mutter eines (nichtehelichen) Kindes

Vormundschaftsgericht

c) Vom Vormundschaftsgericht einzuholen: 1. Gutachtliche Stellungnahme der Adoptionsvermittlungsstelle 2. (u. U.) Äußerung der zentralen Adoptionsstelle 3. (u. U.) Strafregisterauszug des/der Annehmenden.

II. Nützliche Adressen (alphabetisch geordnet)

Amt für Jugend, Amt für Adoptionsangelegenheiten, Kiebitzhof 9, 22089 Hamburg

Bayerisches Landesjugendamt - Zentrale Adoptionsstelle -, Sichelstraße 11, 80634 München

Bundesverband der Pflege- und Adoptiveltern e.V., Roggenmarkt 9, 48143 Münster

Deutscher Verein für öffentliche und private Fürsorge, Am Stockborn 1-3, 60439 Frankfurt

Deutsches Institut für Vormundschaftswesen, Zähringerstraße 10, 69115 Heidelberg

Gemeinsame Zentrale Adoptionsstelle der Länder Bremen, Hamburg, Niedersachsen, Schleswig-Holstein, Kaiser-Wilhelm-Straße 10, 20355 Hamburg

Internationaler Sozialdienst e.V., Deutscher Zweig, Am Stockborn 1-3, 60439 Frankfurt

Landesamt für Familie und Soziales, Landesjugendamt Sachsen, Altchemnitzer-Straße 40, 17039 Chemnitz

Landesamt für Jugend und Soziales - Landesjugendamt -, Zentrale Adoptionsstelle, Rheinallee 91-101, 55118 Mainz

Landesamt für Soziales und Familie, Landesjugendamt Thüringen, Neu-Ulmer-Straße 28, 98617 Meinigen

Landesamt für Versorgung und Soziales des Landes Sachsen-Anhalt - Landesjugendamt Halle -, Neustädter Passage 9, 06122 Halle

Landesjugendamt des Saarlandes - Zentrale Adoptionsstelle -, Dudweilerstraße 53, 66133 Saarbrücken

Landesjugendamt Hessen - Zentrale Adoptionsstelle -, Bismarckring 9, 65183 Wiesbaden

Landesjugendamt Land Brandenburg, Kremmenerstraße 43, 16515 Oranienburg

Landesjugendamt Mecklenburg-Vorpommern, Neustrelitzer Straße 120, 17033 Neubrandenburg

Landesjugendamt Schleswig-Holstein, Gartenstraße 6, 24103 Kiel

Landschaftsverband Rheinland - Landesjugendamt -, Zentrale Adoptionsstelle, Kennedy-Ufer 2, 50679 Köln

Landschaftsverband Westfalen-Lippe – Landesjugendamt –, Zentrale Adoptionsstelle, Warendorfer Straße 25, 48145 Münster

Landeswohlfahrtsverband Baden – Landesjugendamt –, Zentrale Adoptionsstelle, Ernst-Frey-Straße 9, 76139 Karlsruhe 1

Landeswohlfahrtsverband Württemberg-Hohenzollern – Landesjugendamt –, Zentrale Adoptionsstelle, Postfach 2613, 70049 Stuttgart

Paritätischer Wohlfahrtsverband, Gesamtverband e.V., Heinrich-Hoffmann-Straße 3, 60528 Frankfurt

Senator für Schulwesen, Jugend und Sport – Landesjugendamt –, Zentrale Adoptionsstelle, Franz-Jacob-Straße 12, 10369 Berlin

Terre des Hommes Deutschland e.V., Postfach 4126, 49031 Osnabrück

Stichwortverzeichnis

(Die angegebenen Zahlen bezeichnen die Seiten des Buches)